머리말

개인의 비주얼 이미지는 화장하는 방법만 바꾸거나 다른 스타일의 의상을 하나 입었다고 해서 간단하게 바뀌는 것이 아니라 뷰티와 패션을 이루는 Hair존, Face존, V존, W존, F존의 연출과 컬러이미지, 행동 습관들이 연계성을 가지고 조화롭게 변화되어야 성공적인 비주얼 이미지로 완성될 수 있다.

이 책은 자신에게 이미지 메이킹이 필요하거나 다른 사람의 이미지 메이킹을 돕는 사람들이 실제적인 이론과 적용사례, 실기 과제 등을 통해 비주얼이미지의 변화를 직간접적으로 경험할 수 있도록 하였고, 신체의 각 비주얼 이미지의 특징에 대해 상세하고 이해하기 쉽게 정리하였으며, 이상적인 비주얼 이미지를 제시하는데 도움이 될 수 있도록 상황에 따른 이미지 메이킹에 대한 정보를 담아 구성하였다.

현대사회의 이미지 경쟁에서 본서를 통해 자신감 회복과 비주얼 이미지 향상에 조금이나마 보탬이 되길 기대하면서 끝으로 출간에 도움을 주신 도서출판 구민사 조규백 대표님과 직원분들께 진심으로 감사의 말씀을 전한다.

차 례

Visual Image Making

Part 1. 비주얼 이미지 메이킹 개요

VISUAL IMAGE MAKING

비주얼 이미지 메이킹

구민사

Part 2. H(Hair) Zone 이미지 헤어스타일링

Part 3. F(Face) Zone 이미지 메이크업

PART 1.

비주얼 이미지 메이킹 개요

CHAPTER 1

비주얼 이미지 메이킹의 이해

1. 비주얼 이미지 메이킹의 정의 및 과정

(1) 비주얼 이미지 메이킹의 정의

이미지(image)는 심상(心象)을 뜻하는데 사전적 정의는 '어떤 사람이나 사물로부터 받는 느낌이나 인상'으로 사물이나 사람에게 받는 인상(印象)과 이전 감각에 의하여 얻어졌던 것이 마음속에서 재생한 것이라고 할 수 있다.

자신이 의식적이든 무의식적이든 과거의 경험으로부터 여러 감각에 의하여 얻어진 일들과 현상이 마음 속에 구체적인 언어로 재생된 것으로 일부러 의도하거나 의식하지 않아도 형성된다.

현대사회는 사회적으로 이미지전쟁이라 불릴 만큼 '좋은 이미지'를 추구하며 개인만이 아니라 국가나 단체, 기업의 총괄적인 이미지와 단독적인 상품들도 어떤 이미지로 보여지느냐를 매우 중요하게 여기며 좋은 이미지를 위해 노력한다.

이미지는 주관적인 것으로 사람이나 컬러, 스타일 등 대상에 대한 직접적인 경험이 없이도 형성될 수 있는 지각된 것이다. 사람의 감각이라서 한마디로 정의하기는 어렵지만 우리가 어떤 사람이나 사물로부터 받는 인상을 기억하고 표현하게 되는 경우에 '꽃은 아름답다', '그 사람에게 호감이 간다'라는 표현은 경험에 의한 인식을 표현한 것이라고 할 수 있다. 예를 들면 한 기업의 상품을 보고 '이 제품은 OO 회사라서 믿고 살수 있다'라는 마음이 드는 것은 기업의 이미지가 신뢰라는 심상으로 개인에게 인식된 것이고 개인이 '멋지다', '듬직하다'라는 마음이 드는 것도 그 개인이 가진 이미지라고 할 수 있다. 이러한 마음과 느낌은 사람마다 차이가 있고 독특성이나 개별성이 있기는 하지만 일반적으로 '아름다운 것'이나 '호감이 가고 끌리는 대상이라는 것'의 가치는 우리에게 보편성(intensionaluniversity) 을 가지고 있다. 즉 내가 어떤 사물을 보고 '아름답다'라고 느낀다면 개인적으로 차이가 있을 수는 있지만 대부분의 사람들도 '아름답다'라고 느낀다는 것이다. 따라서 개인이 '아름답다'라는 이미지를 갖고 싶다면 많은 사람들이 '아름답다'라고 느끼는 이미지로 자신을 구체화하여 원하는 이미지를 갖는 일들이 가능한 것이다.

개인의 이미지는 외모, 행동, 사회적 지위 등을 통해 형성된 이미지나 느낌을 다른 사람이 느끼고 인지하여 기억하는 상과 자신의 모습에 대해 다른 사람이 기억했으면 하고 바라는 이상적인 이미지로 구분된다. 개인은 현실의 이미지와 이상적인 이미지가 모두 같기를 바라지만 실제로는 그 차이가 분명히 존재하고 그 차이를 좁혀가는 것은 자신의 노력으로도 충분히 가능하다. 나 자신의 실제 이미지를 알고 개인만의 독특하고 구분된 이미지를 만들어 가며 이상적인 이미지로 나를 끌어올리는 모든 과정을 이미지 메이킹(image making)이라고 할 수 있다.

개인은 사회에 속해있으며 수많은 교류 속에서 살고 있음을 실감하고 나만 좋으면 된다는 인식은 폭넓은 사회적인 생활에 걸림돌이 될 수도 있다. 다른 사람들과의 교류는 평생을 통해 이뤄지는 것으로 이미지 메이킹 또한 평생 진행하며 살아가는 것이 현대 사회의 개인일 것이다. 또한 이미지 메이킹은 나 자신에 대한 스스로의 만족감을 향상시키기 위한 노력이기도 하며 자신의 사회적 기반이 될 수 있기 때문에 그 중요성이 더해지고 있다.

이미지 변화를 위한 노력의 목적은 다양할 수 있다. 이성과의 교제, 원하는 직종에 취업을 위한 적합한 이미지, 취미생활과 여가를 위한 편리한 이미지 변화, 직장 동료와의 관계를 위한 새로운 마음가짐과 상냥한 행동들이 사회적 관계에서 지속적으로 필요한 이미지 메이킹이다. 결국 이미지 메이킹(Image Making)이란, 개인이 추구하는 목표를 이루기 위해 자기 이미지를 통합적으로 관리하는 행위이자, 자기 향상을 위한 개인의 노력을 통칭하는 것이다.

이미지를 결정하는 요소들은 다양하지만 개인의 이미지를 오랫동안 좌우하는 첫인상의 중요한 조건들은 대부분 시각적인 것이다. 의식하지 않으려고 한다고 해도 깔끔한 사람에게 호감이 가고 친절하게 웃는 사람에게 좋은 이미지를 갖게 된다. 보여지는 시각적인 이미지는 말 그대로 '비주얼 이미지(visual image)'이며 타고난 체형이나 생김새부터 스타일링을 통해 다듬어진 개인의 보이는 모습을 모두 포함한다.

따라서 '비주얼 이미지'는 그 사람의 고유한 특징을 나타내는 의상(옷 차림), 행동양식, 말투 등의 의미로 넓게 사용되고 있다. 최근 테블릿 PC의 전자기기용 펜을 우리는 stylus라고 부르듯, 같은 어원이라고 봐도 무방하며 보이는 모습과 그 모습을 보고 상대방이 받는 인상이며 연출한 스타일링으로부터 영향을 받는다. 일반적으로 "시각적 대인영향력"이라고 정의할 수 있다.

"사람은 입으로 거짓을 이야기하지만, 보이는 모습은 거짓말을 모른다"라는 위대한 철학자인 쇼펜하우어(Schopenhauer, Arthur)의 이론을 굳이 인용하지 않는다 하더라도 비주얼 이미지는 사회적 관계에서 매우 중요하며 결국 비주얼적인 부분에서 다른 사람의 시선을 의식하지 않는다는 것은 사회적 생활에서 불가능한 일이다. 성공적인 사회생활을 위해서 개개인은 자신의 이미지로서 얼굴과 의상의 스타일링, 옷차림 하나 하나에도 자신의 메시지(message)를 담을 수 있어야 한다.

그렇다면 비주얼 이미지는 주변사람들에 대한 영향력 중 보이는 모습, 즉 "시각적으로 보이는 그 사람의 모습 속에 존재하는 얼굴, 패션 스타일, 행동 등 전체적인 스타일링 이미지"로 정의할 수 있다. 또한 비주얼 이미지 메이킹은 자기 자신의 만족감과 상대에게 어떤 영향력을 주기 위해서 시각적으로 어떤 모습, 이미지와 스타일을 만들어가고 계속 노력하는 일이라고 할 수 있다. 비주얼 이미지 메이킹은 보이는 모습으로 순간에 빠른 판단을 내릴 수 밖에 없는 현대 사회생활이나 비즈니스 세계에서는 결코 제외할 수 없는 개인의 전략이며 사회적인 수단인 것이다.

(2) 비주얼 이미지 메이킹의 과정

비주얼 이미지 메이킹의 목적은 보여지는 시각적인 외모와 스타일을 이상적으로 변화하고 지속적으로 유지를 하고자 하는데 있다면 성공적인 비주얼 이미지 메이킹을 위해서 먼저 현재의 나의 모습을 명확하게 아는 것이 중요하다. 비주얼 이미지 메이킹의 3가지 과정은 진정한 나를 아는 것을 시작으로 하여 이루고자 하는 목표에 적합한 이미지를 완성하는 전 과정을 포함한다.

① 진정한 자기 모습의 발견

사람은 자신의 진정한 모습을 잘 알지 못하는 경우가 많다. 심지어 아무도 자신이 인식하는 이미지로 평가하지 않는데도 불필요한 열등감을 가지거나 자신을 무가치한 존재로 전락시킨다. 또는 과장된 스스로의 인식은 오만과 편견을 낳기도 하고 뜻하지 않은 좌절을 가져온다. 이러한 경우는 진정한 자신의 현재 상태를 인식하지 못해서 생기는 일들로 개인은 모두 나름대로의 개성과 가치를 가지고 있기 때문에 누군가가 특별히 우월하다거나 열등하다고 평가할 수 없다. 그러나 이것을 바로 알지 못하면 자신에 대해 부정적 이미지를 가지게 되고, 그것은 다시 자신이 처한 환경에 부적응하게 만드는 악순환을 반복하게 한다.

국내 TV의 한 다큐멘터리에서 같은 사람의 얼굴형과 크기에 대해 스스로 평가한 것과 다른 사람이 평가한 결과 매우 다르게 나타났는데 스스로 느끼는 자신의 얼굴형이 더욱 각이 지고 넓으며 크기도 훨씬 크다고 생각하고 있었다. 외모적으로 열등하다고 느끼고 스스로를 잘못 인식하는 것은 자존감에도 영향이 있으며 때로는 극단적인 방법을 선택하게도 된다. 자신만의 독특한 개성을 알아가고 잘못된 자기 인식을 고쳐가는 것이 비주얼 이미지 메이킹의 첫 번째 개념으로 자신의 특성, 능력, 결점 및 외모에 대한 지각을 포함한 자기이미지를 알아가는 것에서 시작된다.

② 객관적 나의 모습 찾아가기

성공적인 비주얼 이미지 메이킹의 두 번째 개념은 자기 자신을 바라보는 스스로의 모습과 다른 많은 사람들이 나를 인식하는 객관적 모습 간의 인식차이를 좁혀가는 것이다.

진정한 내 모습을 스스로 인식하고 발견한 후에야 가능한 개념으로 갇혀 있던 스스로에 대한 자신의 편견을 버리고 변화와 발전이 필요하다는 개인의 의지가 있을 때 가능하다.

변화와 발전에 대한 의지가 없거나 자기 모습에 대한 잘못된 인식은 다른 사람도 자기처럼 생각하거나 동감할 것이라고 여기게 되고 앞으로도 나에 대한 타인의 잘못된 인식을 방치하는 결과로 이어지게 된다. 그것은 자신의 진가를 오해 없이 전달하는데 무리가 따르게 되고 타인과 나 사이의 이미지에 대한 인식 차이가 깊어지는 결과를 가져오게 된다.

③ 이상적 비주얼 이미지 추구

현실적인 자신의 모습과 다른 사람들의 반응들을 고려하고 자신의 신분과 역할이 반영된 이상적인 비주얼 이미지를 찾아 자신이 노력하는 것이다.

안타깝게도 사람은 자신의 신분과 역할에 어울리는 최상의 이미지가 무엇인가에 무지한 경우가 많다. 자신만의 개성과 진정한 아름다움을 나타내는 과정에서 가장 중요한 것은 현재의 현실적인 자기의 모습을 이상적인 비주얼 이미지로 변화하고 최대한 가깝도록 끊임없이 노력하여 가능하다면 자신을 사회에서 브랜드화 해가는 것이다.

진정한 자기 모습 발견 (잘못된 스스로의 인식을 제거) → 객관적인 자기 모습 찾아가기 (주관적인 자기 모습과의 차이를 좁혀감) → 이상적 비주얼 이미지 추구 (현실적 자신의 비주얼 변화)

2. 비주얼 이미지 개념

① 비주얼 이미지의 구성

기본적으로 개인의 이미지를 결정하는 요소는 내면의 본질적인 의식과 정서를 포함한 내면의 이미지와 시각적으로 나타나는 외면의 이미지가 있다. 시각적인 외면의 이미지는 행동으로 표출되고 변화하는 표정이나 자세, 매너 등의 행동적인 것과 신체, 옷차림, 얼굴의 인상을 포함하는 이미지가 있으며 주로 타인에게 직접적으로 이미지를 전달하게 된다.

이상적인 비주얼 이미지 메이킹을 위해서는 가장 먼저 잘못된 열등감을 해소하고 변화하고자 하는 감정, 생각의 내면을 다스려 노력하고자 하는 마음을 가져야 하는데 이러한 내적

이미지는 보이지 않은 정신적인 것이지만 본질적으로는 비주얼 이미지 메이킹을 성공적으로 완성하여 첫인상을 형성한다.

어떤 사람이 하지 않던 메이크업을 시작하고 전문가의 도움을 받아 오랫동안 유지하던 헤어스타일을 바꿨다면 그의 모습을 달라지게 한 결심과 마음가짐이 달라진 것을 알 수 있다. 생각의 변화 없이는 비주얼 이미지의 변화도 있을 수 없으므로 내면의 생각과 마음가짐은 매우 중요하다.

겉으로 나타나는 개인의 외모, 표정, 자세 등의 비주얼 이미지는 그 사람의 심성, 생각, 습관, 욕구, 감정들이 밖으로 나타나는 것으로 결국 자신을 나타내는 도구인 셈이다. 충동적이거나 잘못된 판단은 오히려 좋지 않은 결과를 낳을 수도 있다는 것을 인지하고 신중함과 시간을 가지고 변화하는 것이 필요하다.

② 비주얼 이미지 형성 요소

비주얼 이미지는 단순히 스타일링의 겉모습만이 아니라 그 사람의 라이프스타일로서 본래의 신체적인 조건이나 습관 이외에도 어디에, 어떤 목적으로 있으냐에 따라 적절히 연출된다. 즉 비주얼 이미지 메이킹이 라이프스타일과 적절히 조화로워야 하며 상황에 적합해야만 한다는 전제가 필요하다. 또한 머리에서 발끝까지 전체적인 스타일링이 조화로운 매칭을 이뤘을 때 원하는 자신만의 비주얼 이미지 메이킹이 가능하다.

비주얼 이미지 메이킹을 위한 영역을 신체부위에서 5가지 존(zone)을 중심으로 나눠 스타일링 할 수 있는데 V-zone, W-zone, H-Zone과 2개의 F-Zone이 여기에 해당하고 각각의 존은 서로 연관성을 갖는다. 신체의 가장 위에서부터 설명하면 Hair Zone(헤어 존), Face Zone(페이스 존), V Zone(브이 존), Waist Zone(웨이스트 존), Foot Zone(풋 존)이 해당된다.

신체 영역의 비주얼 이미지를 변화하고 유지, 완성하기 위한 구체적인 방법으로 자신의 역할과 신체의 특성을 고려한 헤어스타일링과 메이크업, 패션스타일링 등을 진행 할 수 있으며 각 영역은 전체적인 조화를 고려하여 스타일링 되었을 때 가장 이상적인 비주얼 이미지를 형성한다.

1) H – Zone(헤어 존)

머리 중에서도 헤어에 해당하는 신체 부위로 비주얼 이미지에 큰 영향을 미치는 부위이다.

본래의 컬러와 모발의 성격이 있지만 형태와 역할에 맞는 헤어스타일을 결정하고 손질하는 헤어스타일링(Hair styling)을 통해 간편하게 이미지 변신이 가능하다는 장점이 있다.

2) F – Zone(페이스 존)

얼굴에 해당하는 부위이며 그 형태와 컬러가 가지는 이미지가 있다. 메이크업 스타일링과 얼굴에 사용하는 악세사리 등으로 이미지 변화가 가능하며 표정과도 밀접한 연관이 있다. 주로 인상이라는 개념을 전달하고 사람을 기억하는 대표적인 부위이다.

3) V- zone(브이 존)

목과 가슴, 어깨, 쇄골 라인 등의 신체의 상체 부위를 말한다. 비주얼 이미지를 표현하는 스타일링의 중요한 포인트로서 패션 스타일링의 표현에서는 네크라인과 상의의 형태나 디자인의 매칭에 따라 영향을 받게 된다.

4) W-zone(웨이스트 존)

허리와 엉덩이를 연결되는 신체부위로 V존과 함께 비주얼 이미지 메이킹에서 중요한 포인트이다. 패션 스타일링의 표현에서는 하의의 형태와 디자인의 매칭에 따라서 영향을 받게 된다.

5) Foot-zone(풋 존)

발목과 발로 표현되는 신체부위이다. 의복과 함께 소품에 따라 영향을 받게 되며, 스타일링의 마무리 포인트이다.

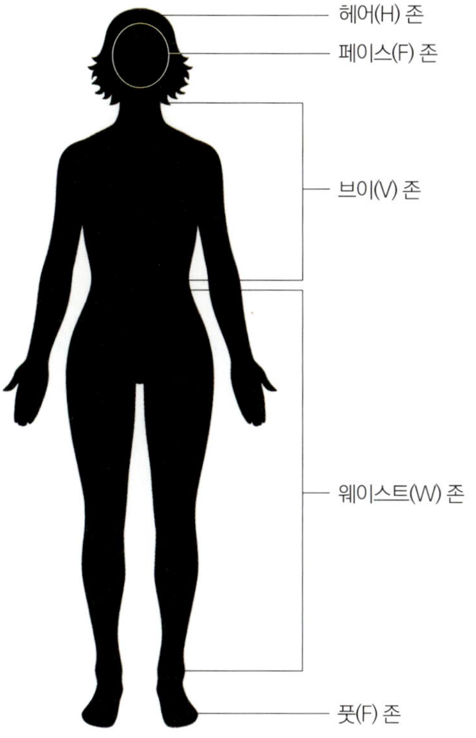

3. 비주얼 이미지 메이킹의 효과성

성공적인 비주얼 이미지 메이킹을 통해 개인은 이상적인 비주얼 이미지를 얻게 되며 진정한 아름다움을 만나게 된다. 시간과 지속적인 노력을 통해 얻게 되는 성공적인 비주얼 이미지는 그것을 얻게 되는 과정을 통하여 다음의 세 가지의 효과를 기대할 수 있다.

첫째, 자아존중감이 향상된다.

자신의 가치를 다시 생각하게 한다. 스스로 아름답다고 느끼는 것은 스스로를 가치 있는 사람이라고 느끼는 것과 절대 별개의 것이 아니다.

둘째, 열등감이 극복된다.

비주얼 이미지를 바꿔보려고 시도조차 하지 않았거나 중요하다고 생각하지 않는 대부분의 사람들은 무의식중에 현재가 가장 이상적이라고 생각하기 보다는 '해도 안된다'라는 부정적인 생각에 사로 잡혀 있는 경우가 많다. 이러한 열등감은 새로운 비주얼 이미지를 찾는 것을 방해하는 요소가 되지만 반대로 열등감을 극복하기 위한 시도로서 새로운 스타일링을 도전하고 습관을 바꾸려고 노력하는 것은 열등감을 이상적으로 극복하는 것이다.

비주얼 이미지 메이킹을 통해서 단점을 장점으로 변환시키고 성공적으로 변화한 비주얼 이미지는 스스로 잠재되어 있던 열등감을 이미 벗어나 있는 것이다.

셋째, 사회적인 대인관계 개선에 적극적인 마인드(mind)를 갖게 된다.

비주얼 이미지 메이킹 과정을 통하여 스스로 자신의 진정한 아름다움을 발견하게 되고 비주얼 이미지 메이킹이 사회적인 관계에서 개인에게 꼭 필요한 일인 것을 깨닫게 되기 때문이다.

연령과 성별에 상관없이 어느 누구도 자신의 모습에 대해 '멋지다'라는 말을 들었을 때 기분 좋지 않은 사람은 없다. 비주얼 이미지 메이킹을 시작하고 변화하는 자신의 모습에 다른 사람들이 칭찬을 아끼지 않고 이전에는 미처 깨닫지 못했던 숨겨진 자신만의 개성을 찾는 일은 매일 누군가를 만나는 우리에게 큰 힘이 되어 줄 것이다.

열등감 테스트(질문지)

번호	나에게 열등감을 느끼게 하는 사람	전혀 그렇지 않다	별로 그렇지 않다	보통이다	가끔 그렇다	항상 그렇다
1	키가 큰 사람	1	2	3	4	5
2	성격이 활달해서 사교력이 좋은 사람	1	2	3	4	5
3	공부를 잘하고 고학력자	1	2	3	4	5
4	부유하고 집이 큰 사람	1	2	3	4	5
5	예쁘고 잘 생긴 사람	1	2	3	4	5
6	많은 사람들 앞에서 자신감 있고 말 잘하는 사람	1	2	3	4	5
7	운동에 재능이 있는 사람	1	2	3	4	5
8	멋진 이성이 배우자이거나 연인인 사람	1	2	3	4	5
9	몸매가 날씬하거나 좋은 사람	1	2	3	4	5
10	높은 사회적 지위를 가진 사람	1	2	3	4	5
11	출중한 능력이 있는 사람	1	2	3	4	5
12	행복하고 화목한 가족이 있는 사람	1	2	3	4	5

번호	나에게 열등감을 느끼게 하는 사람	전혀 그렇지 않다	별로 그렇지 않다	보통 이다	가끔 그렇다	항상 그렇다
13	다리가 길고 얼굴이 작은 사람	1	2	3	4	5
14	유머가 풍부하고 재치가 넘치는 사람	1	2	3	4	5
15	노래를 잘하거나 춤을 잘 추는 사람	1	2	3	4	5
16	훌륭하거나 주목받는 인물이 일가친척 중에 있는 사람	1	2	3	4	5
17	태도나 자세가 언제나 반듯한 사람	1	2	3	4	5
18	원만하고 좋은 성격으로 대인관계가 좋은 사람	1	2	3	4	5
19	좋은 학교, 좋은 직장에 다니는 사람	1	2	3	4	5
20	유명하고 좋은 가문의 사람	1	2	3	4	5

열등감 집계표

신체 영역		사회적 영역		능력		집안 및 가정	
1		2		3		4	
5		6		7		8	
9		10		11		12	
13		14		15		16	
17		18		19		20	
합계		합계		합계		합계	
전체 합계 : 점							

4. 첫인상(First impression) 형성과 중요성

"보이는 모습이, 때론 그 사람의 전부다. 첫 인상은 순간이다"라고도 한다. 첫인상은 처음 만나는 사람을 판단하는 것으로 자신이 어떤 사람일까라는 생각을 미처 하기도 전에 인식되는 상대에 대한 인상이다. 복잡한 현대사회에서 일어나는 대부분의 사회적인 접촉은 일시적이며, 첫인상에 대한 판단은 극히 짧은 시간에 평가와 결론을 내리는 것으로 순간적으로 감지하고 기억되어진다.

첫인상이 좋아야 한다는 것은 지극히 일반적인 사실로서 좋은 첫인상이 사회적 관계에서 중요하다고 하는 이유는 첫인상이 한 번 인식된 후에는 잘 바뀌지 않기 때문이다. 만약 좋지 않은 첫인상이 상대에게 인식된다면 이후에는 이미지 개선을 위한 노력이 장기간 진행해야 할 수도 있고 심지어 그러한 노력에도 바뀌지 않을 수 있다.

이와 같이 사회적인 대인관계에서 중요한 첫인상을 결정하는 하는 것은 무엇일까! 미국의 사회 심리학자 메라비언(Mehrabian)은 '인간의 평상적인 의사소통에 있어서 55%의 시각(복장과 외모 등)과 38%의 목소리(음색, 억양, 고저 등)와 신체언어, 그리고 7%의 말하는 내용을 근거로 첫인상을 형성한다고 하였으며 실제로 첫인상 형성에 영향을 미치는 요인은 연령, 성(性), 체격, 용모, 피부색 등과 같은 육체 특성과 패션, 말의 내용과 표정 등의 개인적인 특성으로 거의 시각적 정보를 근거로 결정된다. 따라서 시각적인 신체의 특성을 결정하는 비주얼 이미지의 효과적인 연출은 첫인상에 큰 영향력이 있으며 성공적인 사회생활을 하는데 핵심이 된다고 해도 과언이 아니다.

좋은 첫인상을 위한 비주얼 이미지 메이킹에서 특히 고려해야 할 점이 있다면 첫인상은 자신의 기준으로 전달되는 것이 아니라 보는 사람의 관점에서 해석되기 때문에 내 기준만으로 비주얼 이미지를 만들어가는 것은 위험하다는 것이다. 또한 나의 긍정적인 부분과 부정적인 정보가 동시에 상대에게 보여졌다면 긍정적인 부분보다도 부정적인 부분이 더욱 강력하게 인식된다는 것을 고려해야 한다.

이러한 첫인상의 특징은 긍정적인 이미지를 많이 만들어내는 것만큼이나 부정적인 이미지를 제거해가는 것이 첫인상을 위한 중요한 개인의 과제인 것을 알려주고 있으며 이상적인 비주얼 이미지 형성에도 적극 적용해야 할 사항이다.

다음은 우리가 좋은 첫인상을 만들어가는 일에서 기억하면 도움이 되는 첫인상이 가진 특징으로 첫인상과 관련한 사람의 심리적인 효과들이다.

●첫인상 형성에 영향을 미치는 효과

(1) 초두 효과(Primacy Effect)

사람의 이미지를 결정하는 여러 정보들 중에서 제일 처음의 정보가 나중에 들어온 인상과 정보보다 전체적인 인상 형성에 더욱 크게 작용하는 현상을 말한다. 첫인상은 이러한 심리적인 초두효과에 해당하는데 일정한 순서가 정해진 어떤 항목에서 뒷부분에 해당하는 내용들은 앞부분보다 주의력이 떨어지면서 더 적은 주의를 기울이게 된다는 주의집중감소에 대한 원리에 해당한다. 처음에는 집중하여 어떤 사람을 보다가도 시간이 지나가면 집중을 하는 정도가 감소하는 것이다.

(2) 대비 효과(Contrast Effect)

매력이 매우 많은 사람과 함께 있으면 내 매력은 적어보이고 반대의 경우에는 자신의 매력이 많아 보이는 상황을 말한다. 내가 어느 정도의 사람인지가 옆에 있는 사람에 의해 다르게 보이는 것으로 멋있는 사람 옆에서 사진촬영을 하거나 키가 큰 사람 옆에서는 작아 보이는 상황도 여기에 해당한다.

(3) 부정성 효과(Negativity Effect)

사람에게는 누구나 긍정적인 부분과 부정적인 부분이 있다. 사람의 첫인상과 인상을 형성하는 과정에서 긍정적인 정보와 부정적인 정보가 같이 전달된다면 부정적인 정보가 더욱 강하게 영향력이 있는 것이다.

(4) 현저성 효과(Vividness Effect)

사람이 가진 여러 특성들을 조합해서 총체적인 인상을 형성하는 것이 아니라 다른 사람에 비하여 두드러진 특성이나 한 눈에 바로 드러나는 대표적인 특성을 보고 상대를 평가하는 것이다. 눈이 크고 둥글면 겁이 많고 순한 성격일 것이라고 느끼거나 피부가 희고 밝은 사람은 깔끔하다고 느끼는 등의 심리적 효과이다.

(5) 후광 효과(Halo Effect)

학력이나 비주얼, 지명도 등의 개인의 장점이나 매력들 때문에 드러나지 않는 개인의 다른 특성들도 좋을 것이라고 생각하게 한다는 것이다.

(6) 방사 효과(Radiation Effect)

유명한 사람이나 높은 지위의 사람들과 있으면 나도 지위가 높거나 유명한 사람처럼 보여 자존심이 높아지는 효과이다.

(7) 악마 효과(Devil Effect)

겉으로 드러나는 외모나 개인의 특성이 열등하거나 부정적이어서 그 사람의 다른 부분까지 부정적으로 평가되는 현상이다.

CHAPTER 2

비주얼 이미지의 중요 요소

1. 얼굴과 전체 이미지

얼굴은 사람을 기억할 때 구분하는 기준이며 그 사람을 대표하는 신체 부위로서 그 사람의 성별, 나이, 생각, 성격, 인품, 교양 등을 나타내는 곳이기도 하다. 또한 직업이나 성장이력, 교육수준, 역할, 신분, 가치기준, 능력, 심리상태 등을 엿볼 수 있는 곳으로 사람의 얼굴은 대인관계의 창구이며 다양한 표현이 연출되는 전천후 신체기관인 것이다.

흔히 사람을 보고 예쁘다 혹은 아름답다라고 표현하는 신체부위는 주로 얼굴에 해당하는데 얼굴을 포함하여 우리가 긍정적으로 느끼는 모든 여러 시각적인 것들은 형태를 제외하고는 평가할 수 없다. 거울을 보고 얼굴의 형태를 진단하거나 평가하는 경우 정면에서만 보이는 평면적인 형태가 아니라 3차원적인 입체감을 고려하여 진단하고 이미지에 따라 분류할 수 있다.

(1) 얼굴형

얼굴형은 눈, 코, 입, 귀를 제외한 얼굴의 외곽선을 말하여 얼굴형의 분류는 그 형태에 따라 나뉘는 공통적인 특징으로 구분할 수 있다.

개인 각각의 얼굴 형상은 얼굴뼈의 위치와 돌출에 의해 결정되며 인종에 따라 공통적인 얼굴의 특성이 있고 인종 안에서도 형태에 따른 얼굴의 구분이 가능하다. 우리나라 사람들도 한눈에 구별되는 외모상의 특징이 있으며 크게 분류하면 남방계형과 북방계형으로 나눌 수 있다.

동남아의 따뜻한 곳에서 한반도를 들어온 남방계는 얼굴이 네모로 각이 있고 얼굴 전면의 들어간 곳과 튀어나온 곳이 분명하고 눈썹은 짙고 쌍꺼풀이 있으며 눈이 크고 검은 편이다. 또한 약간 짧은 코에 콧방울이 뚜렷이 깊고 입술이 얇지 않으며 귓불이 크다. 피부는 검은 편이며 모발의 두께가 굵고 체형에 있어서도 몸통이 길지 않고 짧은 편으로 종아리가 얇은 형이다.

추운 북부 시베리아에서 유입된 북방계는 얼굴형과 체형 모두가 남방계형과 상반되는 특징을 가지고 있는데 먼저 평평한 얼굴에 이목구비가 작으며 가는 눈에 쌍꺼풀이 없고 눈동자와 안구가 작다. 몽고주름이 있으며 흐린 눈썹, 비교적 얇은 입술로 귓불이 작고 키에 비하여 몸통이 크며 종아리는 굵은 체형이 많다.

더운 지방에서 유입된 남방계와 추운 지방에서 한반도로 유입된 북방계는 이후 인구의 이동과 남방계와 북방계의 결혼으로 중간계가 나타나고 얼굴형도 중간형이 등장하게 되었다.

남방계의 얼굴형을 마치 감자처럼 둥글고 길지 않아서 감자형으로, 북방계의 얼굴형은 고구마처럼 길고 머리 위가 솟은 형이 많아 고구마형으로, 중간계는 얼굴 크기의 가로와 세로의 비율을 감자와 고구마의 중간정도로 하고 있어서 계란형, 혹은 중간형으로 구분할 수 있다.

머리를 3등분했을 때 이마에 해당하는 상안(上顔)과 머리의 제일 꼭대기인 탑(top) 부분이 높은 경우가 고구마형 두상으로 양 이마의 좌우가 좁아 위로 뾰족하고 두상이 솟아 아치형으로 가운데 부분이 불쑥 올라와 있다.

미간에서 코밑까지 가운데 얼굴에 해당하는 중안(中顔)이 짧은 경우는 코의 길이가 짧은 감자형으로 구분하고 반대로 중안이 길면 코가 길고 좁게 되므로 북방계형 즉 고구마형으로 보면 된다. 또한 전면을 살펴보면 남방계형의 광대뼈는 낮고, 북방계형의 광대뼈는 높게 붙어 있다.

하안(下顔)을 구성하는 하악골에도 남북방계형의 차이가 있지만 중안의 뼈만큼 차이가 크지는 않다. 북방계 형은 아래턱이 전체적으로 크고 치아가 크므로, 앞에서 봤을 때 턱이 길고 뾰족한 모양으로 보여 두상 전체가 고구마형이 된다. 이에 비하여 남방계 형은 턱뼈가 전체적으로 작고 이도 작으며 아래턱이 각이 진 경우가 많아 네모진 얼굴로 보이고 고구마형에 비해 짧고 넓은 감자형이 된다.

고구마형

감자형

(2) 얼굴형에 따른 이미지

고구마형, 감자형, 중간형 3가지로 분류하여 다시 공통적인 이미지를 가진 얼굴을 구분하면 얼굴형 몇 가지로 나눌 수 있다. 같은 얼굴형은 비슷한 이미지를 가지고 유사한 장점과 단점을 가지고 있다.

타고난 얼굴형이 가진 비주얼 이미지는 바뀌지 않지만 각 얼굴형의 단점을 보완하고 장점을 부각하는 메이크업, 헤어스타일링, 패션스타일링을 통해 이상적인 이미지를 성공적으로 연출할 수 있다.

- **감자형 :** 사각형 , 둥근형
- **중간형 :** 타원(계란형), 역삼각형, 삼각형
- **고구마형 :** 긴형, 마름모형

감자형은 얼굴 가로와 세로의 비율이 비슷한 둥근형과 각진 사각형으로 구분할 수 있고 얼굴의 선이 세로로 기다란 긴 형과 마름모형은 고구마형에 속하며 중간형에는 가로와 세로의 비율이 중간정도인 타원형과 역삼각형으로 나눌 수 있다.

둥근형은 얼굴의 선이 전반적으로 둥근 형태이며 짧은 얼굴에 둥근 뺨을 가진 얼굴형으로 귀엽고 어려보이며 성격이 침착하고 온화해 보인다. 요즘은 동안 이미지가 각광을 받아 어려보인다는 것은 개인적으로 만족스러운 얼굴형 이미지일 수는 있지만 사회적인 비즈니스를 위한 스타일링에서는 도전적이거나 활동적인 이미지를 주기 위한 노력이 필요하다.

둥근형

각진형은 한결같은 성격으로 보이며 듬직하고 분명한 이미지를 줄 수 있어 유약하거나 흐릿하진 않지만 고집스러운 인상이 있고 무뚝뚝해 보일 수 있는 단점이 있다. 밝아 보이는 표정으로 이미지를 부드럽게 하며 친근한 스타일링을 중점으로 여성의 경우에는 여성스러운 분위기로 비주얼과 스타일을 연출하는 것이 좋다.

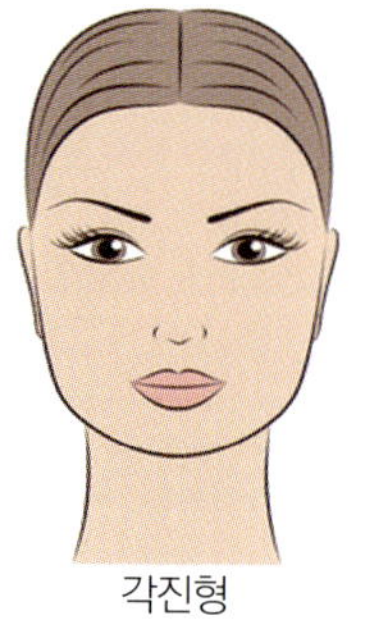

각진형

타원형은 자연스러운 균형을 유지하고 있으며 얼굴의 가로 폭보다 길이가 길어서 얼굴 폭과 얼굴 길이의 비율이 약 1:1.5 정도의 비율인 얼굴형이다. 이상적인 형으로 피부색, 전반적인 체형을 고려하여 스타일링하고 안정감 있는 이미지를 크게 벗어나지 않는 비주얼 이미지 메이킹을 시도한다. 얼굴의 길이가 길지 않는 역삼각형의 경우에는 현대적이고 도시적인 세련된 이미지를 가지고 있지만 자칫 날카롭고 신경질적으로 보일 수 있으므로 주의해야 한다.

타원형

긴형은 고전적이며 조숙한 이미지를 갖고 있으며 실제보다 나이가 더 들어 보일 수 있는 얼굴이다. 얼굴이 짧아 보일 수 있도록 전체적으로 가로 방향의 수평적 느낌을 살려주는 것이 중요하고 때로는 귀엽고 발랄할 수 있도록 이미지 변신도 필요하다.

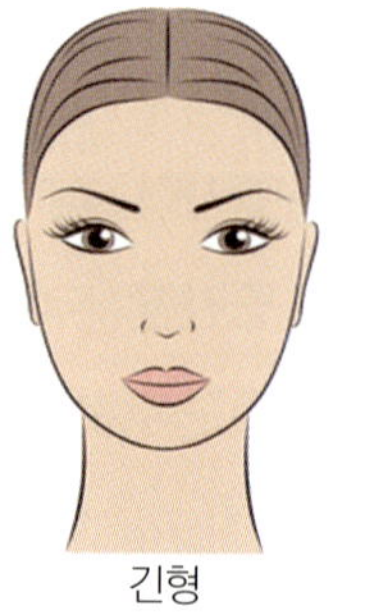

긴형

마름모형은 볼 뼈가 양쪽으로 나온 형으로 이마와 얼굴 아래 쪽에 비해 광대뼈의 폭이 조금 넓은 형으로 마른 사람에게 많다. 비교적 강한 인상으로 주목성이 강한 스타일링보다는 편안하고 부드러운 느낌으로 이미지 메이킹한다.

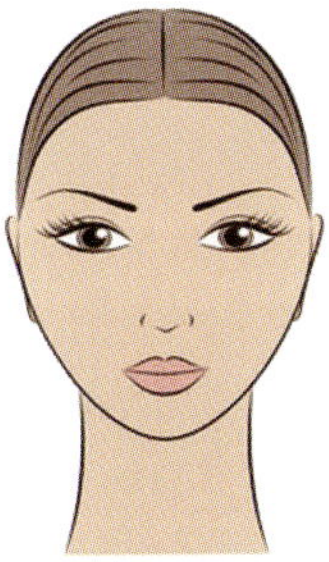

마름모형

실기 1 얼굴형과 체형 진단하기

- 머리를 이마가 보이도록 뒤로 넘겨주고 상안, 중안, 하안의 모양을 살펴본다.
- 상안, 중안, 하안을 구분하여 비율과 형을 진단한다.
- 감자형 or 고구마형인지 얼굴형을 진단해 본다.
- 상대의 얼굴을 보고 어느 형에 해당하는지 진단한다.
- 체형과 얼굴형의 특성으로 남방계형인지, 북방계형인지 진단할 수 있다.

2. 표정

아름답거나 그렇지 않게 느끼는 얼굴의 기준을 치수로 재어 비교해 본다면 그 차이가 사실 극히 적다. 이와 같은 실제 아주 작은 차이의 형태적인 문제는 표정을 잘 관리하면 극복할 수 있는 부분으로 꾸준히 딱딱한 표정을 개선시키고 좋은 표정으로 자신의 모습을 관리하는 것은 이상적인 비주얼을 완성하는 기본이 된다. 다시 말해서 아름답다라고 느끼는 것은 단지 눈, 코, 입의 비율만이 아니라 미소를 기본으로 하는 표정도 큰 역할을 차지한다는 것을 의미한다. 또한 상대방에게 좋은 감정을 전달하기 위해서는 얼굴에 미소가 있어야 하고 아무리 잘생기고 아름다워도 얼굴의 표정이 어두우면 상대방에게 호감을 줄 수 없다.

얼굴 표정은 나의 감정과 생각, 심리 상태를 언어가 아닌 행동으로 메시지를 전달하는 것이며 다른 사람의 기분을 알 수 있고 다음에 일어나게 될 여러 일들을 이해하는 수단이 되기도 한다. 예를 들면 감정적으로 마음이 상한 일이 있을 때 "말은 안했지만 표정 관리가 안 되

었다!" 라는 상황을 한번쯤 경험하게 되는데 언어로 표현하지는 않았지만 자신의 감정이 어쩔 수 없이 나타나는 것이다. '포커페이스(poker face)'는 어렵지만 비즈니스에서 필수 요소라고도 한다. 필요한 표정의 관리와 미소를 생활화 하는 것은 사회적인 대인관계에서 중요한 비주얼 이미지의 요소로서 의식적인 학습과 연습이 필요하다.

(1) 나의 표정 진단하기

1. 내 양 옆 입 꼬리는 항상 위로 올라가 있다.
2. 밝게 잘 웃는다고 칭찬받은 적이 있다.
3. 평소에 사진 찍는 것을 즐긴다.
4. 사진을 찍으려고 미소 짓는 것이 어색하지 않고 편안하다.
5. 다양한 표정이 있는 편이다.
6. 사람과 마주치면 대부분 먼저 인사하는 편이다.
7. 처음 보는 사람이나 어른과 마주할 때 눈 맞춤이 불편하지 않다.
8. 얼굴을 움직이는 동작, 대표적인 윙크가 편안히 잘 되는 편이다.
9. 웃으면 눈 모양이 작아지고 눈 꼬리가 내려간다.
10. 활짝 웃는 모습이 미소보다 잘 어울린다.

● 평가

5개 이하

수줍음이 많고 부끄러움을 많이 타거나 차가운 인상이라는 말을 많이 듣는다.
미소만을 통해서 어필하기에는 부족할 수 있고 적극적인 감정 표현과 표정을 만들어 가는 것이 좋은 타입이다. 다수의 사람들이 당신을 어려워 조심스럽거나 지루해 할 수 있다.

5~7개형

매사에 진지하고 신중한 사람으로 현명하며 현실적인 사람으로 타인이 인식하는 타입이다. 앞에 나서거나 주목받기를 좋아하지는 않지만 많은 매력과 감성을 가지고 있다. 자신이 호감이 있고 마음이 간다면 여러 감정을 표현하고 표정도 나타나지만 평소에는 많은 사람이 당신의 참모습을 모르고 지내는 경우가 있다.

8개 이상

주위의 사람들이 당신을 친절하고 유쾌하다고 여긴다. 현실적이지만 재미가 있는 사람으로 매력적으로 느껴지기 때문에 주위의 이목을 사로잡는다. 자신감과 당당함이 있다.

(2) 표정을 위한 운동

평상시에도 나의 표정이 무뚝뚝하고 경직되어 있다는 것을 간혹 증명사진을 촬영할 때도 알 수 있다. 잠깐 셔터를 누르는 순간에도 좋은 미소를 유지하고 있는 것이 무척이나 어렵다면 일상의 대부분의 시간은 내가 미소를 짓기 위한 근육들을 전혀 사용하고 있지 않은 것이다.

많은 사람들이 얼굴 스트레칭을 잘 활용하지 않아서 평소에 잘 의식을 하지 못하지만 얼굴에 위치한 표정 근육들은 대부분 의지대로 움직일 수 있다. 좋은 표정을 위해서 표정 근육들이 자유롭게 움직일 수 있도록 자주 운동해주면 좋은데 얼굴 근육들의 움직임을 느끼면서 천천히 호흡하며 진행한다. 익숙해지기까지는 거울을 보며 하는 것이 좋으며 피부가 건조한 상태에서 진행하면 주름이 만들어지나 당기는 느낌 때문에 충분한 스트레칭을 하는 것이 어려울 수 있음으로 보습제를 바르고 운동을 한다.

① 입의 표정

잘 웃지 않는 무표정한 얼굴을 관찰해 보면 입주위의 근육이 굳어 있다. 매일 입술 근육을 단련시키면 입 주위의 주름도 방지하고 매력적인 입매와 입 꼬리의 모양을 단정하게 하는 효과가 있다.

웃는 얼굴을 만드는 연습에서는 입 주위의 근육을 부드럽게 하기 위해 발성 연습을 한다. 입은 항상 자연스럽게 닫아져 있어야 한다. 피곤한 사람이 무의식 중에 입을 벌리고 있는 것을 보았는가! 멍해 보이고 기력이 전혀 없는 사람같은 인상을 준다. 또한 대화 중에 입을 내밀거나 삐죽거리는 행동은 비웃는 듯한 인상을 줄 수 있으므로 삼가야 한다.

● 입모양 스트레칭과 발성법

1. 바른 자세를 취한다.
2. 입 안에 공기를 넣어 오른쪽 볼과 왼쪽 볼을 번갈아 부풀린다.

3. 윗니의 앞부분에 공기를 넣어 부풀리고 다시 아랫니의 앞쪽을 부풀려 스트레칭 한다.
4. 입술을 앞으로 쭉 내밀고 다시 오므려준다.
5. 코로 숨을 들여 마신 후 배의 중심부에 힘을 주어 발성한다.
6. 하, 히, 후, 헤, 호를 정확하게 발음하면서 각 발음마다 5초 정도 유지하여 소리 낸다.
7. 6번을 다시 반복한다.

TIP 스마일 라인

호감을 주는 스마일 라인은 입꼬리가 올라가야 만들어진다. 윗니가 대략 8개 정도 보이는 것이 좋지만 치아의 배열이나 구강 구조에 따라 달라질 수도 있다.

입꼬리가 입의 위치와 수평으로 있게 되면 억지 웃음같이 보일 수 있고 아래로 처지게 되면 나이가 들어 보인다.

입 주변의 근육을 충분히 스트레칭 한 후에 미소를 짓게 되면 입술이 비뚤어지지 않도록 하고 유연하게 연출할 수 있으며 자연스럽지 않은 미소는 오히려 역효과를 낼 수도 있으니 주의한다.

● 손가락을 이용한 스마일 라인

입 꼬리가 올라간 미소를 만들기 위해 손가락을 사용해서 위치를 잡아주어 올바른 입꼬리의 위치를 신체가 기억하게 하도록 연습하는 것이다. 거울 앞에 서서 대칭을 확인하고 양손은 사용하여 검지와 중지를 입꼬리에 올리고 올라가는 정도가 대칭이 되도록 올려준 다음 10초 정도 정지한 후 다시 원위치로 돌아온다.

② 눈의 표정

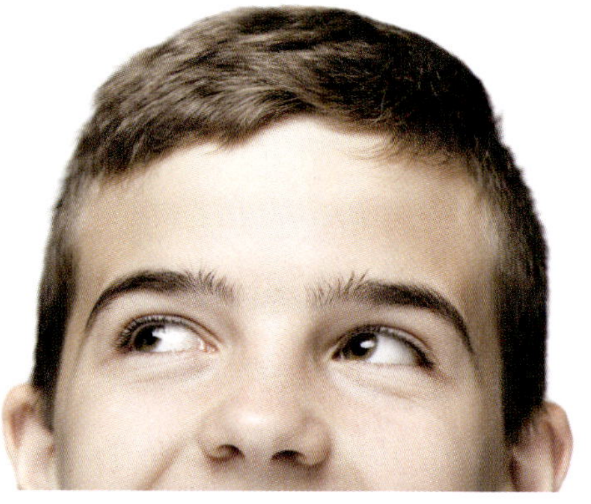

100점짜리 미소는 입과 눈이 함께 웃는 것이라고 한다. 친철하고 부드러운 눈빛은 매력적인 인상을 주고 진정성을 갖게 된다. 반대로 눈이 무표정하면 가식적으로 보이고 생기가 없어 자신감이 결여되어 보인다.

눈동자가 안정되지 못하고 이리저리 움직이는 것은 산만해보이며 상대에게 집중하지 못하는 인상을 주어 불쾌감을 유발할 수도 있다. 시선을 고정하지만 노려보는 느낌은 피해가야 하며 단지 눈이 아닌 눈 주변의 근육들을 자연스럽게 사용하여 연출할 수 있다.

시선처리는 정면을 향하는 것이 좋으므로 측면을 봐야할 경우에는 고개를 돌려 옆을 바라보는 것보다 몸의 방향을 돌려서 몸이 놓여있는 방향과 같은 방향으로 움직이는 것이 이상적이다.

눈을 흘기는 버릇, 곁눈질하는 버릇, 흘끔 흘끔하는 버릇, 눈을 자주 깜박이는 버릇, 공연히 눈을 치켜뜨는 버릇 등은 주의해야 하며 안정되고 맑은 눈의 표정을 가지려면 눈 주위의 근육을 단련시켜야 한다.

●눈 주변의 스트레칭

1. 고개를 좌우, 앞뒤로 가볍게 스트레칭 한다.
2. 시선은 정면을 향하고 5초 간격으로 양 눈썹을 위로 들어 올린 후 천천히 내려준다. 3회 반복한다.
3. 시선은 정면을 향하고 오른쪽 눈썹을 들어 올린 후 천천히 내려준다.
4. 시선은 정면을 향하고 왼쪽 눈썹을 들어 올린 후 천천히 내려준다.(3번과 4번을 다시 반복한다.)
5. 눈을 감고 잠시 휴식한다.

5. 눈을 크게 뜨고 정면을 향한 후 눈동자만 방향을 옮겨 오른쪽, 왼쪽, 위, 아래를 본다. 각각 5초 동안 유지하고 눈을 감는다.
6. 눈을 감은 상태에서 눈동자를 왼쪽으로 원을 그리고 오른쪽으로 원을 그리는 것을 2회 반복한다. 1번부터 2회 더 반복한다.

③ 이마 & 미간 운동

미간과 이마는 인상을 찌푸린다는 표현에서 주로 주름을 잡는 영역이다. 진지하게 경청을 하거나 무언가에 몰두하는 경우에 자신도 모르게 미간과 이마를 찌푸리는 경우가 있고 감정적으로 좋지 않은 상황에도 찌푸린 표정이 생기게 된다. 간단한 스트레칭은 잘못된 표정으로 자주 사용된 근육의 피로도도 낮춰주고 좋지 않은 습관적인 표정을 고치는 것에도 도움이 된다.

1. 한 손을 펴서 손바닥을 이마에 올려놓는다.
2. 다른 한 손은 검지와 중지를 사용해 알파벳 V자처럼 벌려서 양 눈썹의 앞머리사이, 미간에 올려놓는다.
3. 이마에 올린 손은 위로 올려주고 미간은 사이를 벌리는 느낌으로 동시에 스트레칭 한다.
4. 5초 동안 머문 후 다시 돌아온다. 5회 반복한다.

④ 턱 운동

1. 얼굴의 당김이 있을 정도로 크게 입을 벌리고 8초 정도 유지한 후 원 위치한다.
2. 입을 벌릴 때 고개가 젖혀지거나 앞으로 숙여지지 않도록 주의한다.
3. 자세를 바로 하고 몸은 움직이지 않도록 하여 아래턱만 좌우로 원을 그린다.
4. 3회 반복한다.

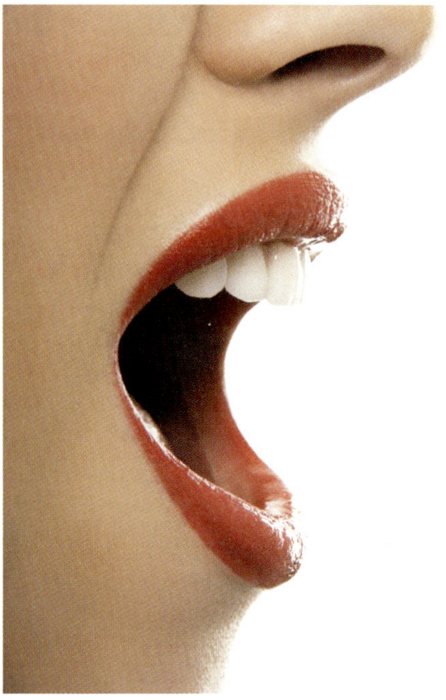

3. 자세

(1) 자세 이미지

자세 이미지는 개인의 비주얼 이미지를 나타내는 요소 중 하나로서 사람의 자세(posture)를 보면 그 사람이 어떤 상태인지 또 어떠한 유형의 사람인지를 어느 정도 파악할 수 있게 된다. 예를 들면 자신감이 넘치고 당당하거나 권위적인 사람들이 기본적으로 취하는 자세는 소심하고 수동적인 사람에 비하여 구부러지거나 휘지 않으며 꼿꼿하다. 또한 지위가 낮은 사람의 자세는 긴장이 될 수밖에 없고 지위가 높은 사람은 여유 있고 느슨한 자세를 취한다.

자세는 억지로 갖춘 것처럼 보이지 않고 자연스러운 연출이 가능한 것도 중요한 부분인데 편안하고 안정감 있는 자세는 여유, 자신감, 우호적인 느낌, 설득력을 갖는 등 긍정적인 영향을 미치지만 뒤로 젖혀져 가슴이나 배 부분이 지나치게 앞으로 나오게 되면 거만해 보일 뿐만 아니라 공격적으로 보일 수도 있다.

마주 하는 사람 앞에서 팔짱을 끼는 자세는 흥미나 관심이 없는 냉담한 자세로 보일 수 있으며 경계하는 느낌이 들어 경우에 따라서는 무시, 무관심, 비호감의 감정을 전달한다. 따라서 상대에게 우호적인 이미지를 전달하려면 팔을 편하게 내리고 앉은 상태라면 무릎 위에 가볍게 내린다.

(2) 바른 자세

반듯한 자세로 흐트러짐이 없는 모습을 가지고 유지하는 것은 자신감이 넘치는 성공한 비주얼 이미지이다.

사람은 각 체형에 따른 시각적인 이미지가 있으며 그중에서도 전반적인 실루엣이 중요 요소로 작용한다. 인체의 실루엣을 변화할 수 있는 것은 단지 의상의 연출과 운동으로만 가능한 것이 아니고 평상시의 자세에 있다. 현대인들의 대부분이 PC활용 시간이 많고 젊은 학생들도 스마트 폰을 보는 시간이 늘어나면서 등이 굽어 있는 사람이 늘어났다. 또한 거북이 목처럼 앞으로 나와 있다고 해서 거북목이라고 하는 목의 변형은 건강에도 해로울 뿐만 아니라 자신감이 결여된 이미지로 보여서 좋은 인상을 주는데 마이너스 요인이 된다.

● 기본 자세 연습

양 발을 편하게 어깨 넓이만큼 벌리고 허리를 곧게 펴고 어깨와 팔에 힘을 뺀다. 최근에는 개인의 개성과 특별한 정체성을 표현하고 만들기 위한 방법으로 한 손을 주머니에 넣거나 허리를 짚는 등의 자세를 취하기도 하지만 기본이 갖춰지지 않은 응용은 모래 위에 집을 짓는 것과 같다. 기본에 충실한 연습 뒤에 개성을 살리지 않으면 자칫 건방져 보일 수 있기 때문에 주의한다.

잠을 잘 때도 올바른 자세를 취하면 피로도 많이 풀리고 칼로리 소모가 높아져서 다이어트에도 도움이 되는데 구체적인 방법은 높은 베게의 사용을 피하고 낮은 베게나 수건 2장을 잘 접어 목 뒤에 대고 수면을 취해 본다. 또한 옆으로 돌아 눕거나 자세를 비틀어 수면하지 않도록 한다.

TIP **좋은 자세의 체크 포인트**

1. 턱을 들고 있는 정도가 적합한가? 너무 들고 있거나 몸 쪽으로 너무 당기진 않았는지 확인한다.
2. 고개는 중앙으로 고정되었는가? 어느 한 쪽으로 기울이고 있지 않는지 확인한다.
3. 눈을 위로 치켜 뜨거나 아래로, 혹은 옆으로 보고 있지는 않은가? 바른 시선으로 상대를 바라보고 있는지 확인한다.
4. 어깨에 힘이 들어가거나 팔이 무언가를 짚고 있진 않은가? 어깨와 팔은 자연스럽게 내리고 있는지 확인한다.

① 일어선 자세

- 가슴과 등은 곧게 펴고 배에 힘을 준다.
- 가슴이 너무 앞으로 향하거나 등이 말리지 않도록 한다.
- 턱은 당기고 정면을 본다.
- 고개가 앞으로 빠지지 않도록 한다.
- 양팔은 자연스럽게 바지 선에 둔다.
- 손은 달걀을 쥔 듯 자연스럽게 한다.
- 남자는 다리의 간격을 두고 앞을 30~45°로 벌리고 여자는 다리를 붙이고 15~ 30도 벌린다.

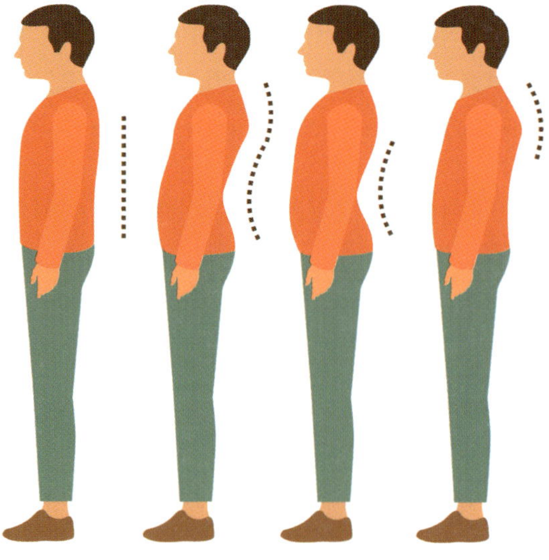

② 앉은 자세

- 허리는 등받이에 바짝 붙여 앉는다. 이 때 의자가 뒤로 밀리지 않도록 한다.
- 스커트를 착용한 경우에는 의자를 보면서 스커트 뒤쪽을 누르면서 앉는다.
- 바지를 착용한 경우 무릎은 90도로 세워 여성은 발을 가지런히 모으고 남성은 어깨넓이로 벌린다.
- 남자의 손은 주먹을 살짝 쥐고 무릎에 올리고 여자는 자연스럽게 무릎 위에 얹는다.
- 턱은 아래로 가볍게 당긴다.
- 다리를 흔들거나 꼬지 않는다.

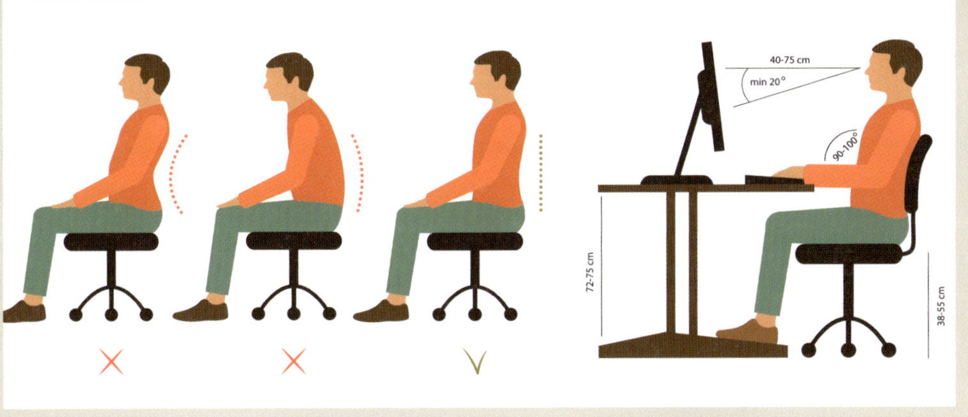

TIP 거북목 교정 운동

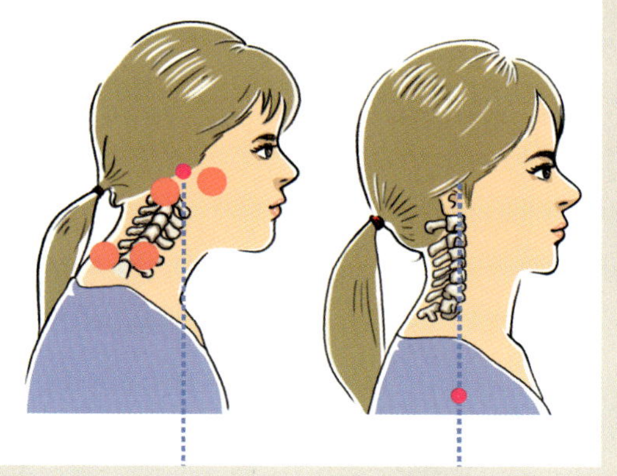

거북목이란 현대인의 컴퓨터 사용과 스마트폰의 장시간 사용으로 급격히 늘어난 좋지 않은 자세로 옆에서 볼 때 귀와 어깨가 일직선 상에 있지 않고 머리가 앞으로 나와 있는 상태이다. 많은 사람들은 직장, 학교, 가정, 교통수간 내에서 앉아서 보내는 시간이 많다. 앉아있는 자세는 사람에게는 편한 자세이지만 올바른 자세를 취하지 않거나 일정한 자세를 너무 오래 유지하면 등, 목, 어깨에 좋지 않은 영향을 줄 수 있다.

거북목은 타인에게 지치고 피곤한 인상을 주며 자신은 통증이 있어 무언가에 집중하는데 방해하는 요인이 된다. 규칙적인 스트레칭과 자세 교정이 필요하며 어깨를 펴고 고개를 꼿꼿이 하는 올바른 자세를 제대로 취할 수 있도록 노력해야 한다.

1. 가슴의 끝선을 위로 향하여 천장으로 받치는 느낌으로 한다. 어깨는 자연히 펴지고 아래쪽 목뼈의 배열이 바로 잡힌다.
2. 컴퓨터 화면이 눈높이보다 낮지 않도록 주의한다. 화면이 낮으면 등과 목을 수그리게 되기 때문에 눈높이에 맞추는 것이 좋다.
3. 모니터 화면을 큰 것을 사용하고 글자의 크기는 크게 하여 가까이 보려고 고개가 앞으로 빠지지 않도록 한다.
4. 마우스와 키보드를 몸에 가까이 붙여서 사용한다. 팔꿈치를 기대려고 책상에 팔을 올리고 키보드와 마우스를 멀리 두는데 이러면 어깨와 목이 앞으로 빠지게 된다.
5. 운전할 때 백 미러를 조금만 높게 맞춰 놓는다. 거울을 보려고 할 때마다 고개를 높이게 돼서 도움이 된다.
6. 증상이 있으면 20~30분에 한 번씩 어깨를 펴고 목을 스트레칭해 주면 도움이 된다.
7. 견갑골의 시계운동처럼 어깨뼈를 자연스럽게 돌려준다.
8. 장시간 컴퓨터나 스마트폰 사용하지 않는다.
9. 평소에 가슴을 펴고 고개를 꼿꼿이 하며 눈높이는 앞을 향한다.

③ 걷는 자세

유능하고 경험이 많은 의사들은 걸음걸이를 보고 그 사람의 건강을 가름하기도 한다. 구부정한 걸음걸이는 매우 소심해보이고 답답해 보인다. 배를 내밀고 등을 뒤로 젖히며 팔자로 걷는 걸음걸이는 어린이 뮤지컬이나 연극에서 욕심 많고 못된 캐릭터의 전유물이다.

처진 어깨로 발걸음을 질질 끄는 것은 좋지 못한 습관이며 높은 하이힐을 신은 여성이 무릎을 다 펴지 않은 상태에서 발걸음을 옮기는 것은 보기에도 좋지 않지만 신체 건강에도 매우 좋지 않다.

이상적으로 걷는 자세는 미소를 담은 표정과 올바로 앉았을 때와 같이 상체를 곧게 세우는 것이 기본이며 팔과 발을 자연스럽게 교차하는 것이다.

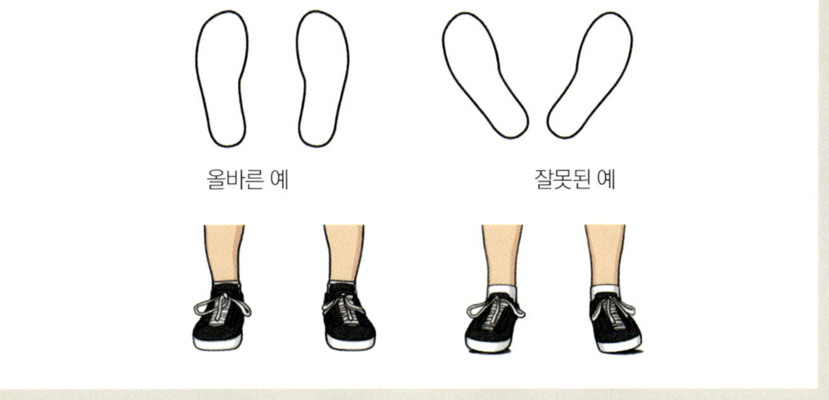

1. 상체를 곧게 펴고 배에 힘을 준다.
2. 머리는 정면을 보되 시선은 나의 눈높이보다 조금 높게 멀리 쳐다본다.
3. 어깨를 살짝 뒤로 젖혀 아래로 내려주고 가슴은 올려준다.
4. 손은 계란을 쥔 듯이 살짝 잡는다.
5. 팔을 흔들 때는 앞으로는 자연스럽게 올려주고 뒤는 앞보다 조금 더 드는 느낌이 좋다.
6. 보폭은 자신의 어깨넓이 정도이며 종종걸음으로 걷지 않지만 높은 구두는 보폭을 조금 줄여준다.
7. 무릎은 살짝 스치듯이 걷는다.
8. 발걸음을 옮기면 옮긴 발에 체중을 싣고 다리를 완전히 펴준 뒤 다시 뒤의 발을 앞으로 뻗어야 한다. 한 쪽 발을 뻗어 발걸음을 내딪을 때 다른 한쪽 다리는 모두 펴져 있어야 한다.

TIP　바른 자세를 위한 벽 자세

1. 시선은 눈높이보다 조금 위를 바라보고 벽에 뒤꿈치부터 무릎의 뒷면, 엉덩이, 등과 뒷목, 뒤통수까지 전신의 뒤 부분이 벽에 닿는 느낌으로 선다.
2. 턱을 당기고 머리를 위로 잡아당기는 느낌으로 올려준다.
3. 어깨는 활짝 펴고 양 어깨가 모두 벽에 닿도록 한다.
4. 허리는 특히 벽에서 들뜨지 않도록 하고 배를 눌러 유지한다.
5. 엉덩이가 뒤로 빠지지 않도록 한다.
6. 다리는 곧게 붙이고 발의 앞모양이 벌어지지 않는다.
7. 팔은 어깨에서 아래로 자연스럽게 떨어뜨린다.
8. 5분 이상 유지하며 코로 숨을 마시고 입으로 내쉰다.

실기 2

- 표정 운동을 진행한다.
- 워킹 방법, 앉는 법, 바른 자세를 실습한다.
- 벽 자세를 실습한다.

4. 커뮤니케이션

커뮤니케이션의 정의는 매우 다양하지만 일반적으로 '공통' 또는 '공유'라는 의미를 가지고 있으며 우리말로 '의사소통'으로 번역하여 사용되고 있다. 사람과 사람간의 의미를 전달하는 과정이며 감정, 태도, 신념, 생각, 사실 등을 전달하는 과정이다.

의사소통을 단지 소리나 말로만 해석한다면 비주얼이나 외모와는 크게 상관이 없겠지만 사람이 상호간에 의사소통을 하는 방법은 소리나 기록, 즉 언어 외에도 몸으로 표현하는 보디랭귀지와 제스처 등의 비언어적인 방법이 있다. 비주얼 이미지에도 상당 부분을 차지하는 비언어적인 커뮤니케이션은 첫인상에도 영향력이 있으며, 사회적으로나 환경적으로 그 적용이 다른 경우가 있어 각기 다른 표현에 대한 다양한 사전 지식을 필요로 한다.

사람들이 언어적으로(verbally) 또는 비언어적으로(nonverbally, paraverbally) 표현할 수 있는 모든 방법을 동원하여 서로 간에 영향을 주고받으며 서로를 이해해 나가는 과정이 커뮤니케이션이다.

(1) 언어적·비언어적 커뮤니케이션

① 언어적 커뮤니케이션(verbal communication)

언어적 커뮤니케이션은 입으로 소리를 내어 소통하는 구두(oral) 커뮤니케이션과 어휘나 뜻을 기록(written)하는 커뮤니케이션으로 나뉘는데 보통 구두 커뮤니케이션은 말을 하고 듣는 것이고 기록에는 보고서, 제안서, 일기, 메모 등이 있다.

② 비언어적 커뮤니케이션(non verbal communication)

표정, 눈 맞춤(eye contact), 제스처, 자세 등의 다양한 비언어적 커뮤니케이션 수단이 있으며 특정한 행동이나 동작은 공통적인 특징을 갖는다.

일반적인 의사소통에서는 언어와 함께 사용되지만 경우에 따라서는 단독으로도 중요한 의미 전달의 수단이 된다.

(2) 보디 랭귀지(Body Language)

보디 랭귀지는 신체언어로 대인관계에서 상호작용으로 나타나는 몸의 움직임(body movement)을 말한다. 대표적으로 얼굴은 자신의 느낌과 감정을 표현하는 대표적인 비언어 커뮤니케이션 도구이며 행동과 몸의 자세(posture), 눈 맞춤(eye contact)이나 고개 끄덕이기(nodding), 악수(hand shaking) 등도 대인적 상호작용에서 크게 영향을 미치는 비언어적 요소들이다.

또한 사람의 태도, 목소리, 눈빛, 머리를 들고 내리는 고갯짓 등은 상황과 현실에 따라 달라지기도 하는데 예를 들면 호감이 가는 이성과 말을 할 때는 목소리나 고갯짓, 눈빛이 평상시에 비해 부드러워지고 경쾌해지지만 부담스럽거나 거부감이 있는 사람과 말을 한다면

눈 맞춤도 어려울 수 있다.

사람이 말을 할 때 눈빛, 손짓, 고갯짓이나 특정적인 몸짓 등에 따라 말의 내용이나 전달력이 긍정 혹은 부정으로 잘못 전달될 수 있으며 문화적 차이로 인해서 오해가 될 수도 있기 때문에 보디랭귀지 사용에는 주의가 필요하다.

① 시선, 눈빛

시선은 눈의 표정에도 해당되는 것으로 부담스럽지 않고 좋은 인상을 주려면 눈동자가 한가운데로 고정되어 있어야 한다. 몸 전체를 같이 움직여 마주 보는 상태에서 상대방을 보는 올바른 시선처리는 신뢰와 안정감을 줄 수 있다.

대화 상대보다 조금 더 머무는 시선은 공손함과 배려를 나타내며 분위기를 원하는 방향으로 이끌 수도 있다. 특히 서비스 인이라면 곁눈질이나 시선방향이 불안하여 고객에게 불안감을 주는 나쁜 습관을 버리고 밝고 솔직하며 안정된 시선처리가 고객에게 신뢰감을 줄 수 있다.

② 손짓

손을 사용하여 특정 지점을 제시하거나 움직이는 다양한 동작으로 상대방을 배려하는 손짓은 정확하고 적절한 손동작으로 호감을 주는 비주얼 이미지이다. 길을 안내하는 사람이

가는 길을 손짓으로 부드럽게 안내하거나 손동작으로 먼저 가도 좋다는 표현을 하는 것들도 긍정적인 보디 랭귀지이며 팔을 벌려 환영하는 것도 기분이 좋아지는 손짓이다.

반대로 팔짱을 끼는 것은 거부, 자기방어의 사인이며 이마에 손을 대거나 머리를 긁적이거나 손가락으로 책상을 치거나 하는 동작들은 모두 마이너스 심리를 나타내는 것이다. 손으로 표현하는 문화가 익숙하지 않은 사람이라면 적어도 상대방에게 불쾌감을 주는 손동작은 삼가며 손을 이용하여 어필할 때에는 지나치지 않고 적당한 정도로 하는 것이 현명하다.

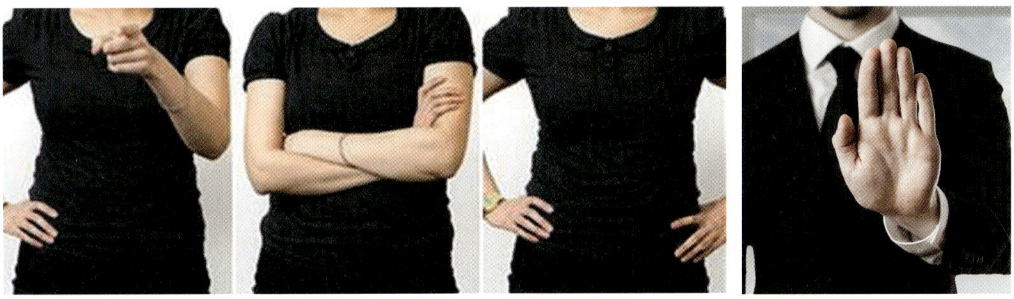

부정적인 손짓

긍정적인 손짓

③ 악수

국가의 원수끼리 만나거나 어떤 회의를 하는 순간을 기록하는 대표적인 사진에는 언제나 악수하는 장면이 있다. 환영, 화합을 다짐했다는 문구와 함께 우리가 보게 되는 사진 속의 악수는 일상 속에서도 같은 의미로 하는 보디 랭귀지이다.

우리나라에서 악수는 마치 남자들만의 소통으로 인식되어 왔지만 권하는 악수 요청에도 수줍고 어색하여 할 수 없이 손을 잡는 모양으로 악수에 응하는 여성은 그다지 좋은 이미지를 줄 수 없다.

짧고 간결한 악수와 손을 잡고 힘차게 흔드는 악수까지 다양한 방법이 있는데 어떠한 경우에도 악수가 끝날 때까지 먼저 시선을 돌리지 않으며 적극적이고 호의적으로 하는 것이 좋다.

④ 몸짓

몸짓은 얼굴 표정이나 시선에 비하여 그 전달 효과가 크기 때문에 전달 과정에서 오해가 생기지 않도록 하며 신체적인 특성으로 특정한 몸짓을 해야 할 경우에는 미리 양해를 구해야 한다. 과격하고 너무 큰 몸짓은 가능한 피해야 하지만 경청을 뜻하는 메시지로 몸을 앞으로 구부리거나 회신의 의미로 손을 들고 일어서는 동작들은 소란스럽지 않지만 확실하게 표현하는 것이 좋다.

대화를 위해 자리에 앉을 경우에 상대방과 정확하게 정면으로 앉는 것보다 조금만 각도를 비스듬하게 앉으면 폐쇄성이 줄어들어 폭 넓은 대화를 유도할 수 있다. 또한 마주 앉는 것은 경쟁적인 구도를 의미하고 나란히 앉는 것은 상호작용이 가능하다는 범주에 속해 있는 것이므로 비즈니스나 회의에도 활용할 수 있다.

TIP 나라별 Body Language 해석의 차이

1. 손가락으로 동그라미를 만드는 동작

일본에서는 돈이라는 의미이며 우리 나라에서는 돈이라는 뜻과 함께 O.K라는 뜻이지만 프랑스에서는 '가치없다'이며 그리스, 독일, 러시아, 브라질에서는 외설적인 표현이다.

2. 엄지손가락을 세우는 동작

우리 나라를 포함한 대부분의 나라에서 '으뜸'이지만 아랍에서는 모욕적인 손동작이며 영국, 호주, 뉴질랜드에서는 자동차를 세울 때 하는 사인이다. 독일은 1을, 일본은 5를 표현하는 숫자이고 그리스, 나이지리아, 중동, 파키스탄에서는 사용을 자제해야 하며 인도네시아에서는 사물을 가리킬 때 엄지손가락을 사용한다.

3. 검지 손가락을 사용하는 동작

우리나라에서 검지로 머리를 두드리면 명심하여 새겨들으라는 의미이지만 귀 위에서 돌리면 미쳤다는 뜻이다.

4. 검지와 중지를 사용한 V자

우리나라에서는 승리를 뜻하는 V이지만 해외에서는 손등이 보이는지에 따라서 의미가 다르게 쓰인다. 미국

의 경우 손바닥이 바깥쪽일 경우에 승리의 뜻을 나타내고 그리스는 외설, 경멸로 영국은 손등이 바깥쪽으로 향하는 V자는 욕설을 의미한다.

5. 대화 중의 윙크

영국에서 대화 중 윙크를 하면 대화가 흥미롭다는 의미이지만 대만, 인도, 호주에서는 부정적인 메시지로 자제해야 하는 표현이다.

6. 휘파람

손으로 입술을 당겨 휘파람을 불면 미국에서는 '찬사'를 의미하고 유럽국가에서는 그 반대인 '조롱'을 의미한다.

7. 고개를 흔드는 동작

고개를 좌우로 흔드는 행동이 우리 나라에서는 거절을 의미하지만 인도에서는 대화에 귀를 기울이고 있다는 의미이다. 고개를 끄덕이는 동작은 대부분의 나라에서 긍정과 수용, 동의, 승인을 뜻하며 언어적으로 소통이 어려운 경우 동의한다는 의미로도 사용할 수 있다. 우리나라에서도 경청의 의미로 끄덕이는 동작은 매우 긍정적인 표현이지만 그리스는 'No'표시이고 터키에서는 머리를 아래위로 치켜들면 부정적 의미의 'No'로 사용 된다.

(4) 대화방법

① 적극적 경청(active listening)

커뮤니케이션의 50% 이상은 경청이라고도 할 수 있다.

듣는다는 것은 여러 현상의 변화와 상대를 파악하며 이상적인 사회적 대인관계를 수립하는데 필수적인 수단이다. 말을 잘하고자 하는 사람이 있다면 먼저 잘 듣는 습관을 기르고 훈련해야 할 것이며 최고의 설득은 경청에서 시작된다는 말을 기억하자.

많은 사람들은 자신이 좋은 청취 습관을 갖고 있다고 생각하며 상대의 말을 평소 끝까지 듣는다고 스스로를 인정하지만 몇 분 안 되는 대화 내용에서도 대다수가 전체 내용의 50% 정도밖에 기억을 하지 못한다고 한다.

듣기에는 히어링(hearing)과 리스닝(listening)이 있는데 히어링은 귀라는 청각기관을 통해 외부의 소리가 내게 들어와서 인식하는 것으로 아무 연관도 없는 사람이 하는 말이나 지나가는 자동차 소리를 인식하는 것 등이 이에 해당한다. 리스닝은 말하는 사람의 생각과 느낌, 의미를 파악하기 위하여 관심과 주의를 집중하여 듣는 것을 말하며 경청이라는 것은 당연히 리스닝에 해당하는 것이다.

② 대화의 3가지 유형

- 사실(Fact)만을 이야기 한다. '사실만을 얘기할 것을' 법정에서 선서를 한다. 개인적인 의견이나 속상하고 기쁜 감정은 전달하지 않는 것을 말한다.
- 의견(Opinion)도 이야기 한다. 사실을 전달한 후 사실을 근거로 한 개인의 의견을 함께 전달할 수 있다. 지위가 높은 사람에게 나의 의견을 전하거나 사실만을 이야기해야 하는 공석에서는 먼저 의견을 전달하는 것에 대해 양해를 구하는 것이 좋으며 객관적인 대다수의 의견인지 주관적인 개인의 의견인지도 밝히는 것이 바람직하다.
- 감정(Emotion)까지 포함하여 이야기 한다. 사실과 의견에 대한 개인적인 감정이다.

③ 스피치(speech)

스피치는 언어, 말투라는 뜻으로 사람들은 스피치를 통해 다른 사람과 의견을 교환하고 감정을 전달하면서 서로를 이해하고 공감하게 된다.

성공적인 스피치를 위해서는 스피치를 하는 목적을 분명히 해야 하고 소재를 준비하여 줄거리를 구성한다. 듣는 청중의 성격은 스피치에서 매우 중요하며 이야기의 소재와 시간,

비주얼 이미지 등에도 영향을 미친다.

훌륭한 스피치를 하는 사람들이 있다면 그것은 설득력이 있으며 말하는 사람의 의견에 많은 사람들이 공감하며 호응을 끌어내는 말을 하는 것이다. 말을 잘 하든지 못하든지 간에 무조건 말하는 것을 연습해야 한다. 말을 잘하는 사람은 그 능력이 더욱 좋아질 것이고 말로 하는 표현이 어려웠던 사람은 전보다 말을 하는 일이 나아지게 된다. 연습이 없이 어느 날 갑자기 잘할 수 있는 일은 없다. 우리가 생활 속에서 단지 사실을 전달만 하는 것이 아니라 교류하고 상대에 대해 이해하고 나 자신을 알리려면 적절한 표현으로 말을 해야 하는 것이다.

우리 주변에도 말을 잘하는 사람들의 잘 살펴보면 공통적인 몇 가지 특징이 있다.

1. 새로운 시각을 가지고 사물을 다른 관점으로 바라본다.
2. 일상의 다양한 논점과 경험에 대해 생각하고 말한다.
3. 열정적으로 자신의 일을 설명한다.
4. 언제나 자기 자신에 대해서만 말하려고 하지 않는다.
5. 왜? 라는 질문을 던진다.
6. 공감을 나타내고 상대의 입장이 되어 말할 줄 안다.
7. 유머감각이 있어 자기 자신에 대한 농담도 꺼려하지 않는다.
8. 자기만의 스타일이 있다.

항상 다양한 논점이 있는 사람과 얘기하는 것은 언제나 흥미롭다. 결국 흥미로운 소재를 가지고 자기 스타일은 있지만 자기 얘기만 하지 않는 사람은 설득력 있게 자기 자신을 표현하는 사람인 것이다.

또한 대화로 자기 표현을 하는데 있어서 상대와 문제해결을 하기 위한 효과적인 방법은 '나 메시지(I-message)'를 사용하는 것이다.

나 메시지란 '나' 자신을 주어로 자신의 감정을 솔직하게 표현하는 것으로 나 메시지는 나의 감정을 분명히 하면서 다른 사람을 이해하고 있다는 표현을 동시에 가능하게 하여 원활한 커뮤니케이션과 협의가 가능하다.

대부분 사람들이 상대인 '너'를 주어로 상대의 행동을 비판하는 것과 대비되는 것으로 "내가 생각하기에는~" 또는 "나는 슬프고 화가 났다" 등으로 표현하는 것이다.

예를 들면 "네가 xxx해서 네가 xxxx하였고 네가 xxx 했기 때문에 네가 xxx 했잖아"로 표현하는 것이 아니고 "나는 xxx 할 때 나를 xxx 만들기 때문에 내가 xxx하는 거야"라는 표현으로 바꾸어서 내 입장에 대해 말하는 것이다.

좋은 목소리를 가지고 아무리 좋은 비주얼을 가지고 있어도 아무도 공감하지 않는 내용으로 자기를 숨기면서 얘기한다면 그 대화는 어쩌면 아무 소용도 없는 시간이다. 대화를 할 때 자기 스스로를 드러내고 언제나 솔직하다면 그것이 가장 훌륭한 대화방법의 스피치라고도 할 수 있다.

TIP 효과적인 커뮤니케이션을 위한 대화의 원칙

1. 상대의 말을 중간에 자르지 않는다.

대화에서 가장 기본적인 예의로 현재 말을 하고 있는 사람이 말을 마칠 때까지 중간에 끊지 않고 기다리고 듣는 것이다. "그런데 내 생각에는 그게 아닌 거 같아!"라며 상대방이 말을 하고 있는 중에도 자주 말을 자르고 끼어드는 경우는 주의해야 한다.

2. 상대의 말에 관심을 가지고 듣는다.

대화내용이 이미 알고 있는 내용이거나 자신이 특별히 마음이 끌리지 않아도 상대방의 말을 적극적으로 관심 있게 듣는 것이 필요하다.

3. 평가·조언·충고 미루기

상대방의 이야기를 듣고는 있지만 단지 히어링을 하는 상황에서 중간에 평가를 하거나 진심으로 들었지만 자신의 경험에 비추어 상대의 의견이나 상황을 쉽게 비난하고 충고하려는 사람이 있다. 끝까지 경청한 후에 상대가 조언을 원하는 경우에 신중하게 충고해야 한다.

4. 핵심 파악하기

상대방에게 하기 어려운 메시지가 있거나 자신의 내면에 관한 내용 등에 대해 얘기할 때나 감정과 전반적인 상황을 이해시켜야 하는 경우에는 누구나 진짜 말하고자 하는 내용보다도 그 밖의 내용을 길게 얘기하게 된다. 듣는 입장에서는 주의를 기울이고 상대방의 메시지에 핵심이 무엇인지를 알아가도록 해야 한다.

5. 다양한 반응으로 표현하기

간단한 호응의 말이나 고개를 끄덕이고 표정으로 긍정이나 다양한 감정을 표현해 주는 것은 말을 전달하는 사람을 위한 배려이다. 적극적으로 경청한다는 표현은 상대가 잘 이해하고 있는지를 알 수 있는 척도가 되어 아무런 반응이 없는 상황보다 전달자가 훨씬 수월하게 진행할 수 있다.

실기 3 자신의 대화 습관과 언행에 대해 자가 진단하고 개선한다.

진단항목

- 나는 대화 상대가 이야기를 마칠 때까지 잘 들으려고 노력하고 잘 듣는 편이다.
- 나는 대화할 때 상대방의 시선을 피하지 않고 얼굴을 바라보며 이야기하는 것이 어색하지 않다.
- 나의 의견을 먼저 제시하기보다는 기다리는 편이다.
- 상대방의 이야기가 끝난 후에는 의문점이나 스스로 이해가 부족한 부분은 질문을 통해 상대에게 다시 묻고, 내가 정확히 이해했는지 확인한다.
- 나는 대화할 때 고개를 자주 끄덕이며 " 아~", "그래서?" 등과 같은 말을 자주하며 반응한다.
- 나는 이미 알고 있는 사항에 대해 상대방이 이야기 할 때도 의견을 듣는 동안 집중하고 새로운 사항은 메모한다.
- 상대에게 해줄 말을 생각하기보다 먼저 상대의 말을 잘 듣는다.

CHAPTER 3

컬러 이미지

색은 이미지의 중요한 요소로서 상징과 연상의 다양한 의미의 메세지를 시각적으로 전달하는 매체이다. 우리가 색상을 선택한다는 것은 디자인과 함께 감성을 선택하는 것으로 일상생활에서는 수시로 일어나는 일이다. 메이크업을 하거나 헤어컬러를 결정하고 옷을 선택하는 일에서도 반복된다. 아주 단순하게 그 색상이 끌리는 경우도 있으며 신뢰를 줘야 할 때나 성적인 주목이 필요할 때는 추구하는 이미지를 위해서 색을 결정하기도 한다.

메이크업, 헤어스타일, 의상 등에서 사용하는 여러 컬러들은 사용자의 개성, 기호, 유행, 문화적 배경 등의 이미지를 표현하므로 그 선택은 비주얼 이미지를 결정하는데 중요한 요인이 된다.

컬러들은 특성과 상징성을 무의식 중에도 전달하고 각 컬러 톤에 따른 그룹의 성격은 공통적인 연상 이미지를 갖는다. 또한 컬러의 혼합이나 배색, 톤 이미지에 따라 컬러를 4계절로 분류하고 피부색을 진단하여 적용하는 퍼스널 컬러 시스템(personal color system)은 개인에게 어울리는 최선의 컬러들을 찾도록 하여 보다 멋진 비주얼 이미지를 연출할 수 있다.

1. 색의 개념

(1) 색 이미지

우리가 매일보고 느끼고 선택하는 다양한 컬러에는 각각의 컬러가 지니는 감성이 있으며 이는 문화나 생활양식, 지역과 종교에 따라 차이가 있다. 색은 빛에 따라 그 색이 다르게 보이는 특성이 있으며 색이 차지하는 면적과 배치의 비율에 따라서도 다른 느낌을 전하게 된다. 기본적인 색상환을 구성하는 컬러로 레드, 오렌지, 옐로, 그린, 블루그린, 블루, 퍼플 컬러와 무채색의 블랙과 화이트에서 각각의 색에 따라 전달되는 색채 이미지 연상은 주로 과거의 경험과 기억에 의존하여 사용하게 된다.

① 레드(Red)

레드 계열 색상에는 봄이나 로맨틱을 대표하는 핑크(pink)와 와인레드(wine red)가 있고 정열과 열정을 상징하는 선명한 레드로 카민(carmine) 등의 다양한 레드 컬러가 있다. 레드 컬러는 혈압을 상승시키고 감정을 고무시키는 컬러이지만 기회를 나타내는 색상으로 자기 확신과 자신감을 보다 강하게 전달하고자 한다면 사용해 보는 것이 좋다. 의복에는 활동성과 기능성이 요구되는 캐주얼웨어로도 사용되고 강한 이미지를 표현하고자 할 때는 강조색으로 사용되기도 한다. 또한 여성의 레드 립스틱은 남성들을 자극하고 섹시한 이미지를 연출한다.

원색의 레드는 선명하고 강렬한 레드로 흰 피부에게 잘 어울리며 자칫 흐릿한 이미지를 뚜렷하게 해주고 무채색인 그레이, 블랙, 화이트 등과 코디네이션 해주면 강렬하면서도 세련된 이미지로 연출할 수 있다. 오렌지 레드(Orange Red)는 비교적 선정적이고 활동적인 룩(Look)에 효과적으로 어두운 피부에 잘 어울리고 조금 어둡고 탁한 와인 레드(Wine Red)는 원색의 레드보다 차분하고 고급스러운 이미지를 준다.

핑크는 선명한 레드에서 보여지는 강렬한 이미지나 분노와 에로티시즘은 한 톤 배제되어 있으나 여성적인 이미지와 관능성은 남아 있다. 로맨틱한 컬러의 대표적인 컬러로 낭만적이고 여성적이며 자신감이 없어 보이고 수줍음, 가냘픔을 느끼게 만들며 아늑하고 편안한 느낌을 주기도 한다.

대부분의 레드 컬러는 강렬한 이미지로서 시각적으로 눈에 띄는 주목성은 있으나 지나치게 사용하게 되면 오히려 거부감을 주고 여성성을 지나치게 부각하거나 공격적이고 위협적인 이미지를 줄 수도 있으므로 주의해야 한다.

핑크 오렌지 레드 와인레드

② 오렌지(Orange)

레드와 옐로의 혼합 색으로 밝고 고급스러운 느낌의 골든 오렌지(golden orange), 신선하고 이국적인 이미지의 탄저린 오렌지(tangerine orange)가 있다. 톡톡 튀는 감성과 식용을 돋구는 컬러로 알려져 있는 오렌지 컬러는 의상에서는 주목성이 높은 강력한 색상으로 캐주얼웨어, 스포츠웨어에 주로 사용되며 레드, 민속적이고 트로피칼(tropical) 이미지를 나타내는데 효과적으로 긍정적인 에너지 컬러이지만 비즈니스에 적합한 컬러는 아니다.

활력이 넘치고 과감한 컬러로 옐로우나 그린, 핑크와 함께 봄의 이미지를 상징하고 젊고 발랄한 이미지이다. 경쾌하고 개성을 표현하는 메이크업에서 귀여운 이미지로 연출할 때 효과적이고 의복의 악세사리로 연출하면 기본색에 따라 밝고 활발한 이미지를 가중시키는 강조색이 될 수 있다.

같은 색 계열 중에서 어두운 브라운과 함께 사용하면 따뜻한 이미지가 강조되며 세련된 분위기가 되고 블랙과 함께 배치하면 모던함으로 시너지 효과를 낸다.

골든오렌지 원색오렌지 탄저린오렌지

③ 옐로(Yellow)

위험을 암시하고 경고의 메시지를 담고 있으며 상징적으로 부를 나타낸다.

메이크업에서는 로맨틱하고 귀여운 메이크업으로 연출하며, 유아복이나 실제로 아이들의 장남감이나 물품에 많이 활용된다. 운동성이 높고 유채색 중에서 가장 밝은 컬러로 밝은 이미지를 내기 위해 없어서는 안되는 컬러이다.

블랙과 매치하면 가시성이 높아지며 관심을 유도할 때 사용하면 효과적이다. 원색의 옐로, 레몬 빛의 옐로, 권력과 부를 상징하는 골드 옐로 등이 있다. 원색의 옐로는 경쾌하고 레몬 옐로(Lemon Yellow)는 원색에 흰 빛을 더해 부드럽고 화사함을 느낄 수 있는 색이다.

의상에서 골드 옐로를 포함한 대부분의 옐로 컬러는 넓은 면보다는 포인트 컬러로 사용하는 것이 효과적이며 특히 골드 옐로는 블랙과 함께 화려하고 세련된 이미지로 표현할 수 있다. 점잖은 자리에서는 피해야 하지만 주목성이 무척 좋은 컬러로 아웃도어나 세련된 스포츠 웨어로도 적용이 가능하며 남성에게는 조금 어둡고 탁한 옐로우를 사용하는 것이 좋다.

옐로 레몬옐로 골드 옐로

④ 그린(Green)

평화, 자연, 생명, 안전 등을 상징하는 그린 컬러는 눈의 긴장을 가장 잘 풀어주는 색이다. 진정을 돕는 긍정적인 역할을 하며 안정감과 침착한 이미지로 편안한 스타일의 캐주얼 웨어로 연출할 수 있다. 남성과 여성 모두에게 사랑받는 컬러로 선명한 그린은 주로 봄에 사용되고 올리브 그린이나 카키 계열의 컬러는 가을에 적용하면 무난하다.

자연을 상징하는 대표적인 색이므로 메이크업에서는 옐로와 함께 상큼한 로맨틱 이미지로 연출할 수 있고 다크 그린(dark green)은 모던하고 성숙한 이미지로 깊이 있는 메이크업 표현이 가능하다.

올리브 그린 | 카키 | 다크 그린 | 원색의 그린

⑤ 블루(Blue)

젊음, 안정, 신뢰, 정직 등 여러 이미지를 담고 있는 블루는 도시적인 감각으로 현대적인 컬러이며 비즈니스 컬러라고 인식되면서부터 블루 컬러의 슈트와 셔츠, 넥타이는 필수품이 되었고 진부하지 않은 젊음의 신선함도 나타내고 있다.

블루를 사용하면 사람의 이미지가 단정하고 세련미를 표현하기에도 효과적이다. 또한 화이트와 함께 시원한 느낌으로 여름을 대표하는 리조트룩이나 메이크업의 메인 컬러로도 활용된다.

블루가 어두워지고 심하게 탁해지면 우울함을 내포하기도 하지만 일반적으로 어두운 블루는 신뢰감과 믿음, 안정감과 고품질을 나타내어 기업들이 선호하는 색으로 그냥 선명한 파란색만큼 가볍지도 검은색만큼 어둡지도 않기 때문에 신뢰감과 진지함을 결합시켜 놓는 효과를 준다.

원색의 블루는 밝고 명랑한 이미지와 조금 차분하고 안정적인 이미지를 동시에 가지고 있으며 신선함 부여와 에너지 저하라는 작용도 동시에 갖고 있다. 창백하거나 지쳐 보이는 인상을 줄 수도 있으니 컨디션이 좋지 않을 때는 의상이나 악세사리에 사용을 피하는 것이 좋고 반대 계열의 원색이나 화이트와 같이 매치하면 인상이 밝아 보인다. 라이트 블루(Light Blue)는 남성의 셔츠나 청소년 등이 젊은 감각으로 소화하기 좋고 네이비 블루(Navy Bule)는 대표적인 비즈니스 컬러로 신뢰와 진지한 이미지를 창출하는데 도움이 된다.

원색의 블루 | 다크 네이비 | 로얄 블루 | 스카이 블루

⑥ 퍼플(Purple)

혼합된 감정, 권력, 자유분방한 연상이 독창적인 관습에서 벗어난 사람이라는 이미지를 전하는 퍼플 계열 색상에는 연보라색이라고도 할 수 있는 귀족적이며 신비스런 이미지의 라벤더(lavender)의 컬러와 바이올렛(violet)이 있으며 어두운 딥 퍼플(deep purple)은 메이크업에서 블랙 대용으로도 사용된다.

파티메이크업의 대표적인 색상으로 우아하고 성숙한 이미지를 표현하기 위해 퍼플을 사용하고 깊이 있고 강력하게 메이크업을 한다. 의상에서 퍼플은 관능적으로 사용되며 드레스로 우아하고 여성스런 이미지로 연출한다. 남성의 퍼플 컬러는 독창적이고 깨어있는 인상을 주기도 하지만 신뢰를 바탕으로 하는 비즈니스 웨어로는 블루 컬러를 적용하는 것이 더 적합하다.

라벤더(연보라) 바이올렛 딥퍼플

⑦ 화이트(White)

시작, 청결함, 순결 등의 깨끗한 이미지와 고귀함을 대표하는 컬러로 순결을 상징하는 웨딩드레스, 지적인 화이트셔츠, 화이트와 블랙의 매치로 인한 모던함은 화이트 컬러의 감성을 잘 나타낸다.

의상에서의 적극적인 활용은 순백색보다 아이보리 계열이나 크림색이 무난하며 깔끔한 이미지 연출을 위해서는 단색 하나로 심플하게 혹은 디자인에 따라 화사하게 연출할 수도 있다. 메이크업에서는 피부표현, 아이섀도우 등의 기본 컬러로 사용되며 다른 컬러들을 부각시키는 역할을 하는 중요한 컬러로 사용된다.

순수한 화이트(White)는 냉정하며 이성적인 판단을 필요로 할 때 활용되며 블루 계열과 그레이, 원색의 레드 등 밝고 선명한 색들과 매치를 하면 선명하고 밝은 이미지 연출에 효과적이다.

화이트 아이보리 크림

⑧ 블랙(Black)

무채색에서 가장 무난하게 인식되고 있는 블랙은 의상의 아이템이나 계절에도 크게 상관없이 선택되고 있다. 클래식하고 체형의 단점을 강조시키지 않으며 다른 컬러와의 매치가 크게 어렵지도 않다. 이러한 여러 장점 때문에 블랙은 폭넓게 선택될 수 있지만 지나치게 지속적으로 사용하면 답답하고 무거운 인상을 줄 수도 있고 무난함에 자신의 개성은 묻혀

버릴 수도 있다는 것은 기억해야 한다.

블랙은 부정적인 연상으로 슬픔, 불법, 죽음, 딱딱함 등의 느낌이 많았지만 지금은 최상위에 해당하는 고급스러움과 세련됨, 카리스마 등을 상징하는 역할도 많아 적절하게 사용하는 것이 필요하다. 검정을 잘못 입을 경우 강하고 경직되거나 완고한 이미지를 줄 수 있으며 어둡고 칙칙한 느낌을 주어 보는 이에게 부정적인 인상을 줄 수 있기 때문이다.

화이트나 그레이와의 매치는 비즈니스에 적합한 모던함을 나타낼 수 있고 레드계열의 컬러와 매치하면 세련되고 정열적이며 강한 인상을 주게 된다. 메이크업에서 사용하는 블랙은 얼굴 전체의 라인을 선명하게 하는 역할을 하고 블랙으로 강조한 메이크업은 모던한 이미지나 섹시함, 깊이감이 풍부한 눈으로 연출할 수 있다.

위엄, 품위, 존엄함, 고급스러움 등의 이미지를 가지고 있지만 연령이 높은 경우에는 블랙만 사용하거나 주조색으로 사용하는 것은 자제하는 것이 좋다. 다른 컬러와 함께 적절히 매치하여 블랙의 세련된 이미지와 타 컬러의 이미지를 동시에 갖도록 하는 것이 필요하다.

(2) 컬러 톤 이미지

① 컬러 톤(Color Tone)의 개념

색은 색상, 명도, 채도의 삼속성을 가지고 있는데 명도는 색의 밝기, 채도는 색의 순수하고 탁한 정도를 말한다. 컬러 톤은 명도와 채도가 합쳐진 개념으로 색의 성질이며 각 톤마다 가지는 개별적인 연상과 이미지가 존재한다.

색채계 중에서 폭넓게 사용되는 PCCS 색채계는 페일(pale)-아주 연한, 섬세한 / 라이트(light)-옅은, 가벼운 / 브라이트(bright)-밝은 / 비비드(vivid)-선명한, 해맑은 / 스트롱(strong)-강한, 선명한 / 소프트(soft)-부드러운 / 덜(dull)-칙칙한 / 딥(deep)-짙은 / 다크(dark)-어두운, 무거운 / 라이트 그레이시(light grayish) -연한 회색빛의 / 그레이시(grayish)-회색빛의 / 다크 그레이시(dark grayish)-어두운 회색의 / 으로 구분하여 12종류로 나누어진다.

각 색상마다 12가지 톤으로 나누어, 같은 톤으로 색을 묶으면 뚜렷하게 구분되어 느껴지는 감성과 연상이 있다. 예를 들면 블루는 기본색의 블루와 칙칙한 dull 톤의 블루, 아주 연한 pale톤 블루 등으로 대략 12가지로 구분할 수 있으며, 그린도 기본색, dull, pale 등으로 구분되는데 pale톤의 블루와 그린은 비슷한 감성을 가지고 dull톤의 블루와 그린도 비슷한 감성을 가진다. 그밖에도 각각의 톤은 같은 그룹 안에서 유사한 감성을 가지며 톤마다 그 감성과 연상이 조금씩 다르다.

세로 형태의 무채색 축을 중심으로 하여 가로는 채도를 나타내며 원색인 비비드 톤에서 무채색으로 갈수록 색이 탁해진다. 명도 축은 색의 밝기를 나타내고 원색의 비비드 톤은 일반적으로 중간 정도의 밝기이다. 채도와 관계없이 밝기는 다크 톤으로 갈수록 어두워지며 페일 톤으로 갈수록 밝아진다.

비주얼 이미지의 완성을 위한 퍼스널 컬러를 선정하고 적용하는데 있어서 핑크, 블루 등 단지 색채만이 아니라 명도와 채도의 특징이 혼합된 톤이 주는 이미지는 매우 중요한 부분이다.

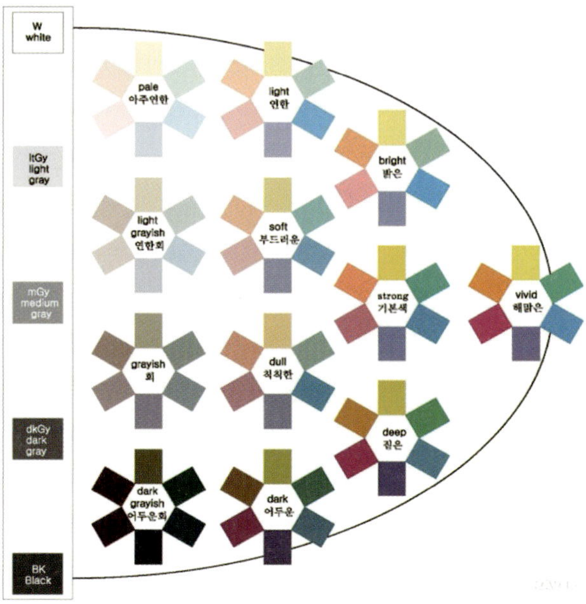

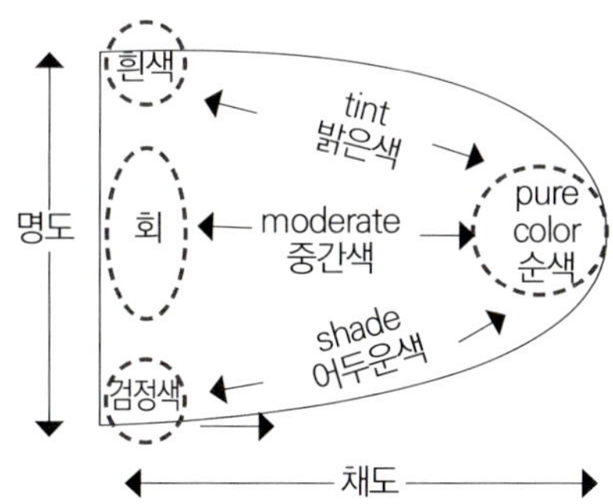

● 톤의 특징과 연상

톤 이름	특징	추상적인 연상(일본색채연구소 조사, 2000)
vivid	다른 색이 섞이지 않은 원색, 순수한 색 강한 인상을 주어 주목성이 높다.	분명한, 신선한, 화려한, 건강한, 선명한, 격렬한, 강한, 눈에 띄는, 아리따운, 생생한, 활발한.
strong	원색에 비해서는 선명함이 떨어지지만 강하고 화려하다.	강하다, 힘세다, 화려한, 경쾌한, 신선한, 활발한, 드센, 건강한, 상쾌한, 뚜렷한.
deep	비비드 톤에 블랙이 섞인 상태 비비드 톤보다 어둡고 침착하며 중후하다.	진하다, 차분하다, 단단하다, 전통깊다. 깊이있는, 가을, 가을 같다.촌티나다, 인도풍, 무겁다, 강하다.
dark	딥 톤보다 많은 블랙이 섞인 상태 강하고 남성적인 느낌이 있다.	어둡다, 차분한, 무겁다, 수수하다, 단단하다, 튼튼하다.
pale	가장 밝고 투명한 톤이며 원색에 흰색을 약 10배로 넣어 가장 많이 혼합한 톤으로 가볍고 섬세하며 부드럽다.	부드러운, 얇은, 상냥한, 가벼운, 담백한, 약한, 사랑스러운, 달다, 기분좋다, 상쾌하다.
light	원색에 흰색을 6배 가량 혼합한 톤으로 파스텔 톤이라고 불리는 톤과 유사하며 여성스럽다.	상쾌한, 밝다, 옅다, 상냥하다, 가볍다, 맑다, 즐겁다, 달다, 기쁘다. 우아하다, 귀엽다, 예쁘다.
light grayish	원색에 밝은 회색을 혼합한 톤으로 밝은 탁색이다. 소박하고 정적이다.	차분한, 가벼운, 탁하다, 밝은 호색빛이 도는 환상적, 수수함, 도회적, 둔한, 겨울, 약하다.
grayish	원색에 회색을 혼합한 톤으로 명도와 채도가 모두 낮으며 둔해보이지만 무난한 컬러 톤이다.	어둡다, 수수함, 구성지다, 쓸쓸하다, 탁한, 낡은, 음침한, 차분한, 단단한, 칙칙한, 춥다.
dark grayish	원색에 흑색을 가장 많이 혼합한 톤으로 중후하고 엄숙하며 무게감이 있다.	어둡다, 묵직하다, 더럽다, 단단하다. 캄캄한, 음침한, 어두운 회색빛이 도는.
soft	부드럽고 자연스럽다. 중명도에 중채도로 편안한 이미지이다.	부드럽다, 샹냥하다, 희미한, 온화한, 예쁘다, 기분좋다, 팔랑팔랑, 사뿐히.
dull	원색에 회색을 혼합한 톤으로 가라앉고 중후하다.	둔하다, 차분한, 애매한, 칙칙한, 탁한, 깊다, 낡다.
무채색	원색이 섞이지 않았다	인공적, 무기질, 심플한, 어둡다, 산뜻한, 쓸쓸한, 조용한, 차갑다.

② 대표적인 톤의 분류

• 화려한 톤(vivid, strong)

선명한 순색과 순색에 가까운 높은 채도의 색조로서 화려하거나 자극적이다. 명쾌하고 강한 이미지 표현에 적합하다.

• 밝은 톤(bright, light, pale)

순수한 색에 화이트가 섞인 밝은 색조로서 깨끗한, 섬세한, 신선한, 명랑한, 부드러운, 이미지 표현에 적합하다.

• 수수한 톤(light grayish, grayish, dull)

순수한 색에 그레이가 섞인 색조로서 오래된 도시나 빛에 바랜 컬러의 이미지로 차분하고 흐리며 때로는 환상적인 이미지를 표현한다.

• 어두운 톤(dark grayish, dark, deep)

순수한 색에 블랙이 섞인 색조로서 어둡고 무겁다. 남성적이고 수수한 이미지로 엄숙함을 표현하여 비즈니스 웨어에 적합하다. 화려함이 없고 소박한 느낌이 강하며, 모든 색이 어두워서 각 색상 간에 구별이 강하지 않으므로 여러 색을 배색해도 어색하지 않아 효과적이다.

2. 퍼스널 컬러

(1) 퍼스널 컬러의 의미와 중요성

① 퍼스널 컬러의 의미

긍정적인 퍼스널 컬러(personal color)는 개개인의 컬러로서 개인을 돋보이게 하고 상대에게 좋은 느낌을 주어 이상적인 비주얼 이미지 메이킹에 도움이 되는 컬러라고 할 수 있다.

4계절에서 다르게 나타나는 자연의 컬러를 기준으로 퍼스널 컬러를 진단하여 유형을 구분하고, 각 유형에 어울리는 색채를 제안하는 체계를 퍼스널 컬러진단 시스템(Personal color

System)이라고 하는데 과학적이고 체계적인 과정을 통해 객관적으로 분석한다. 진단 방법은 스스로도 가능하고 주변인의 도움을 통해서도 가능하며 정확히 진단된 자신의 유형에 적합한 컬러들을 잘 이해하고 적용하는 것이 중요하다.

이미지 메이킹의 첫 번째 단계가 나를 바로 아는 것에서 시작되는 것처럼 개인이 가지고 있는 고유한 컬러를 먼저 알아야 개인에게 긍정적으로 적용 가능한 퍼스널 컬러를 찾을 수 있다. 이상적인 퍼스널 컬러는 한 가지 색이 아니며 유사한 특징을 갖는 여러 색을 뜻하는 것으로 여러 색들이 모두 '화려하다', '밝다', '점잖다', '우아하다' 등의 공통된 특성이 있으면 모두 어울리는 퍼스널 컬러들로서 어울리는 유형의 그룹을 찾은 것이다.

다양한 방법을 통해 진단한 개인의 피부색은 자연의 색을 적용한 4계절 컬러로 구분하는데 크게는 따뜻한 색과 차가운 색으로 나뉜다.

일반적으로 봄, 여름은 따뜻하고 가을, 겨울은 차가운 개념으로 인지하지만 퍼스널 컬러의 구분에서는 봄과 가을은 노란 빛을 지니고 있으므로 따뜻한 색이며, 여름과 겨울은 파란 빛과 회색빛으로 차가운 색으로 구분한다.

사계절의 대표적인 색채를 바탕으로 개인에게 어울리는 색과 피해야 할 색을 구분할 수 있다. 물론 개인이 좋아하고 자주 사용하는 컬러는 이상적인 퍼스널 컬러와 다를 수는 있지만 사회적 대인관계에서 자신의 비주얼 이미지를 향상시킬 수 있는 퍼스널 컬러의 사용과 활용을 굳이 피할 필요는 없다.

퍼스널 컬러를 진단하는 요인은 개인이 가지고 있는 고유한 신체 색이며 얼굴색과 신체의 기타 피부색, 헤어 컬러 그리고 눈동자의 빛깔과 색으로 구성되어 있으며 시간의 흐름, 자연적인 외부 환경이나 건강 상태 등의 내부 환경에 의해서 변화할 수 있다. 고유의 신체

색은 4계절에 대부분 적용되지만 따뜻한 톤과 차가운 톤의 가운데에 해당하는 중간 톤일 수도 있다. 또한 메이크업, 헤어 컬러링을 통해 다른 톤으로 변화될 수도 있으므로 진단 과정에서 잘 살펴야 한다.

진단을 바탕으로 구분한 긍정적인 퍼스널 컬러는 동일 색상이라 하더라도 배색에 따라 피해야 할 색이 될 수도 있으며 면적에 따라 수용하는 범위가 달라질 수도 있는데 배색이라는 것은 의상끼리의 배색이기도 하며 메이크업으로 인해 변화가 있는 경우도 해당된다. 짙은 블루의 의상이 화이트나 베이지 컬러에는 어울리다가 옐로 컬러와는 부자연스러울 수 있으며 어색하던 립스틱 컬러가 메이크업으로 얼굴색을 바꾸거나 헤어 컬러를 바꾼 뒤 잘 어울릴 수도 있다.

② 퍼스널 컬러진단의 필요성

사람이 타고난 컬러를 강조하고 조화를 이룰 수 있은 이상적인 퍼스널 컬러를 찾는 것은 이미지 시대의 경쟁력 중 하나이다. 적합한 퍼스널 컬러를 실질적인 메이크업, 헤어, 패션스타일링에 적용함으로서 비주얼 이미지가 아름답게 변화하면 자신감 상승 등의 심리적, 정서적인 변화에도 영향을 미칠 수 있다.

1. 장점 부각과 개인 이미지의 정확한 인식이 가능하다.

이상적인 퍼스널 컬러의 적극적인 활용으로 결점을 보완하고 장점을 부각시킬 수 있으며 당당한 이미지 연출이 가능하다.

2. 스타일링에 대한 자신감이 형성된다.

한결같은 무채색의 사용이나 어울리지 않는 컬러의 의상과 메이크업, 헤어 컬러는 사람을 지쳐보이게 만들고 결국 다른 사람들의 시선은 개인을 위축되게 한다.

컬러는 사람의 심리에 영향력이 있으며 동시에 사람의 심리를 나타낸다. 때로는 어울리는 퍼스널 컬러의 과감한 사용은 다른 사람들에게 주목받게 하며 좋은 관심과 주목은 사람에게 의욕을 생성한다. 주위 사람들로부터 좋은 평가를 받음으로써 자신감을 갖고 당당하게 대인관계를 할 수 있도록 하는 것이다.

3. 또렷한 인상을 준다.

어울리는 퍼스널 컬러를 메이크업이나 헤어, 의상 등의 비주얼 이미지에 적용하면 눈동자가 선명하고 또렷해 보인다. 선명한 눈동자는 생기가 있어 보이고 활력이 있다. 눈빛이 흐릿한 사람은 타인에게 피곤해 보일 뿐 아니라 좋지 않는 인상으로 남는다.

4. 피부색이 건강하고 깨끗해 보인다.

피부색 중에서도 특히 얼굴의 색은 이미지 형성에 매우 중요하다. 어울리는 퍼스널 컬러는 얼굴색을 투명하고 건강하게 보이도록 돕는다. 잡티가 강조되지 않고 얼굴의 그늘을 적게 보이도록 하여 건강한 인상을 줄 수 있다. 어울리지 않는 컬러를 사용하면 얼굴의 그늘이 강조되고 기미나 주름이 더욱 드러나서 나이가 들어 보인다.

5. 비주얼 이미지로의 적용과 연출이 자유롭다.

모든 옷을 자유롭게 연출할 수 있고 이미지에 맞는 여러 메이크업스타일과 헤어 컬러를 자유롭게 선택할 수 있다. 어울리지 않는 컬러를 인식하고 있으므로 전체적인 컬러 배색하거나 액세서리 등을 선택할 때 오랫동안 고민하지 않아도 된다. 컬러의 다양한 사용은 결국 개성으로 자기를 표현하는 일에 좀 더 수월하여 패션 연출에 자유로울 수 있다.

6. 충동구매가 사라지고 경제성이 높아진다.

잘못된 의상이나 상품을 사들인 경우 다시 사고 싶은 의욕도 상실된다. 아니면 다양한 매체에서 최신 상품이 나오면 목적의식도 없이 그냥 충동 구매하는 일도 많아진다. 뚜렷한 선택의 기준이 없으면 쇼핑의 시간도 오래 걸리는데 자신의 컬러를 안다는 것은 시간과 비용의 투자에 대한 손실을 줄일 수 있어 경제성이 높아진다.

7. 유행만을 따라 가지 않고 자신의 스타일이 생긴다.

클래식한 아이템을 제외한 대부분의 유행은 일정한 기간 동안 주기적으로 반복되는 것으로 지속적으로 유행을 따라 스타일을 결정하고 지나치게 따르면 자신만의 이미지는 없어지게 된다.

자신의 스타일과 적합한 컬러를 알고 있는 것은 개인의 이미지를 안정적으로 연출하며 필요에 따라서는 트렌드도 나의 개성에 접목할 수 있도록 한다.

8. 세련되고 멋진 모습을 유지한다.

컬러를 안다는 것은 계절, 상황, 환경에 맞춰 자신에게 적용할 수 있는 컬러를 이해하는 것으로 주변이 변화해도 스스로 쉽게 변화를 줘야 할 컬러가 인식이 되어 세련된 모습을 연출할 수 있다.

(2) 따뜻한 색과 차가운 색

① 따뜻한 톤(Warm tone)과 차가운 톤(Cool tone)

4계절 컬러를 기준으로 하는 컬러 시스템(color system)에서는 모든 순색에 노란색이 혼합되어 있는 색은 따뜻한 톤으로 구분하는데 무채색과 은색은 포함하지 않으며 차가운 톤의 컬러에는 오렌지와 골드 컬러가 포함되지 않는다. 따뜻한 톤은 온화하면서도 동적인 이미지를 지니고 있어 감성적인 능력과 능동적인 성격을 가지고 있는 반면 차가운 톤은 이지적이면서도 부드럽고 정적인 이미지를 지니고 있어 이성적인 느낌이 강하고 푸른색과 회색 계열의 무채색을 지니고 있다.

예를 들면 일반적으로 블루는 느껴지는 온도감은 차갑지만 노랑을 섞으면 따뜻한 블루가 되고 화이트나 블랙이 섞이면 쿨톤의 블루가 된다.

사람의 피부 톤도 퍼스널 컬러 시스템에 의해 웜톤과 쿨톤으로 구분할 수 있는데 옐로우 베이스를 기본으로 하고 따뜻한 색이 잘 어울리는 웜톤(warm-tone)과 블루 베이스를 기본으로 하고 차가운 색이 잘 어울리는 쿨톤(cool-tone)으로 나뉜다. 웜톤의 피부색을 가진 사람은 웜톤의 컬러들이 잘 어울리고 쿨톤의 피부색을 가진 사람들도 쿨톤의 컬러들을 주로 사용하면 쿨톤이 가지고 있는 이지적인 느낌을 더욱 부각시킬 수 있다.

레드의 립스틱을 바른다고 가정했을 때 원색의 레드에 옐로 계열이 혼합된 다홍 빛의 봄을 연상시키는 레드는 웜톤의 피부색에 잘 어울린다. 반대로 원색의 레드에 블루나 블랙이 혼합되면 푸른 빛의 차가운 레드가 되는데 쿨톤의 피부색을 지닌 사람에게 적합한 톤으로 퍼플 빛의 레드나 어두운 레드를 선택하는 것이 좋다.

따뜻한 컬러와 차가운 컬러

따뜻한 컬러

토마토 레드	암녹색을 띤 블루	골든 옐로우	모시 그린	아이보리

차가운 컬러

보르도 레드	코발트 블루	레몬아이스옐로우	제이드 그린	아이스 화이트

② 중간색

사계절 색상을 분석할 때에 차가운 색과 따뜻한 색의 명확한 구별이 어려운 경우가 있다. 이러한 색은 중간색으로 따뜻한 색과 차가운 색은 색과 색의 혼합에 의해 이루어지는 것으로 넘어가는 중간색이 존재하게 된다. 중간색은 시각적으로 판단하기 쉽지 않고 비교적 어렵기 때문에 선별하여 색을 익히는 것이 중요하다.

옐로와 옐로, 핑크와 핑크 사이같이 하나의 같은 색상 안에서도 중간색이 있다. 블루 베이스의 차가운 핑크 계열과 옐로 베이스의 따뜻한 핑크 계열 사이에도 중간색 핑크 계열이 있다. 중간색은 때에 따라 따뜻한 톤과 조화를 이루기도 하며 차가운 톤과 조화를 이루기도 한다.

중간색은 옐로, 레드, 블루, 퍼플, 그린, 핑크, 브라운, 베이지 계열 등 사계절에 모두 속해 있어서 계절 색을 분석할 때 혼동이 올 수 있으며 색의 혼합의 정도와 톤에 따라 따뜻한 계절과 차가운 계절 모두 활용할 수 있다. 예를 들어 차가운 계열의 대표적인 색인 블루계열은 옐로의 혼합 정도에 따라 그린 계열로 변화 하는데 이 과정에서 차가운 블루 계열과 따뜻한 그린 계열 사이에 위치하는 색이 중간색이다.

중성색은 중간색과는 또 다른 개념으로서 색으로 인지하는 것인데 레드는 따뜻하고 블루는 차갑다는 개념에서 레드와 블루의 중간에 있는 색을 뜻한다. 컬러로는 연두, 초록, 보라, 자주 등이 있으며 때로는 따뜻하게 느껴지고 때로는 차갑게 느껴질 수 있다.

3. 사계절 이미지

퍼스널 컬러 진단을 위해서 개인이 지닌 신체색의 온도감에 평가하여 옐로우 베이스와 블루 베이스로 나눠 따뜻한 톤과 차가운 톤으로 구분한 후 개인의 컬러 이미지를 4계절의 특성에 맞게 세부적으로 재분류한다. 개인의 피부색의 구분은 봄과 가을 피부 톤은 노란 빛의 톤(golden undertone)으로 여름과 겨울은 푸른 빛의 톤(blue undertone)으로 구분할 수 있다.

사계절이 뚜렷한 우리나라는 계절에 따라 변화되는 다양한 색채를 볼 수 있다. 봄과 가을은 따뜻한 톤으로 봄은 선명하고 밝으며 가을은 차분하다. 여름과 겨울 색상은 차가운 톤으로 여름은 부드럽고 밝지만 겨울은 선명하고 강하여 이지적인 이미지를 준다. 이와 같이 퍼스널 컬러를 진단하여 4계절 컬러 시스템 유형에 따라 잘 어울리는 컬러 그룹과 피해야 할 컬러들을 선정하고 가장 기본으로 사용할 수 있는 베이직 컬러를 알 수 있다.

(1) 봄 이미지

4계절 중 봄에 해당하는 컬러 이미지는 새 생명이 싹 트고 여리고 귀여운 느낌이다. 노랑을 기본색으로 맑고 선명하여 따뜻하고 푸르른 봄의 컬러는 젊음을 상징한다. 봄의 색은 명도와 채도가 높아 밝고 화사하며 선명한 색으로 모든 색에 노란색이 섞여 있는 것을 기본으로 한다.

신체적인 특징

귀엽고 밝고 화사한 이미지를 지니며 피부색은 전체적으로 맑은 노란빛에 뺨은 약간의 홍조를 띠는 밝고 투명한 피부이다. 피부가 얇아 주근깨 등의 잡티가 드러나 보이며, 갈색 머리와 갈색 눈동자를 지녔다. 머리카락은 노란 빛의 갈색으로 얇지만 윤기가 나고 부드럽다.

이상적인 퍼스널 컬러와 적용

봄 타입의 색상은 오렌지, 옐로우나 피치 계열의 따뜻한 컬러로 밝은 명도의 배색으로 섬세하고 선명하며 화사한 색이다. 브라이트 톤의 밝고 경쾌한 느낌의 색상이 잘 어울리며, 차가운 계열의 보라나 블루 색상과 딥 톤과 다크 톤은 피하는 것이 좋다.

메이크업에서는 코랄 핑크, 오렌지, 오렌지 레드, 옐로 그린 컬러를 메인 컬러로 사용한다. 브라운 컬러의 눈썹, 둥글고 선명한 라인 처리를 하며 화사한 펄이나 촉촉한 질감의 메이크업 제품이 잘 어울린다.

남성은 라이트 그레이 계열의 슈트나 네이비 슈트에 밝고 환한 여러 컬러의 악세사리를 사용하거나 다양하게 배색해 보는 것도 좋다. 와이셔츠는 옅은 아이보리도 좋으며 4계절 이미지 중에서 브라운 슈트도 비교적 잘 어울리고 잔잔한 플라워프린트나 도트프린트도 활용할 수 있다.

여성은 아이보리와 라이트 그레이, 베이지 계열의 오피스 룩도 잘 어울리며 귀엽고 여성스러운 스타일과 캐주얼하고 활동적인 이미지가 잘 어울린다. 로맨틱한 스타일이 잘 어울리고 소재나 디자인도 레이스, 프릴, 리본 장식 같은 디테일을 활용하며, 작은 꽃무늬나 하트 무늬를 무난하게 소화한다.

색채계에서는 페일(pale), 라이트(light), 브라이트(bright), 비비드(vivid) 톤이 무난하며 대체로 어울린다.

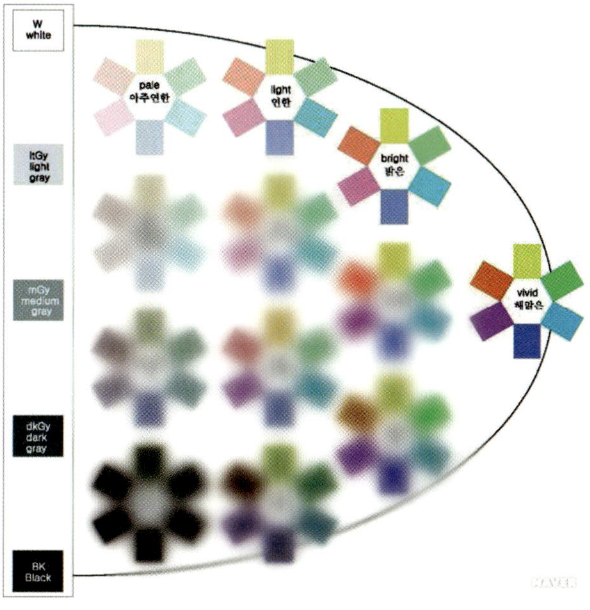

(2) 여름 이미지

여름에는 강한 태양에 모든 자연이 부드럽고 흐린 페일 톤처럼 눈부시다. 블루와 화이트를 기본으로 하고 강하지 않은 부드러운 컬러들이 여름을 상징한다.

대표색은 부드러운 파스텔 톤의 색과 그레이시 톤으로 베이비 핑크, 라이트 블루, 청회색, 블루그린, 라벤더 등으로 회색이 섞인 컬러들이 주를 이룬다. 명도는 높으나 채도가 낮은 파스텔 톤이 대부분이며, 모든 색에 흰색과 파란색이 섞여 있어 차가우면서도 부드러운 느낌을 준다.

신체적인 특징

여름 타입의 피부색은 블루 베이스(blue base)로 피부색은 희고 푸르스름한 톤이다. 차갑지만 부드러운 피부 톤으로 핑크 빛이 볼에 비치며 햇볕에 잘 타지 않고 붉어진다.

머리색은 회색 톤의 갈색으로 윤기가 없고 건조하지만 눈동자는 부드러운 갈색으로 여성스럽고 부드러운 느낌을 준다. 신체색이 전반적으로 섬세하고 부드러운 색으로서 콘트라스트(contrast)가 약한 편이므로 부드러운 이미지와 내추럴한 이미지가 주를 이룬다.

이상적인 퍼스널 컬러와 적용

여름 타입에게 잘 어울리는 컬러는 피치, 스카이 블루, 핑크, 라이트 그레이 등으로 명도는 높고 채도는 낮은 페일 톤의 색상을 기본으로 하며 비비드 톤이나 오렌지와 짙은 브라운 등의 옐로가 있는 컬러는 피하는 것이 좋다. 다양한 색을 사용한 강한 배색보다는 중명도, 저채도의 배색이 잘 어울리며 우아하며 도시적이고 클래식한 이미지가 어색하지 않다.

선명한 레드 컬러의 립스틱이나 눈 화장에 따라 베이지나 누드 컬러의 립컬러도 잘 어울리고 회갈색의 눈썹이 좋으며 볼 부분의 붉은 빛은 커버 제품을 사용하여 가볍게 가려주면 좋다. 퍼플 컬러의 아이섀도우나 그레이 컬러도 부드러운 인상을 주고 펄감이 강하거나 오렌지 계열의 색조 제품은 피한다.

남성 슈트의 경우 연한 회색 계열, 네이비, 블루 계열의 슈트가 좋으며 넥타이, 셔츠 등을 매치할 때에 배색은 통일감 있거나 같은 계열의 색으로 부드럽게 연출한다. 캐주얼보다는 클래식한 슈트를 선택하는 것이 자신의 이미지를 가장 잘 살릴 수 있다. 또한 조금만 고급 소재를 선택하여 두껍지 않도록 해야 세련된 이미지가 잘 전달된다.

여성은 여성스러움을 강조하는 패션이 잘 어울린다. 비치는 시스루 소재를 활용하여 여성스럽고 부드러움을 강조하거나 무늬가 없는 한 가지 색과 스트라이프의 심플한 무늬로 모던하게 표현할 수도 있다.

페일(pale), 라이트 그레이시(light grayish), 그레이시(grayish), 소프트(soft), 덜(dull) 톤이 잘 어울리며 톤끼리 배색으로 사용해도 무난하다.

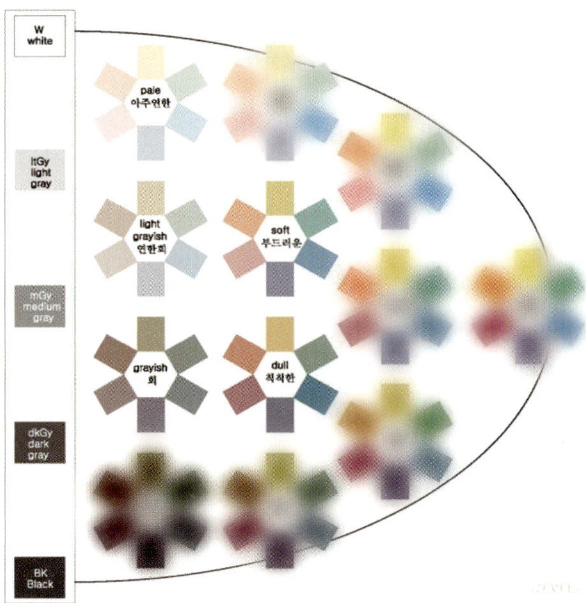

(3) 가을 이미지

모든 컬러들이 짙어지고 '낙엽과 황금 들녘'이라고 하는 표현으로 충분히 가을의 컬러가 연상된다. 가을의 컬러에는 대부분 어두운 옐로가 포함되어 있으며 성숙한 느낌이다. 대부분 명도와 채도가 낮으며 모든 색이 따뜻하고 가라앉은 느낌을 준다. 골드나 황색을 기본으로 따뜻하고 짙은 톤이 주를 이루며 충만하고 넉넉한 이미지의 골드 색조가 두드러진다.

신체적인 특징

피부색은 옐로우 베이스(yellow base)로 노르스름하며 갈색 빛이 감도는 황갈색으로 봄의 색상보다 진한 편이며 혈색이 없어 보이고 잡티, 기미가 생기게 되면 짙은 편이다. 햇볕에 잘 타는 타입으로 쉽게 얼굴색이 어둡게 변하며 두피 및 눈동자, 머리카락에도 황갈색 빛을 띠는 특징을 가지고 있다.

이상적인 퍼스널 컬러와 적용

내추럴한 자연의 색과 짙은 골드, 아몬드 컬러, 카키, 브라운 등의 고전적인 색상이 잘 어울리는 타입으로 세련되고 부드러운 이미지를 지닌다. 골드를 기본으로 한 따뜻한 계열과 카멜, 카키 계열의 차분하고 깊이 있는 색이 무난하며 핑크색이나 청명한 블루, 순백색은 피하는 것이 좋다. 골드 컬러는 메이크업에서 사용하면 고급스럽고 분위기가 있으며 짙은 브라운의 눈썹과 차분한 오렌지 브라운의 립 컬러도 잘 어울린다. 밝고 화사한 핑크나 퍼플 계열의 메이크업은 피해야 하며 입술 색과 라인이 피부색에 비해 분명하지 않으므로 또렷하게 표현한다.

자연스러운 배색의 덜 톤이나 딥 톤의 컬러들이 무난하지만 선명하고 화려한 스타일이 필요한 경우에는 확실하게 표현되도록 선명하고 분명한 컬러를 선택해야 한다.

남성은 라인이 강한 슈트보다는 자연스러운 스타일의 실루엣이 편안하며 여유가 있는 디자인이 좋다. 소프트한 질감의 소재가 잘 어울리고 브라운 계열의 재킷과 다크 브라운의 비즈니스 정장은 블랙보다도 차분한 이미지를 살릴 수 있다.

짙은 톤의 배색으로 전통적인 클래식한 스타일이 좋으며 여성도 인위적인 디자인보다는 편안함을 살리는 디자인과 비교적 어둡고 탁한 컬러를 사용하며 소재는 코튼, 부드러운 가죽 등의 천연 소재가 좋으며, 페이즐리 무늬가 잘 어울린다.

그레이시(grayish), 덜(dull), 스트롱(strong), 딥(deep) 톤 등이 무난하며 때로는 같은 톤 안에서 색의 대비가 강한 다이나믹한 배색이 활용해도 좋다.

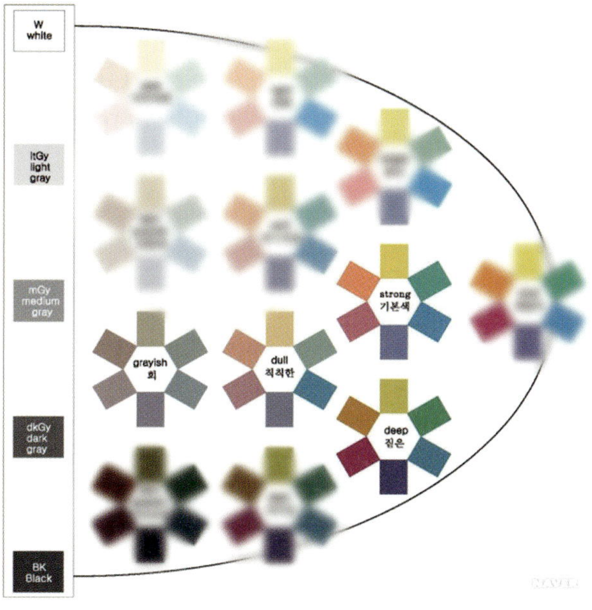

(4) 겨울 이미지

겨울을 상징하는 컬러는 순백색의 흰 눈과 차가운 얼음, 무채색에 가까운 자연의 색으로 선명함과 강렬함이 느껴지고 채도가 강하며 모든 색에 푸른색과 검정이 섞여 있어 차가우면서도 강한 느낌을 준다.

신체적인 특징

겨울 타입의 피부색은 푸른빛이 돌며 창백하고 얇고 투명한 피부이다. 푸른빛의 어두운 갈색이나 검은색 머리에 회갈색 또는 검은색 눈동자를 지니고 있어 하얀 피부색과는 대조를 이룬다.

차갑고 도시적이며 강렬한 이미지의 블루 베이스로 여름 타입과 같이 차가운 톤이지만 피부색, 머리색, 눈동자 색의 밝고 어두운 정도가 흐릿한 여름 타입에 비하여 매우 강한 타입이다.

이상적인 컬러와 적용

딥, 쿨, 소프트 톤이 잘 어울리며 대비가 강한 배색을 잘 소화하여 밝은 색과 어두운 색이 주를 이룬다. 콘트라스트가 강한 편이므로 스포티하고 활력이 있다. 블랙 & 화이트나 선명하고 짙은 레드, 푸른빛이 도는 퍼플, 블루 등 비비드한 원색도 잘 어울린다.

댄디(dandy)하고 도시적인 이미지로서 불투명한 파스텔 톤이나 옐로, 오렌지, 카키 등의 따뜻한 색과 탁하고 희미한 색은 피하는 것이 좋다.

간결한 원 포인트 메이크업이나 퍼플, 와인 레드 등을 사용한 뚜렷한 메이크업이 잘 어울리며 피부색이 어두워지지 않도록 주의하고 그린계열이나 탁한 색은 메이크업 컬러로 사용하지 않는다.

남성은 슈트의 경우 차분하고 전통적 이미지의 더블 슈트가 보수적이지만 잘 어울리고 화이트, 블랙, 블루, 레드 등으로 대비를 강조해주면 좋다.

부드럽고 하늘거리는 힘이 없는 소재보다는 각이 살아있는 소재가 좋으며 광택이 있는 소재를 무난히 소화한다. 블랙을 자주 매치하고 은이나 금속성 악세사리로 이미지를 강조하는 것도 좋은 방법이다.

여성은 침착하고 안정감 있는 스타일에 포인트 컬러를 활용하는 것이 효과적이며 장식적인 디테일이 배제된 심플한 디자인으로 연출하는 것이 잘 어울린다.

겨울 이미지는 주로 심플한 라인의 실루엣이나 미니멀한 악세사리로 포인트를 주는 변화를 시도하는 것도 좋다.

선명한 비비드(vivid) 톤을 비롯하여 스트롱(strong), 딥(deep), 다크(dark), 다크 그레이시(dark grayish) 톤의 색채를 사용하면 겨울 타입의 매력이 한층 높아진다.

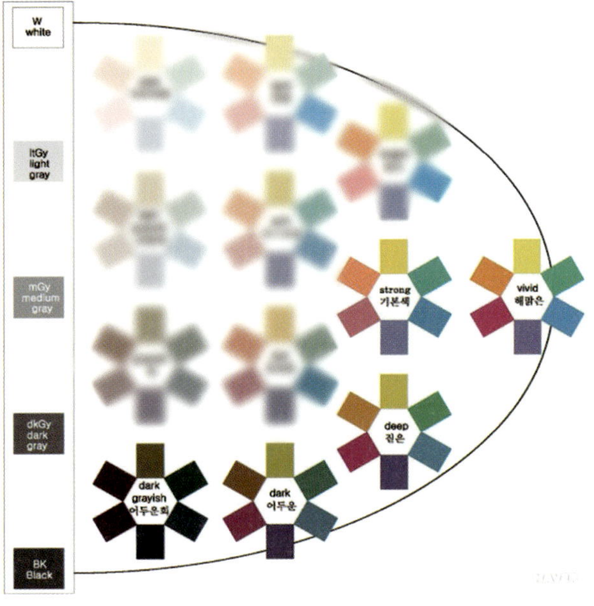

TIP 퍼스널 컬러의 적용

- 만약 자신에게 어울리지 않은 컬러라 해도 감성이나 필요에 의해서 적용해야 할 경우가 있다. 제일 넓은 부위에 잘 어울리는 컬러를 좁은 부위에 어울리지 않는 색을 배치한다. 또한 얼굴 가까이에 잘 어울리는 색을 배치하는 게 좋다.
- 뒷머리 두피색과 손목 안쪽 색은 자외선에 잘 노출되지 않기 때문에 피부 본래의 색을 가지고 있는 경우가 많아 피부 바탕색을 분석할 때 오차범위가 적은 편이므로 정확한 얼굴색 피부측정이 어려운 사람의 피부색을 진단할 때 효과적이다 .

4. 이미지에 의한 컬러 스케일

컬러가 상징하는 이미지는 매우 다양하고 민감하다. 단색으로의 이미지와 다른 색과 함께 배색했을 경우의 이미지는 전혀 다를 수 있으며 배색된 이미지는 퍼스널 컬러 적용에도 큰 영향이 있다. 예를 들면 여름 타입의 경우 짙은 블루가 잘 어울리는 컬러지만 짙은 블루와 레드를 매치한 강한 배색이나 활동적인 느낌으로 배치된 블루와는 이미지가 맞지 않다.

배색 이미지 스케일

스케일상에서 서로 멀리 떨어져 있는 배색은 '맑은', '다이나믹한'처럼 서로 상반되고 다른 이미지를 지니고, 가까이 있는 배색은 '온화한', '내추럴한'처럼 비슷한 감성의 이미지를 지닌다. 스케일의 바깥쪽에는 채도가 높은 순색을 이용한 배색이 많고, 중앙에는 채도가 낮은 탁한 색을 배치한 배색이 많다.

IRI 이미지스케일

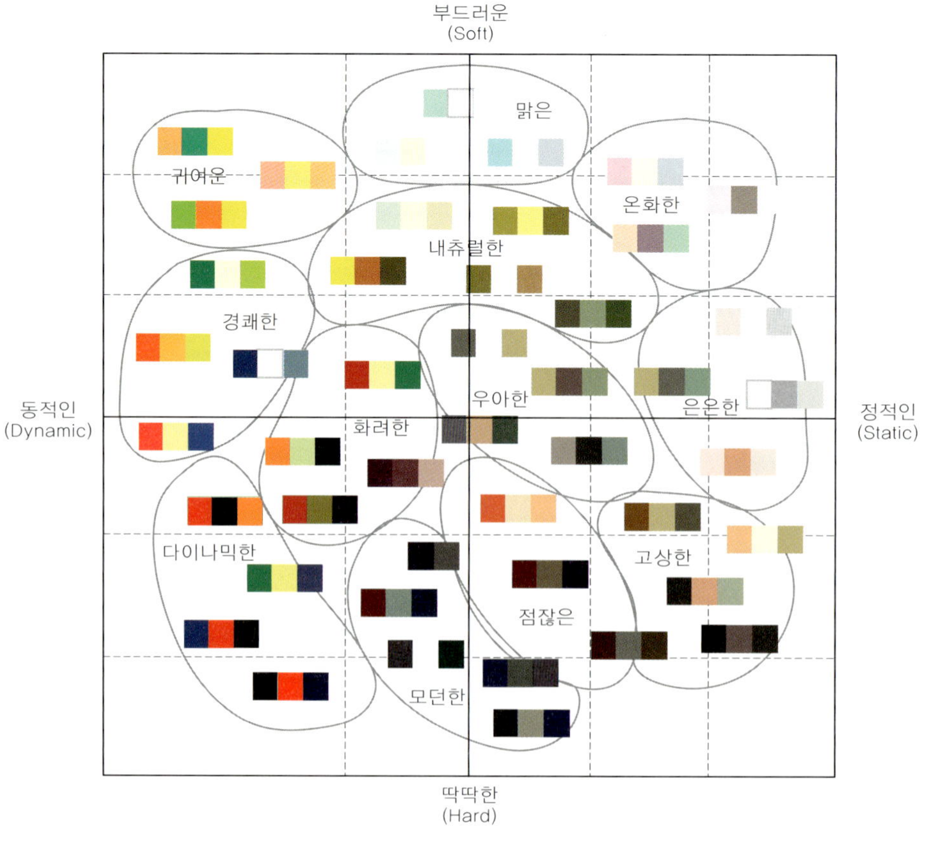

화려한 이미지에는 귀여운, 캐주얼, 활동적, 호화로운, 와일드한 등이 있고, 평온한 이미지에는 감미로운, 자연적, 우아한, 멋진, 고전적, 운치있는, 중후한 등이 있으며, 시원한 이미지에는 깨끗한, 시원한 캐주얼, 현대적 등이다.

원하는 이미지를 이미지스케일에서 찾아서 전체적인 비주얼 이미지에 적용하면 우아한, 점잖은, 모던한 등의 기본적인 이미지를 얻을 수 있다. 이미지를 선택할 때에는 자신의 계절 타입과 어울리는 컬러 톤이나 배색인지를 확인한다. 메이크업과 헤어컬러 뿐만 아니라 패션과 악세사리에도 적용할 수 있고 Hair 존에서부터 Foot 존에 이르는 전체적인 스타일링의 배색에 활용이 가능하다.

실기

(1) 봄의 이미지

이미지 색상	
이미지 언어	

봄 이미지 사진을 붙이고, 그 안에 해당 컬러를 선정하여 아래에 붙인다.

(2) 여름의 이미지

이미지 색상	
이미지 언어	

여름 이미지 사진을 붙이고, 그 안에 해당 컬러를 선정하여 아래에 붙인다.

(3) 가을의 이미지

이미지 색상	
이미지 언어	

가을 이미지 사진을 붙이고, 그 안에 해당 컬러를 선정하여 아래에 붙인다.

(4) 겨울의 이미지

이미지 색상	
이미지 언어	

겨울 이미지 사진을 붙이고, 그 안에 해당 컬러를 선정하여 아래에 붙인다.

5. 퍼스널 컬러 진단

퍼스널 컬러 진단은 개인 고유의 피부색을 분석하여 진단하는 방법으로 신체의 고유색상인 피부색, 눈동자 색, 머리카락 색, 두피색, 손목안쪽 색의 신체 피부색을 사계절 색에 적용하여 분석하는 것이다. 진단방법은 개인적인 취향, 습관과 직업 등의 라이프 스타일, 주변의 인식 등의 여러 항목을 평가하는 자가 진단표를 이용하는 방법과 신체 색을 다른 사람과 비교하여 주위의 사람들이나 본인이 평가하여 분석할 수도 있다. 또한 사계절 컬러로 만들어진 드레이핑 천이나 전문적인 컬러진단 측정 도구를 사용하여 진단한다.

진단을 통해 결정된 유형에 따라 개인에게 잘 어울리는 색, 피해야 할 색, 기본적인 베이직 컬러로 나눠 뷰티, 패션 등에 적용하여 연출하면 비주얼 이미지 메이킹에 긍정적인 역할을 한다.

(1) 컬러 진단의 결정 요인

신체색상은 기본적으로 따뜻한 색과 차가운 색으로 구분한 후, 밝고 어두운 명도와 채도에 따라 부드러운 톤과 딱딱한 톤으로 구분한다. 그리고 신체색상 간의 대비가 뚜렷하거나 흐릿한지에 따라 봄, 여름, 가을, 겨울의 4타입으로 구분이 가능하다.

① 피부색

사람의 피부색은 인종이나 지역, 연령, 성별 등에 따라 각기 다르며 건강상태나 스트레스 정도에 의해 변화된다. 피부색은 태어날 때부터 갖는 고유색으로 헤모글로빈(hemoglobin)에 의해 적색, 카로틴(carotin)에 의해 황색, 멜라닌(melanin)에 의한 갈색이라는 세 가지의 색소로 만들어져 있으며, 각각의 색소가 피부 중에 얼마나 분포되어 있느냐에 따라 사람의 피부색이 결정된다. 육안으로 신체 색상을 측정하여 진단할 때에 가장 많이 고려해야 하고 중심으로 여길 부분은 얼굴의 피부색이다.

② 머리카락 색

모발은 인종에 따라 수많은 색이 있으며 멜라닌 색소의 크기, 분포 및 양에 따라 흑색, 적색, 금발 등의 다양한 모발 색상이 결정된다.

③ 눈동자 색

눈동자의 색은 홍채 색을 말하며 한국인의 눈동자 색은 대개 흑갈색으로 보인다. 눈의 멜라닌 색소를 판별하는 부위는 홍채로 색소에 따라 색조가 변한다. 대부분 색소가 홍채의 앞면에 많으면 푸른색, 녹색, 회색을 띠게 되고, 혈관속의 피가 비치는 경우는 보라색을 띠는 눈동자이다.

④ 뒷머리 두피색

뒷머리 피부색은 햇빛에 거의 노출되지 않아서 퍼스널 컬러 진단에서 두피색을 진단하면 컬러 유형이 거의 정확하다. 얼굴의 피부색으로 진단이 어려울 때 손목 안쪽 색과 함께 진단하면 좀 더 정확한 진단이 가능하다.

노르스름한 빛은 봄, 흰빛은 여름, 황색 빛은 가을, 푸른빛이 나면 겨울에 속한다.

⑤ 손목 안쪽 색

손목 안쪽 색은 다른 피부에 비하여 자외선을 덜 받는 부위로 다른 사람의 손목과 서로 비교하면 진단이 편리하다. 손목의 색상이 푸르고 흰빛이 감돌면 겨울에 속하고, 흰빛이 감돌면 여름, 갈색 빛이 나면 가을, 노르스름한 빛이 나면 봄에 속한다.

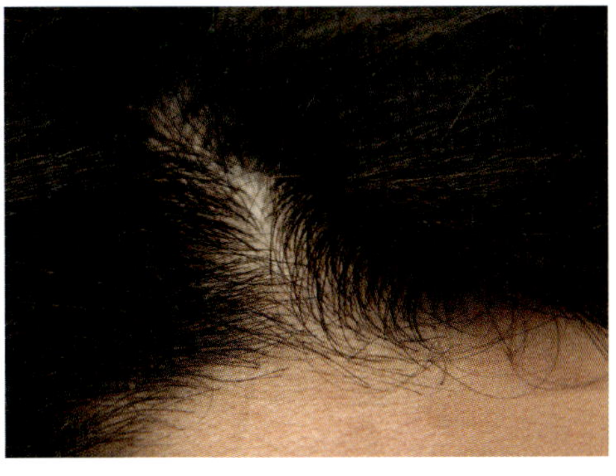

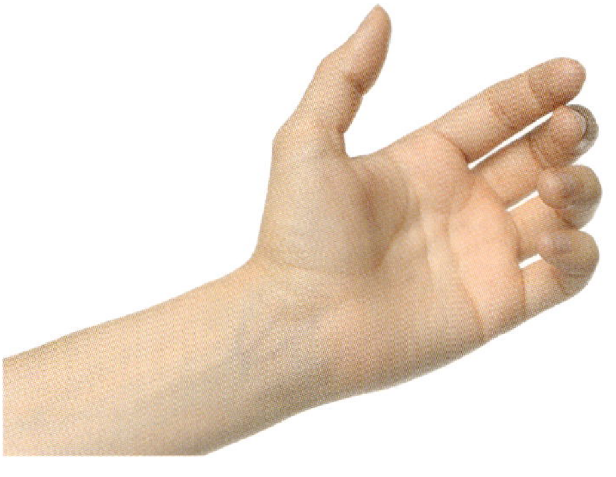

(2) 신체 색상 측정

육안으로 신체 색상을 측정하여 진단할 때에 가장 많이 고려해야 하고 중심으로 여길 부분은 얼굴의 피부색이다.

얼굴 피부색 - 50%

뒷머리 두피색, 손목 안쪽 색 - 30%

눈동자 색의 비중 - 10%

머리카락 색의 비중 - 10%

얼굴 피부색(여름) + 눈동자 색(가을) + 머리카락 색(봄) = 여름의 컬러로 이미지 메이킹한다.

(2) 컬러 자가 진단 방법

4계절 컬러 이미지에 대한 구분과 컬러 인식이 가능하다면 전문가의 도움 없이 스스로 자가 진단을 시도해보자.

① 개인적인 취향 분석을 통한 진단

개인이 선호하는 타입 진단표(여성)

1. 자주 바르고 다니는 볼터치 색상은?

A. 노란빛이 없는 핑크
B. 장밋빛 붉은 계열
C. 노란색의 핑크
D. 핑크빛이 없는 오렌지 브라운

2. 즐겨 바르는 입술색은?

A. 장밋빛의 핑크
B. 와인레드
C. 주황빛 핑크
D. 브라운에 가까운 레드

3. 의상, 인테리어, 악세사리 등에 화이트 계열을 선택한다면 어떤 계열을 선택하는가?

A. 부드러운 흰색
B. 창백한 느낌의 순백색
C. 옐로우 톤의 아이보리
D. 베이지 빛이 있는 흰색

4. 같은 여성이 봐도 끌리는 여성의 타입은?

A. 우아한 기품이 있는 여성
B. 개성이 있어 주목받는 여성
C. 귀엽고 친해지고 싶은 여성
D. 지적이고 분위기 있는 여성

5. 다음 표현 중에서 자신의 이미지와 같이 가까운 감성은 무엇인가?

A. 섬세하고 우아한
B. 날카롭고 도시적인
C. 친숙하고 귀여운
D. 활동적이고 친숙한

6. 자신에게 어울린다고 생각되는 스타일은 무엇인가?

A. 소프트한 색의 스타일
B. 배색의 대비가 강한 스타일
C. 어둡지 않은 고명도 계열의 스타일
D. 선명하고 짙은 컬러로 매치된 스타일

7. 특별한 외출복으로 활용하는 패션의 주조색은 무엇인가?(검은색을 제외)

A. 그레이나 은은한 페일 톤의 컬러
B. 비비드 컬러
C. 전반적으로 밝은 파스텔 컬러
D. 차분하고 다운된 컬러

8. 좋아하는 프린트나 무늬는?

A. 도트(dot) 무늬
B. 스트라이프(stripe) 무늬
C. 플라워(flower) 무늬
D. 페이즐리(Paisley) 무늬

9. 좋아하는 캐주얼 웨어의 주조색은 무엇인가?(검은색을 제외)

A. 블루나 화이트계열
B. 핑크 및 레드계열
C. 그린옐로우나 옐로우 계열
D. 커피 브라운 계열

10. 당신이 들고 다니는 핸드백은 어떤 소재인가?

A. 지나치게 크거나 작지 않은 중형 사이즈의 부드러운 소재
B. 독특한 디자인의 단단하고 강한 소재
C. 비교적 작고 장식이 많은 스타일로 소프트한 소재
D. 큰 사이즈의 패브릭 백

11. 당신이 좋아하고 어울리는 액세서리는?

A. 금, 다이아몬드 등의 진짜 보석류
B. 진주, 실버의 심플한 스타일
C. 컬러풀하면서 귀여운 다양한 모양의 이미테이션
D. 구리, 목각, 가죽 소재류의 비교적 크고 볼드한 독특한 형태

합 계	A(　　개)	B(　　개)	C(　　개)	D(　　개)

- A, B는 여름, 겨울의 차가운 계열이고 C, D는 봄, 가을로 따뜻한 계열이다.

② 주변의 인식과 개인의 자가진단 – 진단표

1. 당신의 피부색은?

A. 노란빛이 돌고 밝은 편이다.
B. 얼굴색이 희며 볼에 붉은빛이 돈다.
C. 노란빛이 돌고 어두운 편이다.
D. 흰 피부색에서 푸른 빛이나 회색 빛이 돈다.

2. 당신의 피부는 맑고 윤기가 있는가?

A. 맑고 윤기가 있다.
B. 희지만 광택이나 윤기가 없다.
C. 탁하고 윤기가 없다.
D. 맑지 않지만 윤기가 있다.

3. 어느 얼굴형인가?

A. 둥근형에 가깝다.
B. 계란형에 가깝다.
C. 긴 형이나 마름모형에 가깝다.
D. 역삼각형이나 각진형에 가깝다.

4. 당신에게 해당되는 인상은 무엇인가?

A. 동글동글한 귀여운 얼굴
B. 눈매가 부드럽고 이목구비가 큼직한 얼굴
C. 얼굴의 선이 부드럽고 친근한 얼굴
D. 눈매와 콧날이 뚜렷하고 차가운 얼굴

5. 자신의 눈동자 색과 머리카락은 어떠한가?

A. 눈동자와 머리카락이 모두 갈색이며 윤기가 있다.
B. 눈동자와 머리카락이 모두 갈색이며 윤기가 없다.
C. 눈동자와 머리카락이 모두 짙고 뚜렷한 갈색이며 윤기가 없다.
D. 눈동자와 머리카락이 모두 검정색이며 윤기가 있다.

진단방법

각 번호가 3개 이상이면 해당 계절로 볼 수 있다.

A번- 봄 사람.
B번-여름 사람.
C번-가을 사람.
D번-겨울 사람

③ 소장한 의상을 이용한 진단 방법

기본 조건

- **신체 :** 건강상태가 양호한 상태
- **메이크업 :** 화장을 전혀 하지 않은 얼굴
- **복식 :** 머리를 묶어서 뒤로 넘기거나 중성색 천으로 두른다. 액세서리는 착용하지 않는다.
- **환경 :** 자연광 or 비슷한 인공조명에서 실시. 대략 오전 11시~오후 3시가 적당
  - 진단 및 선별은 다른 사람의 도움을 받는 것이 좋다.

1. 자신의 옷들 중에서 자주 입는 옷과 좋아하는 컬러의 옷을 선택한다.
2. 단색의 옷들을 먼저 골라 의상의 뒷면을 얼굴에 매치하여 테스트한다.
3. 얼굴의 피부색과 어울리는 옷과 그렇지 않은 옷을 분리한다.
4. 프린트가 있는 옷을 같은 방법으로 테스트한다.(다양한 컬러 조합의 프린트이면 바탕색이나 가장 먼저 보이는 색을 기준으로 한다)
5. 어울리는 색의 옷들을 보고 옐로가 있는 컬러 톤인지 화이트나 블루가 있는 톤인지 체크한다.

진단 방법

옐로 톤이 있는 의상이 선택된 사람은 따뜻한 톤이고 화이트나 블루 톤이 있는 의상이 선택된 사람은 차가운 톤이다.

TIP 드레이핑 천으로 컬러 진단 시 유의사항

1. 메이크업을 하지 않은 상태에서 한다.
2. 자연광(오전 11시에서 오후 3시) 혹은 비슷한 조명에서 한다.
3. 흰 천으로 머리를 감추고, 흰색 가운을 착용한다.
4. 사계절 컬러 패브릭을 각각 얼굴에 대보면서 얼굴색의 변화를 관찰한다.
5. 피부를 노랗게 하는 비타민, 카로틴 약이나 음식을 진단 받기 2주 전에는 섭취하지 않는 것이 정확한 진단을 위해 좋다.
6. 정확한 평가 진단은 3인 이상이 비교 분석하는 것이 좋다.

PART 2.

H-zone 이미지 헤어스타일링

CHAPTER 4

H - 존 관리

hair 존의 이미지를 연출한다는 것은 넓은 얼굴을 좁아보이게 하기 위해 모발을 앞쪽으로 빗고, 좁은 얼굴을 넓게 보이게 하기 위해 모발을 뒤쪽으로 빗어 착시효과를 주는 것을 포함하여 의도한 이미지가 되기 위해 모발과 두피의 상태도 적절하게 관리하고 유지하는 것과 필요한 부위에 볼륨을 형성하고 다운시키는 행동 등을 모두 포함한다.

hair 존은 이미지 형성에 있어 가장 빠르게 큰 변화가 가능한 이미지 형성 요인이다. 신중하게 얼굴형과 체형, 라이프스타일과 개성에 부합하는 스타일을 결정한다. 또한 여러 가지 외부적인 손상 요인과 지속적인 오염에서 두피와 모발을 관리하고 적절한 헤어 도구와 셋팅 제품을 사용하는 것은 헤어 스타일링을 위한 기본적인 방법에 해당된다.

1. 두피 관리

hair 존의 이상적인 비주얼 이미지를 위해서는 먼저 두피의 상태를 주기적으로 체크하고 청결하게 한다. 신체의 다른 피부를 관리하듯이 두피를 관리하는 것은 남녀 모두에게 중요한 일이다. 건강한 두피가 건강하고 탄력 있는 모발의 시작이기 때문이다.

현대 사회의 사람들은 문화와 사회가 복잡해지면서 과도한 업무와 스트레스로 인한 내부적인 자극들과 외부적인 환경오염에 의한 자극 요소도 늘어나게 되었다. 이로 인해 신진대사와 혈액 순환이 저해되고 신체의 여러 부위에 영향을 미치게 되었는데 두피 또한 내·외부적인 자극에 민감한 부위로 인식되고 있다. 규칙적이고 올바른 두피 관리는 건강한 두피와 모발을 유지하는 방법이다. 올바른 두피 관리 방법에 대해 알아보도록 한다.

(1) 두피 유형

- **일반 두피 :** 피지분비가 원활하고 두피의 빛깔과 색이 맑고 깨끗하다. 모공을 막는 이물질이 없고 각질과 피지가 쌓이지 않는다.
- **건성 두피 :** 두피가 때때로 당기는 느낌이 있다. 피지 분비가 적고 각질이 많고 쉽게 예민해진다.
- **지성 두피 :** 샴푸를 한 후에도 과도한 피지 분비로 인해서 유분이 바로 발생한다. 상쾌한 기분이 없고 각질이 피지와 뭉쳐 냄새가 나고 비듬이 보인다.
- **복합성 두피 :** 일반적으로 두피가 건성이면 모발도 건성이고 두피가 지성이면 모발이도 건성이지만 복합성 두피는 모발과 성질이 다른 경우이다. 보통 두피는 지성 두피이며 모발은 손상으로 인해 건성 모발을 가진 경우가 해당된다.
- **지루성 두피 :** 일시적으로 혹은 지속적으로 과도한 피지 분비로 인해 염증이 생기는 두피이다.
- **민감성 두피 :** 두피 부분을 감싸는 각질이 외부적인 물리적인 요인이나 내부적인 요인으로 인해 과도하게 탈락되어 있는 상태, 혹은 피지 분비가 일정하지 않아 자극에 그대로 노출될 수 있는 예민해진 상태이다.

(2) 관리 요령

두피상태 체크하기

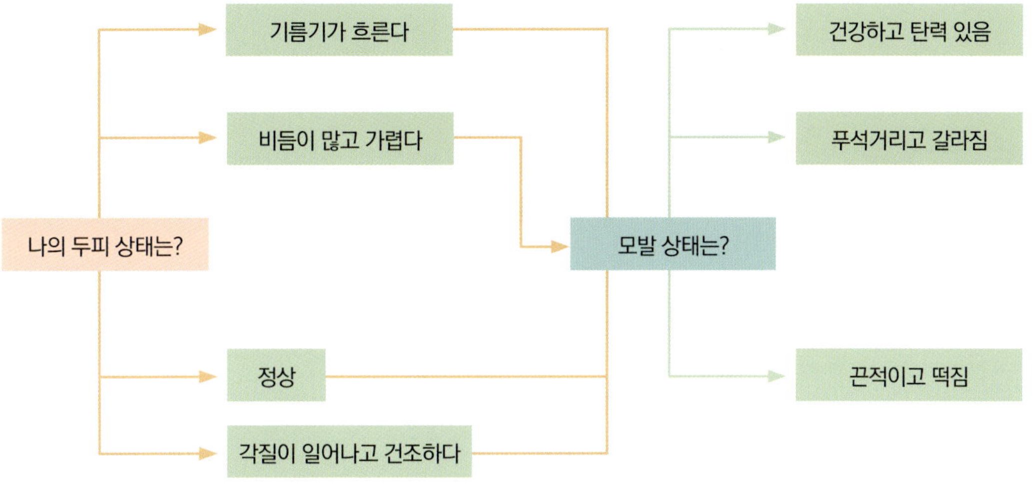

두피관리의 첫 번째 과정이면서 제일 중요한 것은 클렌징 단계이다.

특히 지성 두피의 관리 방법은 첫 번째가 청결이며 지성 두피 전용의 샴푸를 사용해 두피를 깨끗하게 해야 한다. 지성 두피는 자극적인 케어를 하면 피지선을 자극하여 피지분비량이 늘어날 수 있기 때문에 주의가 필요하다.

피지의 분비가 적은 건조한 두피는 각질이 많고 쉽게 붉어지며 예민해지기 쉽기 때문에 잦은 케어는 삼가고 두피의 컨디션을 살피며 관리한다. 건성용 샴푸로 클렌징하고 모발의 큐티클을 단단하게 강화하는 컨디셔너를 사용해야 한다.

젖은 모발을 건조할 때 강한 열풍으로 드라이하는 것은 모든 두피 타입에 자극이 된다. 특히 건조한 두피는 타월로 충분히 두피의 물기를 제거한 후 강한 열을 피하고 모발과 두피를 보호하는 트리트먼트를 바른 후 차가운 바람을 주로 이용하여 가능한 한 거리를 두고 천천히 말려야 한다.

샴푸는 모발과 함께 두피까지 물을 충분히 적힌 후 시작한다.

샴푸 세정제는 머리에 바로 묻혀 머리에서 거품을 내지 않고 손에 덜어서 거품을 낸 후 거품을 두피에 묻혀 사용한다.

두피의 피지와 모발의 헤어 셋팅 제품 등 지용성 성분을 잘 제거하려면 거품을 낸 후 2~3분 정도 충분한 시간을 갖고 난 후 헹궈낸다.

두피에 생긴 여드름은 즉시 치료한다. 보통 피지가 많거나 여드름 피부 타입인 사람들에게 두피 여드름 역시 많이 나타나는 편이다. 의사의 진단이 필요한 경우가 있다.

두피도 피부처럼 몸의 컨디션 관리가 중요하다. 지나친 스트레스를 삼가고 충분한 수면을 취하는 등 몸 전체의 컨디션 관리에 힘써야 한다. 두피 건강은 식습관과도 영향이 있으며 가급적 술과 담배를 줄이는 것이 중요하다.

TIP **린스의 계면 활성제**

헤어 린스에 사용되는 계면활성제는 양이온으로 피부 흡착력이 높아 깨끗하게 씻어 내지 않으면 피부를 자극하여 알레르기를 유발한다. 이마나 목 뒷머리의 헤어 라인에 유독 여드름이 많이 난다면 린스 후 헹구는 과정이 잘못 되었는지 혹은 헹굼이 덜 되었는지 살펴봐야 한다. 또한 린스는 모발의 끝 쪽에만 바르고 두피에는 묻지 않도록 주의한다.

서있는 자세로 샴푸와 린스를 하는 경우에는 씻어내는 샴푸와 린스가 몸에 닿지 않도록 고개를 숙여주고 린스 후 손을 깨끗하게 헹구고 손가락 끝으로 문지르면서 헤어 라인을 흐르는 물로 다시 한 번 헹궈 주는 것이 좋다.

(3) 두피 마사지

두피를 자극하고 두피의 혈액순환을 촉진시키는 과정으로 신진대사를 높이고 모발이 잘 자라도록 하며 건강한 머릿결을 유지시켜주며 맑은 기분이 들도록 한다. 주기적으로 마사지를 해주어 두피 건강을 유지하도록 한다.

① 손가락으로 귀 부분을 눌러준다.
② 헤어 라인 부분과 두피 전체를 손가락 지문 부분을 이용하여 골고루 눌러준다.

③ 모발의 중간 부분이 아니라 모근 부분을 누른다.
④ 정수리 부분을 손가락으로 꾹꾹 눌러준다.
⑤ 옆머리 부분을 원을 그리듯 골고루 마사지한다.
⑥ 뒷머리 부분을 가볍게 마사지한다.

마사지와 함께 천연 소재로 만들어진 끝이 둥근 브러시(ex 우드 브러시)를 사용하여 양쪽 귀 옆에서 정수리 부위로 올려주듯이 브러싱한다. 혹은 머리를 거꾸로 숙여 빗질하는 것도 모근을 부드럽게 자극하고 혈액순환이 잘되도록 돕는다.

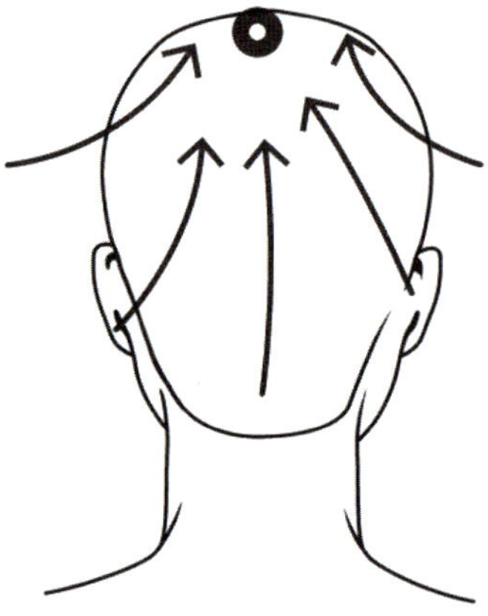

우드브러시

실기 1 두피 마사지를 거울을 보며 실습한다.

두피 마사지를 상호 실습한다.

(4) 비듬관리

비듬이 많은 머리는 본인도 스스로 가렵거나 불쾌할 수 있지만 대인관계에서 주의해야 할 개인의 컨디션이다. 비듬이 생겼다면 비듬 전용 샴푸로 관리하고 아침과 저녁에 규칙적인 브러싱과 마사지를 해준다. 브러싱과 마사지는 혈액순환을 도와 모근에 영양을 공급하고 비듬과 탈모를 예방한다.

① 비듬형성 요인

- **내적인 요인 :** 호르몬 불균형, 교감신경의 긴장, 식사의 불균형, 상피조직의 신진대사 불균형 등이 있다.
- **외적인 요인 :** 두피의 불결함, 화장품 또는 약품 등에 의한 염증, 샴푸 후 충분히 헹궈내지 않거나 잦은 샴푸로 인해 두피의 유분이 지나치게 제거된 상태일 때 나타날 수 있다.
- **비듬악화 요인 :** 지루성 피부염, 아토피성 피부염, 건선 등의 질환이다.

② 비듬의 종류

비듬에는 건조성의 마른 비듬과 지루성의 젖은 비듬이 있다. 특히 젖은 비듬은 남성호르몬과 관계가 있는데 머리 밑이 가려워지면서 비듬이 심하다. 젖은 비듬이 많아지면 대머리의 전조증상일 수가 있다. 특히 젊은 층에서는 이런 현상이 대개 빠르면 반년, 길게는 2년쯤 지속되다가 비듬이 일단 없어지면서 탈모가 시작되는 경우가 있다.

건성 비듬

원인은 신진대사의 결함, 신경자극의 결함, 두피의 불결한 관리, 두피의 각화 이상이나 각질층의 건조에 있다.

특징

- 마르고 열이 많은 사람에게 잘 나타난다.

- 혈액순환이 안 되는 사람에게 잘 나타난다.
- 머리카락이 푸석푸석해지고 가려움증이 있다.
- 자극이 적은 샴푸제로 충분히 두피를 부드럽게 마사지하며 천천히 샴푸한다. 타월 드라이한 후 유분이 있는 트리트먼트제로 10~15분간 스팀한 후 가볍게 헹군다.

지성 비듬

원인으로는 과도한 스트레스 및 피로의 누적 등이다.

특징

- 필요 이상의 피지 분비에 의해 두피가 기름져 거칠다.
- 두피 표면에 필요 이상의 피지가 분비되어 이것이 각질 및 비듬과 결합되어 있다.
- 생성 분비된 피지는 두피의 이물질과 결합하여 쉽게 떨어지지 않고 입자가 크다.
- 두피의 피지는 악취와 가려움증 및 염증을 나타낸다.
- 땀을 많이 흘리고 모발이 항상 촉촉하며, 두피에서 열이 나고 물렁물렁한 느낌이 난다.
- 자극적인 음식의 섭취는 피하고, 살균, 소독력이 있는 기능성 샴푸를 이용하여 아침, 저녁으로 샴푸한다. 샴푸 후 두피 부분은 세균이 번식하지 못하도록 깨끗이 말린다.
- 충분한 수면을 취하고 탈취력이 강한 샴푸제를 사용한다.
- 타월 드라이 후 유분이 적은 트리트먼트제를 사용한다.

비듬 두피 샴푸할 때 유의할 점

- 꾸준히 비듬용 샴푸를 지속적으로 사용한다.
- 머리를 감을 때는 샴푸가 두피에 고루 작용을 할 수 있도록 도포하고 마사지한다.
- 두피에 고루 작용을 할 수 있도록 충분한 시간을 갖는다.
- 샴푸의 지속시간은 2일 정도이며, 2일에 한 번이 적당하다.

2. 모발의 이해와 관리

모발은 케라틴이라는 단단한 단백질로 구성된 피부의 일부로서 비주얼 이미지를 결정하는데 큰 부분을 차지한다.

모발은 모표피, 모피질, 모수질로 구성된다.

모표피, 즉 큐티클은 모발의 가장 겉표면을 말하며 모피질은 모발의 성질을 좌우하는 중요한 요인으로 머리의 탄력을 담당한다. 모발 전체의 85~90%를 차지하며 멜라닌 색소가 들어있어 모질의 색상을 결정한다. 모수질은 밀도가 낮고 열의 전도를 막아준다.

모피질을 중심으로 들어있는 멜라닌 색소는 유전적인 요인에 의해 결정되며 다양한 모발의 성질은 선천적인 것이 많지만 큐티클을 관리하고 피질의 탄력을 높이는 일은 개인적인 노력으로 가능하다.

모발의 색상은 얼굴색과 매우 밀접한 관련이 있으며 계절이나 트렌드에 맞춰 변화시키기도 한다. 본래 가지고 있던 모발의 색은 피부색의 일종이지만 메이크업으로 피부색을 밝게 하거나 다른 톤으로 변화를 주는 것처럼 다양한 모발 색도 자신의 개성을 나타내는 수단이 된다. 이와 같은 hair 존의 이미지를 변화하기 위한 화학적인 처리나 열 처리는 헤어 스타일를 변화하는데 필수적인 과정이지만 모발 손상의 주된 요인이기도 하다.

개성을 표출하기 위한 헤어 스타일 연출과 헤어 셋팅을 유지하는 여러 제품들을 도포하고 씻어내는 모든 전반적인 과정이 모발 관리에 해당하며 모발의 건강을 고려한 다양한 관리 방법이 있다.

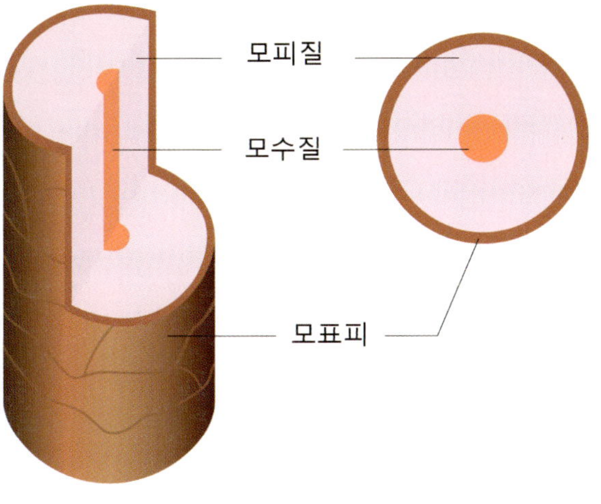

(1) 모발의 손상원인

① 열에 의한 손상

모발은 스스로 15% 정도의 수분을 보유하고 있지만 드라이어(drier)를 장시간 사용하고 아이론, 전기 셋팅기와 같은 열기구의 잦은 사용과 잘못된 사용법은 모발의 손상으로 이어지게 된다. 주로 열기구를 사용하여 급격히 건조하는 방법과 열처리를 장시간 하는 것은 손상을 유발한다.

핸드 드라이어의 경우

90℃의 뜨겁고 건조한 바람을 사용해서 스타일링을 하며 모발을 급격히 건조시키는 드라이어는 약간의 거리를 두고 사용한다. 드라이어 출구 쪽에 모발을 지나치게 밀착시키게 되면 모발이 급격히 건조해져서 푸석하고 건조한 질감이 그대로 나타난다.

아이론의 경우

스타일링을 위해 주로 사용하는 아이론은 150℃ 전후의 열로 스타일을 연출하는 도구로 열기구 중에서도 뜨거운 열을 사용하는 기기이다. 반복적인 작업을 최소화하고 빠르게 적용하는 것이 좋다. 손상이 심한 모발은 아이론 기기가 모발에 닿는 시간을 줄여 주거나 온도를 약간 더 낮춰서 시술한다.

② 물리적 자극에 의한 손상

특별한 환경이 아니라 생활 속에서 자주 일어나는 자극은 주로 물리적인 것이다. 주기적으로 반복되는 모표피에 대한 자극은 미비한 자극이지만 정기적으로 이어지면서 모발 손상을 가져오게 된다.

③ 샴푸에 의한 손상

샴푸를 자주하거나 거품을 충분히 내지 않은 상태에서의 거칠게 비비는 것은 모발과 모발 사이에 마찰을 일으킨다. 이것은 젖은 상태에서 물리적인 충격에 더욱 약한 큐티클을 손상시키는 원인이 된다. 거품은 오염물질을 용이하게 씻어내는 역할을 할 뿐만 아니라 모발과 모발 사이에서 물리적인 충격을 막아주는 기능도 하기 때문에 충분히 거품을 내어 샴푸하는 것이 좋다.

샴푸할 때의 온도도 모발 손상에 영향을 주기 때문에 너무 뜨거운 물로 헹구거나 뜨거운 사우나에 젖은 모발을 그냥 노출하는 것은 좋지 않다. 샴푸제는 모발 상태에 적합한 타입을 사용하고 적정량을 도포하여 샴푸한 후에는 여러 번 깨끗하게 헹구어준다.

④ 빗질 또는 브러싱에 의한 손상

건조된 상태의 브러싱보다 모발이 물에 젖었을 때 브러시에 대한 손상이 더욱 잘 일어난다. 건조되어 있는 상태라도 빗질이 잘 되지 않을 때 강하게 당기면서 브러싱을 하게 되면 큐티클에 무리한 힘이 가해져 벗겨지기 쉬워진다.

브러싱을 하기 전에는 타월 드라이를 충분히 하고 젖은 상태에서는 강한 빗질을 삼가고 타월드라이를 충분히 한다. 어느 정도 건조해지면 모발이 엉키지 않고 부드럽게 브러싱이 되도록 도와주는 전문제품을 사용하는 것도 필요하다.

⑤ 화학적 시술에 의한 손상

화학적인 처리, 즉 펌과 염색이 대표적이다.

⑥ 미용시술 도구에 의한 손상

컷트에서 사용되는 가위나 레져 날이 무딘 날을 사용했거나 지나친 텐션을 주는 잘못된 사용, 브러시나 빗을 이용한 백콤 처리에 따른 손상으로서 기구에 따라 손상의 형태는 다양하다.

⑦ 환경에 의한 손상

환경에 의한 손상은 자연환경에 의한 것과 환경오염에 의한 것이 있다.

자연환경에 의한 요인으로는 화학선이라고도 불리는 강한 자외선과 열선인 적외선, 건조한 날씨, 강한 바람과 먼지이다. 자외선은 모발의 탄력을 저하시키고 탈색을 유발하며 적외선은 뜨거운 열로 인해 장시간 노출되면 모발의 단백질에 손상을 입게 된다. 해로운 광선과 건조한 바람으로부터 피부뿐만 아니라 모발도 보호해야 하는 것이다.

실외활동이 많이 해야 할 경우에는 자외선 차단제를 사용하고 모자나 파라솔을 챙긴다. 스카프를 둘러쓰거나 보호해 줄 수 있는 제품을 사용할 수도 있다.

환경오염에 의한 요인으로는 각종 공해물질에 의한 것으로 공장이나 자동차의 유해가스 등이며 모발의 손상요인뿐만 아니라 인체의 호르몬 변화에도 영향을 미쳐 탈모의 원인이 되기도 한다.

⑧ 생리적 요인에 의한 손상

호르몬, 영양의 불균형과 지속적인 스트레트는 신체의 다른 피부와 같이 모발을 건조하게 하고 두피를 민감하게 한다. 인스턴트 식품의 섭취와 과도한 카페인은 자제하고 규칙적인 생활습관을 갖는 것이 중요하다.

(2) 모발 관리

① 바람직한 모발 관리

- 모발, 두피를 청결하게 유지한다.
- 지성 두피와 모발의 경우에는 세정력이 높고 컨디셔너 성분이 적게 든 샴푸를 사용하고 건성은 세정력이 비교적 낮지만 컨디셔너 성분이 많이 든 샴푸를 쓰는 것이 좋다.
- 모발 건조 전에 두피를 먼저 말린다.
- 샴푸는 손톱으로 두피를 만지지 않고 손끝 지문을 이용해서 머리카락이 아니라 두피를 누르면서 마사지하듯 한다.
- 저녁에 머리를 감았다면 자연건조나 냉풍으로 두피를 건조한 후 잠자리에 든다.
- 빗질은 두피에서 모발 끝으로 부드럽게 한다.
- 잦은 화학처리를 이용한 스타일링을 삼간다.
- 정전기를 유발하는 플라스틱소재보다는 천연소재를 사용하는 것이 좋다.
- 스프레이, 젤, 무스 등을 사용했을 때는 환경적인 자극, 물리적인 자극 등에 노출되지 않도록 더욱 주의가 요구된다.

② 모발 상태에 따른 관리

구분	내용
손상된 모발	태양, 환경, 지나친 건조, 화학적인 처리로 인해 탄력이 없고 끝이 갈라지는 모발을 말한다. 수분이 매우 부족하므로 적당한 수분과 유분을 유지시키며 회복을 돕는 영양을 공급해야 한다.
중성 모발	두피가 적당한 수분을 유지할 수 있도록 샴푸 후 에센스를 바르며 가벼운 빗질을 한다.
지성 모발	피지의 분비량이 많은 타입으로 외부의 오염물질과 신체 분비물이 머물기 좋은 두피와 모발 상태이다. 청결을 유지하는 것이 중요하다. 따뜻한 물을 사용하면 모발의 피지를 닦아내는데 더욱 효과적이다.

③ 모발 관리 방법

손상된 큐티클의 추가적인 손실을 막고 광택과 윤기를 부여하기 위한 방법은 의외로 간단하다. 헤어 케어 제품을 잠시 도포한 후 씻어 내거나 케어 제품 중에서 스프레이 타입을 모발에 뿌려주는 일상적인 케어가 해당된다. 헤어 케어 제품은 모발의 엉킴을 방지하고 매끄럽게 하여 헤어 스타일을 원활하게 연출하도록 도와주며 아름다운 머릿결을 유지할 수 있다.

헤어 케어 제품은 타입별로 크림, 리퀴드, 고농축의 앰플, 스프레이, 오일 타입이 있으며 주로 컨디셔닝 효과를 지닌 성분을 지니고 보호막의 기능을 한다.

크림 타입

도포한 후 일정시간이 지나면 씻어내야 한다. 유분과 컨디셔닝 효과를 지닌 성분은 많이 함유되어 있으나 모발에 대한 흡수력은 다른 타입에 비해 떨어지기 때문에 열을 가해 주거나 스티머를 함께 사용한다.

리퀴드 타입

크림 타입과 유사한 성분으로 크림 타입보다는 수분이 더 많다. 모발에 잘 도포되고 흡수력도 좋아 사용하기 편리하다. 헹궈내지 않아도 되는 타입으로 촉촉하게 헤어스타일링도 가능하다.

앰플 타입

각각의 개인의 모발 상태에 따른 차별화된 개별적 기능을 가진 제품으로 많이 활용되고 있다. 고기능의 성분이 농축되어 있다.

스프레이 타입

끈적임이 적고 씻어 내지 않아도 되는 타입으로 메마르고 건조한 모발에 지속적인 수분과 보호막을 간단한 처치로 공급하는 효과가 있어 사용이 간편하다.

오일 타입

유분의 코팅 막을 손상된 모발에 대신 형성시킴으로서 모발보호 기능이 좋다. 거칠어 보이는 질감으로 푸석거리거나 갈라진 부위를 시각적으로 없애주고 건강한 윤기를 부여한다.

(3) 모발과 수분

모발은 공기 중에 습도가 높으면 수분을 흡수하고 건조하면 수분을 빼앗기는데 모발의 수분량에 따라 모발의 상태가 결정된다.

수분은 모발에서 아주 중요한 역할을 차지하는데 건강한 모발은 약 15% 전후의 수분을 함유하고 있고 손상모의 경우는 10% 이하의 수분을 함유하고 있다.

모발이 건조한 경우 외부에 존재하는 수분을 쉽게 흡수하거나 모발 내의 수분을 외부로 쉽게 빼앗기므로 드라이나 셋팅을 할 경우 그 스타일이 오래 유지되지 않는다. 따라서 모발이 건조한 경우 건강한 모발에 비해 스타일 지속력이 많이 떨어진다.

(4) 샴푸 & 린스

① 사용목적

샴푸는 일반 세제에 비하여 알칼리성이 적어 모발과 두피의 먼지나 오염물질은 씻어내고 자연적으로 발생한 유분은 씻어내지 않아 윤기가 지속되도록 한다. 알칼리성 샴푸와 산성에 가까운 샴푸가 있는데 알칼리성 샴푸는 두피의 세정력이 좋으며 산성 샴푸는 펌, 염색 등의 알칼리성 화학 처리를 한 후에 모발의 pH를 조율하며 화학적 처리의 유지력을 높이기 위해서 주로 사용한다.

린스는 모발을 부드럽게 해주며 정전기를 없애준다. 소독과 살균 기능이 있는 제품이 있으며 모발의 건조를 방지하는 역할을 한다. 또한 샴푸 후 거칠어진 머릿결에 수분이나 단백질을 흡착시켜 모발이 풍성해지고 부드러워지도록 만든다.

② 올바른 샴푸 요령

- 모발의 종류, 머릿결, 헤어컬러, 머리의 상태에 따라 자신에게 맞는 제품을 찾을 수 있다.
- 환경에 따른 샴푸를 잘 골라야 한다.
- 지나친 알칼리성 비누 또는 다른 세제로 머리를 감지 않도록 한다. 머리에 자극을 주고 자연 유분

의 양이 줄어든다.

- 거품의 양이 적고 거품이 생기지 않는다고 세정력이 적은 것은 아니다.
- 세정제 및 샴푸를 충분히 헹궈낸다.
- 두피에 자극을 줄 수 있으므로 너무 뜨거운 물은 사용하지 않는다.
- 샴푸를 하기 전에는 일단 브러싱을 충분히 해준다.
- 모발을 충분히 물로 적신 후 샴푸제를 바른다.
- 두피는 손톱으로 자극하지 않는다.
- 지성 모발은 세정력이 좋은 샴푸를, 손상모는 전용제품을 사용한다.
- 타월 드라이는 비비지 않고 두드리듯이 닦아낸다.

샴푸 고르는 요령 : 세정력이 있으며 거품이 잘 나고 미세하다. 잘 헹궈지는 샴푸를 선택하고 가능한 피부에 자극이 적은 것을 고르며, 샴푸 후 수분과 윤기가 있어야 한다.

③ 헤어린스의 기능

- 모발의 터치와 촉감을 부드럽게 한다.
- 모발에 필요한 영양을 공급하고 광택을 준다.
- 모발의 건조를 방지하여 부스스함을 없애준다.
- 정전기를 방지한다.
- 자외선으로부터 탈색을 방지하고 보호한다.
- 소독, 살균의 기능이 있는 린스는 세균 번식을 예방한다.

헤어린스 고르는 요령 : 탄력있고 부드러운 마무리가 되고 힘과 윤기를 주고 정전기 방지 효과가 있는 헤어린스를 선택한다. 모발의 pH 조정 작용이 있고 흡착력과 흡착량이 크며 모발에 대한 보호 효과가 있는 것을 선택한다.

3. 탈모

모발이 자라고 만들어지는데 필수적인 영양과 원활한 신진대사가 잘 이루어지지 않아 생기는 일종의 병리 현상으로 그 요인은 매우 다양하다. 탈모 현상이 있는 모발은 새로 나는 모발이 다 자라지 못하고 빠지는 것은 물론이며 모발이 자라고 건강하게 유지되는 모발의 성장기 기간이 매우 짧은 반면 성장이 멈춘 휴지기의 기간이 길다.

(1) 탈모의 원인

탈모증은 정상적으로 모발이 존재해야 할 부분에서 모발이 소실되는 질환들을 총칭하는 것으로 주로 머리 부분에 발생한다.

그 원인은 어느 한 가지에 의해 일어나는 경우보다는 여러 가지 병리 현상이 혼합하여 일어나는 경우가 대부분을 차지한다. 이전에는 유전적인 요인에 의해서 일어나는 탈모가 거의 대부분이었지만 현대에는 도시화된 사회에서 유발되는 각종 공해와 스트레스 등의 여러 요인에 의해 탈모 현상이 나타나는 경우도 늘어나고 있다.

1) 스트레스(stress)

2) 유전(heredity)

3) 혈액순환장애(blood circulation disturbance)

4) 비듬(dandruff)

5) 영양결핍(malnutrition)

6) 질병(disease)

7) 발열(pyrexia)

8) 환경(environment)

9) 모낭충

10) 내분비장애(endocrine disturbance)

11) 잘못된 샴푸법

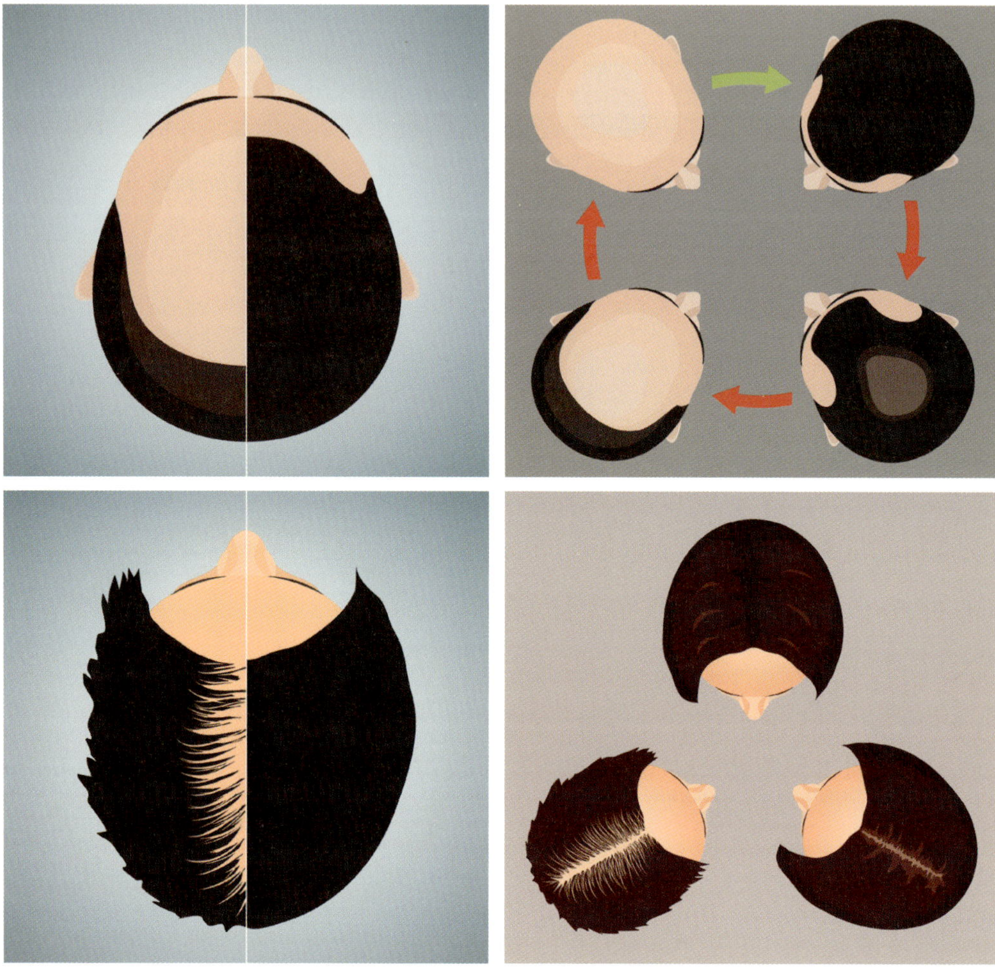

남성 탈모

주로 유전적인 요인과 나이, 남성 호르몬에 의해 발생하는데 유전적인 조건이 충족되더라도 거세한 남자의 경우에는 남성형 탈모는 나타나지 않는다.

주로 앞머리의 양 옆의 헤어라인이나 머리 탑 부분에 20대 초반부터 40대의 남자에게서 탈모 증상이 나타나며 이 후 그 범위가 점차 넓어진다. 개인에 따라 정도의 차이는 있으나 앞 헤어라인과 머리 위 머리는 빠지며 점차 연결되지만 옆과 뒷머리는 빠지지 않고 남아 있는 것이 보통이다.

다이어트에 의한 탈모

최근 여성의 탈모가 20~30대로 연령대가 늘어나면서 지나친 다이어트가 원인 제공이라는 것이 알려지고 있다. 체중을 줄이기 위해 영양섭취를 중단하면 모발에도 영향을 주게 되며 결과적으로 탈모를 일으킬 수 있다. 크게 식욕부진 등의 병적인 상태가 아니더라도 영양을 제대로 섭취하지 않으면 필수영양소 부족 등으로 인하여 생리가 중단되고 체내대사가 이루어지지 않아 탈모의 원인이 된다.

호르몬에 의한 탈모 증상은 여성에게도 해당되는데 임신과 출산, 폐경이 이에 해당하며 심한 스트레스도 여성의 주된 탈모의 요인이 될 수 있다.

(2) 탈모예방을 위한 식품

모발의 주성분은 케라틴으로 단백질에 속한다. 이와 같은 단백질류의 식품으로 육류, 어패류, 우유, 달걀, 생선 알, 시금치, 효모, 토마토, 메주, 콩 등을 많이 섭취한다. 또한 신선한 녹황색 채소와 비타민이 충분한 과일을 섭취한다.

탈모방지를 위해서는 인스턴트와 가공 식품과 맵고 매우 짠 향신료가 강한 음식과 동물성 지방의 함유가 높은 식품을 피해야 하며 술과 담배는 과도한 피지 분비를 예방하고 탈모예방을 위해 가급적 피하는 것이 좋다.

(3) 탈모헤어의 스타일

- 부분 가발을 사용한다면 원래 모발의 방향과 색상이 다른 가발은 사용을 사용하지 않는다.
- 가발이 표시가 나는 것은 원래의 탈모헤어보다도 더욱 거부감이 있을 수 있다.
- 비어있는 부분에 흑채를 사용하여 커버할 수 있다. 흑채를 사용할 경우에는 어깨로 떨어질 수도 있으니 주의하고 두피에 더러움의 원인되므로 사용 후에는 깨끗이 샴푸한다.
- 탈모로 인해 머리 형태가 달라지면 메이크업 스타일이나 안경테도 바꾸는 것이 좋다.
- 탈모가 진행 중이라면 두피 건강은 나쁜 상태에 있다고 추정할 수 있다. 염색이나 펌 등의 화학 처리는 삼가도록 한다.

① 남성의 탈모헤어 스타일

탈모가 진행되는 부위와 그렇지 않은 부위의 숱을 비슷하게 보이도록 잘라준다. 보통 남아있는 머리 길이와 머리 숱에 집착하게 되지만 머리 옆면은 탈모가 없고 앞과 위만 탈모가 있는 경우에는 옆면의 머리를 짧게 잘라주는 것이 좋다. 옆머리에 숱이 많으면 앞부분과 윗부분이 상대적으로 더욱 비어보이기 때문이다.

전체적으로 탈모가 진행되었다면 남아있는 머리를 모두 잘라 민머리스타일을 과감하게 도전해보는 것도 좋다. 또는 부분적인 가발로 연출하여 전체적으로 조화를 이룬다면 이전과는 다른 또 다른 스타일을 연출할 수도 있다.

② 여성의 탈모헤어 스타일

탈모가 진행 중이거나 탈모가 있었던 여성의 헤어스타일은 일단 길이를 줄여준다. 긴 머리는 무게감으로 인해 아래로 더욱 처지게 되고 모근이 아래로 눕게 된다. 모근이 아래로 모두 누우면 머리카락 사이사이가 보이게 되고 탈모 부위가 드러나 보인다.

앞머리를 내려주는 것도 좋으며 머리를 거꾸로 머리를 거꾸로 뒤집어 말리거나 모근에 볼륨을 주어 스타일링한다.

CHAPTER 5

H – 존의 형태별 이미지

고대 시대의 귀족과 왕족들은 거대한 머리형태의 가발을 쓰거나 땋은 머리카락을 길게 늘어뜨린 긴 머리를 선호했다. 이 후 기원전 5~10세기 무렵의 켈트족은 자주와 권력의 상징으로 긴 머리를 다시 선호했지만, 당시 선진 문화를 가졌던 그리스인들은 지혜로움의 상징으로 헤어스타일의 단순화를 선택하였고 그것은 지금의 원형이 되었다.

한 문화 안에는 보편적으로 선택하던 머리의 길이와 형태가 있었고 그것은 생활환경이나 문화의 특성이 바뀌면서 같이 변화되었다. 따라서 헤어스타일의 형태는 사람의 생활환경이나 특성, 성격, 취향들을 나타내는 비주얼 이미지로서 빠른 시간 내에 이미지 전환이 가능한 장점까지 가지고 있다.

현대에 사람들의 취향이 다양해지면서 선택할 수 있는 헤어스타일도 매우 다양하지만 지루하거나 스타일의 변화가 필요해도 갑자기 스타일을 바꾸는 일이 쉬운 일은 아니다. 잘 어울리는 스타일이 맞는지 머릿결과 현재 머리 길이에서 변화가 가능한 헤어스타일인지도 고려해야 한다. 주로 착용하는 패션 스타일과의 매치도 매우 중요하며 얼굴형의 단점을 커버하고 좋은 이미지를 나타낼 수 있는지도 살펴봐야 한다.

선택한 이미지에 맞는 헤어 형태는 다양한 연출법을 통해 완성되고 사회적인 트렌드도 최종적 스타일에 영향을 주어 그것으로 새로운 개성을 연출하게 된다.

이와 같은 헤어 형태에 따른 이미지를 알아보기 위해 크게 롱(long), 미듐(medium), 숏(shot)으로 구분하였으며 강조하지 않아도 face 존과 hair 존은 분리하여 생각할 수 없는 밀접한 연관성이 있는 zone으로 얼굴형과 조화로운 헤어 스타일링 방법을 살펴보도록 한다.

1. 헤어스타일 이미지

헤어스타일을 연출하는 방법은 대표적으로 컷트와 펌, 염색 등의 화학적인 처리와 열을 이용한 기구를 사용한 스타일링으로 정리할 수 있다.

헤어스타일의 길이나 형태, 컬러는 추구하는 이미지나 선호도도 충분히 염두에 두고 결정해야 하며 길이와 컬이 있는지 없는지에 따라 다른 분위기를 연출할 수 있다.

(1) 여성의 헤어스타일별 이미지

① 숏(short) – 짧은 머리

짧은 옆선으로 귀가 뾰족해 보여서 요정 같이 보인다는 피어리(fairy) 스타일, 앞 머리를 짧게 포인트를 준 쇼트 프론트(shot front) 스타일, 보이시한 픽시(pixie) 컷 등이 모두 여성의 짧은 헤어스타일에 속한다. 뒷 목선을 덮지 않고 얼굴형이 많이 드러나는 스타일로 앞머리 연출 방법이 매우 다양하며 개인의 이미지를 매우 개성 있게 연출하는 것이 가능하다.

주로 귀엽다, 발랄하다, 활동적이다, 앳되다, 화려하다. 도시적이다, 세련되다, 돋보이다, 예리하다, 적극적이다라는 느낌을 준다. 긴 머리에 비해서는 여성적인 이미지가 약하지만 모던하고 스타일리시한 이미지와 상대적으로 귀엽고 발랄한 이미지 연출을 위해 시도할 수 있다.

- 샴푸 후 건조되는 시간이 짧아 스타일링 시간을 빠르게 연출하는 것이 좋다.
- 긴 머리에 비해 헤어 컬러의 전환이 자유로우며 선택의 폭이 넓다.
- 가르마의 방향과 위치, 앞머리의 형태에 따라 변화가 다채롭다.
- 독특한 아방가르드 이미지, 드라마틱한 여러 스타일 등을 할 수 있다.

② 미듐(medium) - 중간 길이 머리

흔히 '단발머리'라고 하는 턱선에서 어깨 선 사이의 헤어 길이로 웨이브의 유무에 따라 다양한 분위기가 나타난다. 웨이브가 없으면 지적이다, 단정하다는 느낌이 강하지만 웨이브가 강하면 긴 머리와 마찬가지로 화려함이나 섹시하다라는 인상을 준다.

중간 길이의 머리는 얼굴형의 단점을 보완하고 수정하는데 가장 용이한 길이로 머리 윗부분에 볼륨을 주거나 헤어디자인의 연출에서 볼륨의 위치를 바꿔서 스타일링 할 수 있다. 얼굴 끝선을 가볍게 하려면 모발의 끝을 레이어드 컷트하고 무겁게 하면 얼굴의 바깥 쪽으로 블로우드라이 하기에 편리하다.

- 블로우 드라이에서 롤 브러쉬를 사용한 연출이 많은 길이로 다양한 스타일이 가능하다.
- 머리 끝선이 무거운 일자형은 젊어 보이는 인상을 준다.
- 앞머리를 따로 내지 않는 스타일은 성숙하고 지적인 이미지이다.
- 숱이 많고 부풀림이 심한 단발머리는 앞머리를 내어 주는 것이 부드러워 보인다.
- 중간 길이의 머리가 조금 길면 성숙한 이미지를 나타내고, 짧은 경우에는 경쾌하다.

③ 롱(long) – 긴 머리

여성의 롱 헤어, 긴 머리라고 할 수 있는 길이는 어깨선 아래로 내려오는 길이이다. 긴 머리는 부드럽고 여성적이며 청순하다는 느낌이 있으며 웨이브 유무와 그 강도에 따라 야하다, 화려하다, 사랑스럽다, 자연스럽다라는 느낌도 준다.

일반적으로 긴 머리는 여성성을 나타내는 대표적인 스타일로 10~20대 연령에게 많이 선호되었지만 최근에는 이보다 높은 연령층에서도 선호도가 높아진 스타일이다. 웨이브가 있는 경우에는 얼굴선 아래로 웨이브를 넣으면 부드럽고 여성적으로 보이며 모발시작 지점부터 강한 웨이브가 있으면 독특하고 강렬한 인상이 된다.

긴 머리는 특히 모발의 건강도가 많은 영향을 미치므로 모발 에센스의 사용을 생활화하고 컬이 있는 웨이브 헤어는 세팅 로션 등을 도포하여 컬을 잡아주며 부드러운 질감으로 표현하는 것이 중요하다.

- 긴 머리는 샴푸 후 건조 시간이 오래 걸린다. 저녁에 샴푸한 경우에는 두피를 완전히 말려주고 잠자리에 들며 냉풍에서 열풍으로 옮겨가며 건조한다.
- 오랜 기간 동안 긴 머리를 고수한 경우에는 모근 부위, 머리카락의 뿌리가 두피로 눌려 있어서 전체적으로 볼륨 형성이 어려운 경우가 있는데 샴푸 후 고개를 완전히 숙여 뒤집어서 말려주는 것은 볼륨 형성에 도움이 된다.
- 앞머리는 뒤로 넘기거나 앞으로 내려 분위기를 다르게 할 수 있고 뒷머리도 길이는 길지만 전체적으로 레이어드 컷트를 하여 층을 내주면 활동적으로 보이기도 한다.
- 업스타일, 포니테일 등 변환된 스타일로 다양한 이미지 연출이 용이하다.

(2) 남성의 헤어스타일별 이미지

시대적인 기록을 남기는 과거의 자료들을 보면 역사적인 순간에 등장하는 많은 남성들이 한 시대에는 모두 똑같은 헤어스타일을 하고 있다. 귀가 드러나고 목선이 보이며 가르마의 위치가 거의 같고 비슷한 광택을 주는 제품을 바른 모습으로 마치 한 사람의 전문가가 모두 디자인한 듯한 느낌이다.

최근에는 남성의 헤어스타일도 여성의 헤어처럼 자신의 라이프 스타일과 개성을 표출할 수 있는 스타일을 추구한다. 과거에는 한 번 결정한 스타일로 거의 평생 일관된 스타일을 연출했던 반면에 지금은 다양한 스타일로 변화하는 것에도 매우 과감해지고 보편화되었다.

새로 구입한 재킷 하나만으로 남자의 스타일이 바뀌진 않지만 변화된 헤어어스타일은 남자의 비주얼 이미지에 큰 변화를 가져온다. 헤어스타일의 변화는 의상과 패션에도 영향을 주어 전체적으로 다른 이미지로 변화하는데 시작점이 되며 이미지 전체를 변화하는데 큰 영향력을 미친다.

남성이 헤어스타일의 변화를 실패 없이 진행하려면 약 1달 정도는 기다려 볼 것을 권한다. 디자인의 변화가 가능하도록 모발의 길이가 자라야 스타일의 제한 없이 변화를 시도할 수 있기 때문이다.

① 숏(short) – 짧은 머리

스포츠형(Sports), 브로스형(Brosse), 크루컷(Crew Cut) 스타일, 인디헤어(Indie hair) 스타일 또는 모히칸((Mohican) 스타일이라고 하는 형태가 남성의 짧은 머리에 해당한다.

머리의 측면과 후면은 두피가 보일 정도로 짧으며 탑 부분이 박스 형태의 직각으로 잘린 스타일이나 투 블록(two block)으로 짧게 연출할 수도 있다.

스포츠 헤어라는 것은 스포츠를 하는 데에 편하고 적절하다는 의미로 붙여진 이름으로 대개 남성의 짧은 머리는 손질이 간편하고 활동적인 이미지로 얼굴형을 커버하는 역할은 거의 없는 비슷한 특성을 가지고 있다.

- 남성의 짧은 머리는 머리의 탑 부분도 대부분 짧은 스타일로 얼굴이 큰 사람이 하면 단정해 보인다.
- 얼굴의 선이 굵고 윤곽선이 뚜렷한 남성보다는 그리 뚜렷하지 않은 일반 남성에게 어울린다.
- 인디헤어 혹은 모히칸 스타일의 경우는 앞머리가 포인트가 되며 전체가 모두 짧은 스타일에 비해 현대적이고 트렌디한 느낌이 있다.

② 미듐(medium) – 중간 길이 머리

댄디 헤어(Dandy hair), 리젠드(legend) 컷의 스타일이 해당된다. 댄디란 멋쟁이남자라는 뜻으로 헤어스타일에 있어서는 특별히 손질하지 않아도 깔끔하며 자연스러운 스타일을 의미한다. 앞머리는 앞으로 내릴 수 있도록 길이가 길고 모발의 끝선을 무겁게 하여 전체적으로 머리가 가볍지 않다. 또한 윗머리는 볼륨을 주고 옆 라인은 펴주는 스타일로 거친 이미지보다는 직선적이며 부드러우면서 모던한 느낌의 스타일이다.

리젠드 컷은 고전적인 스타일이지만 남성적인 매력을 부각한다는 의미에서 댄디컷과 유사하며 상고 머리 스타일은 얼굴형에 따라 길이가 조금씩 다를 수 있지만 결과적으로 단정한 이미지를 나타낸다.

중간 길이의 남자 머리는 전반적으로 현 세대의 깔끔한 남자 헤어스타일로 인식할 수 있다.

- 상고머리는 얼굴형이 긴 형, 즉 고구마형에는 얼굴이 더 길게 보일 수 있어 주의한다.
- 깔끔한 인상을 위한 중간 길이 머리를 위해서는 층을 많이 주지 않는다.
- 원형의 굵은 웨이브가 있는 경우에는 귀여운 인상이 된다.
- 앞머리를 넘기면 비즈니스 슈트나 룩에 어울리고, 앞머리를 내리면 비교적 캐주얼하다.
- 윗 머리에 볼륨을 형성하거나 눌러주는 방법으로 얼굴형 수정이 편리하다.

③ 롱(long) – 긴 머리

레이어드 컷, 히피 스타일 등이 해당하며 귀의 윗부분을 가리고 뒤 목을 덮는 길이의 머리로 남자의 매우 긴 머리에는 어깨에 닿는 머리도 해당된다.

남자의 긴 머리는 부드러운 웨이브가 있으면 손질이 편리하고 분위기 있는 이미지가 연출되고 스트레이트 형의 긴 머리는 섬세하지만 고집스러움도 묻어난다. 긴 머리로 얼굴의 단점을 커버할 수 있으며 자신만의 독특한 개성을 전달하기에 좋지만 단정하고 깔끔한 이미지와는 거리가 멀다. 개성이 강한 캐릭터나 아방가르드(avant-garde)한 이미지를 추구하는 사람들이 추구하는 길이이다.

- 얼굴이 큰 경우에 얼굴형 커버에 편리하다.
- 여성에 비해 피지선이 발달한 남성이 장기간 긴머리 스타일을 하였을 경우 두피의 세척과 관리가 미흡한 경우가 많다. 샴푸와 건조에 특히 주의한다.
- 선척적인 모발의 특성에 영향을 많이 받는 스타일로 곱슬머리이거나 가는 모발의 경우에는 더욱 관리가 필요하다.

실기 1 여성과 남성의 다양한 헤어스타일을 길이별로 찾아본다.

여성의 헤어스타일
숏(shot)
미듐(medium)
롱(long)

남성의 헤어스타일
숏(shot)
미듐(medium)
롱(long)

- 나의 취향은 무엇인지 알아보자.

2. 얼굴형과 헤어스타일링

얼굴형에 따라 hair존의 길이와 볼륨을 적합하게 연출하면 본래의 얼굴형이 이상적인 타원형으로 보이게 되며 입체감도 생기게 된다. 스타일 변화에 대한 막연한 두려움이나 자신의 모발 상태 때문에 현재의 스타일과 선호하는 헤어스타일이 다른 경우도 많지만 hair 존이 비주얼 이미지에 미치는 영향을 실감하지 못하여 그냥 손질이 편한 스타일로 평상시 헤어스타일을 결정하는 실수를 하기도 한다.

모발의 상태나 헤어스타일은 각 얼굴형에 따라 장점을 부각하는 스타일이 있고 단점을 더욱 부각시킬 수 있는 스타일이 있다. 본래의 얼굴형에 적용하면 전반적인 비주얼 이미지를 향상시킬 수 있는 구체적이 스타일을 찾아보고 적용하는 것은 사회적 대인관계의 향상과 개인의 자존감 회복을 위한 첫걸음이 될 수 있다.

(1) 두상의 이해

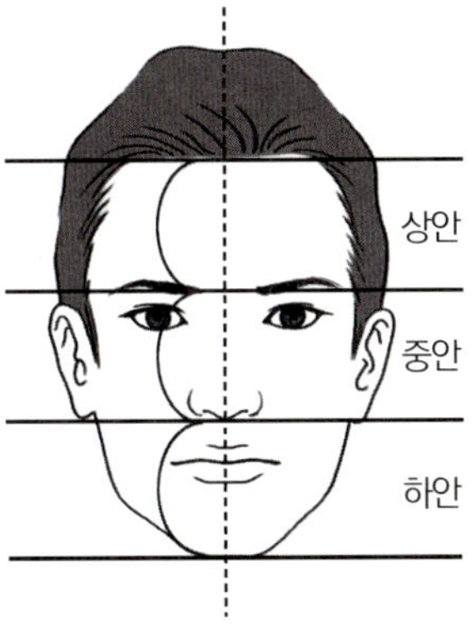

정면 얼굴의 비율은 face 존 장에서도 다시 설명하겠지만 세로 길이는 눈 꼬리, 코끝, 턱선까지 1:1:1의 비율이 이상적이고 귀, 눈 꼬리, 눈썹 앞 머리, 미간, 다시 눈썹꼬리, 귀로 나눠 가로비율은 5등분으로 나눠지는 것이 이미지 상으로 안정적이다. 이러한 얼굴 내 비율을 유지하기 위해 연출하는 헤어스타일의 볼륨과 헤어의 컬을 결정하는 요인에는 상안(上顔)과 중안(中顔), 하안(下顔)의 비율이 매우 중요하다.

얼굴이 드러나는 헤어스타일의 경우에는 중안 아래선의 넓이보다 중안 위선의 넓이, 즉 눈썹 위치가 더 넓거나 비슷해야 안정감이 있다. 중안 윗선이 좀 더 좁은 경우는 계란형을 제외한 모든 우리나라 얼굴형에 나타날 수 있는 형으로 헤어의 볼륨으로 부드럽게 개선할 수 있다.

측면 얼굴의 비율은 코를 제외하고 볼 뼈 앞면부터 귀, 다시 귀에서부터 뒤통수가 1:1의 비율이 되면 이상적이다. 우리나라 남성들과 여성들은 대다수가 뒤쪽 머리에 비해 측면 얼굴이 크다. 즉 뒤통수가 납작한 두상으로 헤어 부분 중에서 뒷면과 위부분의 면적이 작아 눌려있는 형태이다. 납작한 부위에 볼륨을 넣어 손질하고 측면 얼굴과 헤어 부분이 1:1이 되도록 고정해주면 얼굴의 입체감이 살아나고 헤어부분이 커지므로 얼굴의 크기는 작아지는 느낌을 준다.

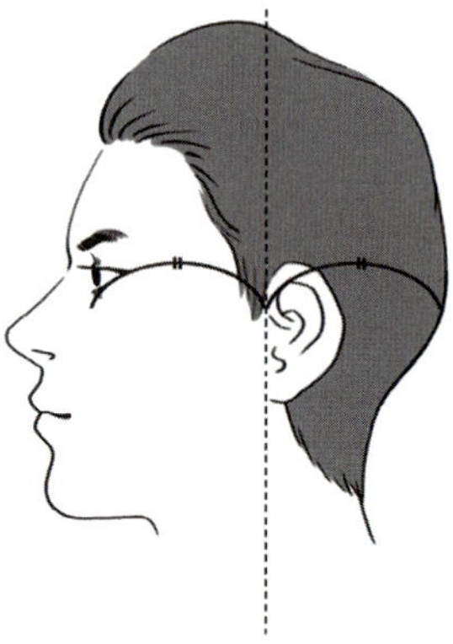

(2) 얼굴형에 어울리는 헤어스타일

① 둥근형

둥근 얼굴은 두상의 형태가 납작하고 평면적인 형태로 스타일링을 진행할 때 가로보다 세로를 강조하여 두상이 길게 보이도록 볼륨 연출이 필요하다. 정수리 탑 부위는 부풀리고 양옆 사이드 헤어는 볼륨을 최소화하여 차분히 늘어뜨리거나 짧게 연출해서 얼굴에서 결여된 샤프한 이미지를 연출해야 한다.

앞머리를 올려 주는 것도 좋으며 옆머리는 드라이어를 사용해 모발의 두피에서 가장 가까운 모근 부분부터 눌러주고 헤어 셋팅 제품으로 고정한다.

남성의 경우에도 긴 머리나 웨이브가 옆선을 덮는 스타일은 피하며 양 옆머리를 최대한 붙여준다. 앞 머리를 올려서 세로 선을 길게 연출하고 자연스럽기보다는 단정하고 깔끔하게 셋팅하도록 한다.

- 뱅 스타일의 앞머리는 피한다.
- 앞머리는 사선 방향으로 조금만 가리거나 위로 넘겨서 이마를 드러낸다.
- 한 쪽으로 치우친 사이드 가르마와 비대칭 앞머리로 둥근 얼굴을 가려준다.
- 헤어의 양 옆에 웨이브나 컬을 최소화하여 부풀리지 않는다.
- 긴 머리의 경우 컬을 살리는 스타일은 턱선보다 더 아래쪽에 컬을 넣는 긴 웨이브 헤어로 연출하고 헤어의 끝선이 무겁기 보다는 가벼운 스타일이 좋다.
- 비대칭 커트나 짧은 숏 헤어도 잘 어울린다.

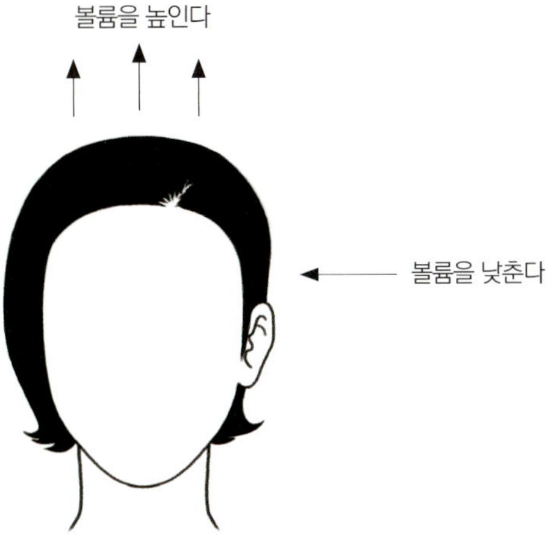

앞머리를 올리고 정수리 볼륨을 높인다.
옆머리는 붙인다.

② 사각형

이마에 각이 지고 턱선도 사각인 형태의 각진 얼굴형 여성에게 가장 잘 어울리는 스타일은 층을 내고 굵은 웨이브나 컬을 넣는 것인데 그러면 딱딱한 선들과 분산되어 부드러움을 더할 수 있다. 머리끝은 가볍게 부드러운 컬이나 웨이브를 만들어 얼굴 안쪽을 감싸는 스타일이 적합하며, 세련된 이미지를 부각시켜 개성을 살리는 것도 좋은 방법으로 가르마는 옆으로 타도록 하고 둥근형 마찬가지로 일자 앞머리는 피한다.

턱선 아래 길이의 둥근 보브(bob) 스타일이나 광대뼈나 턱선 아래부터 층이 시작되는 레이어드 커트(layered cut), 굵고 자연스러운 샤기(shaggy) 커트 등이 효과적이다.

남성의 경우 헤어의 뒷 목선이 올라가지 않는 형태를 선택하여 짧은 스타일은 피한다. 중간 길이 정도의 디자인이 이상적이다. 턱선이 작아보이도록 탑 부분과 앞 머리에 볼륨을 주고 관자놀이 부분은 드러나지 않도록 손질한다. 확실한 웨이브가 있는 스타일은 피하고 헤어 전체의 선이 너무 부드러우면 얼굴의 각이 더욱 될 수 있으므로 다소 무겁고 직선적인 형태가 어울린다.

- 정수리 부분은 반드시 볼륨을 준다.
- 스트레이트 단발머리는 피하는 것이 좋다.
- 여성의 헤어길이는 턱선 아래로 내려 오도록 하고 남성은 뒷 목선을 덮어준다.

앞머리는 사선으로, 앙 옆은 붙인다. 턱선에 볼륨감이 없다.

- 본인의 피부색과 반대가 아니라면 브라운 계열의 따뜻한 색상이 강한 인상을 커버할 수 있다.
- 양 이마의 끝을 감싸는 스타일로 풍성하면서도 흩날리는 스타일로 연출하면 부드러워 보인다.

③ 계란형 얼굴

매끄러운 얼굴과 함께 두상의 형태 역시 이상적인 형태로 대부분의 헤어스타일이 무난하게 어울리는 장점을 갖고 있다. 얼굴 형태 본연의 균형을 유지하면서 자연스럽게 연출하면 좋다.

현대적이고 세련된 이미지를 원한다면 날카로운 느낌의 헤어보다는 부드러운 헤어가 이상적이지만 키가 큰 경우 자칫 무거운 느낌을 수 있어 웨이브가 없는 깔끔하고 단정한 헤어스타일을 선택한다. 키가 작은 경우에 길고 강한 웨이브 스타일을 피하면 숏, 미듐, 롱 헤어가 모두 무난하다.

④ 역 삼각형

적합한 헤어스타일은 정수리 탑 부분을 높여서 이마가 좁아 보이도록 하고 옆 양볼 부위를 밀착시킨다. 긴 머리의 경우 턱선과 가까운 아래 부분은 볼륨을 주어 뾰족한 턱선을 보완하는 형태가 안정적이다.

V라인의 턱선으로 이마의 양 끝 넓어서 헤어라인이 뒤로 넘겨져 있으면 넓고 평평해 보이므로 앞머리에 가장 신경을 써야 한다. 방향을 양 옆으로 빗어내려 이마의 중심부만을 드러내는 것도 좋다.

여성의 경우 어려보이는 얼굴형은 아니므로 반 묶음 헤어나 바깥말음 등으로 연출하면 나이가 들어 보이는 얼굴의 결점을 줄일 수 있다.

남성이 볼 뼈가 앞으로 나온 경우에는 앞머리에 볼륨을 주는 것이 좋고 볼 뼈가 좌우로 넓을수록 가르마의 위치는 중앙에 가깝게 하고 앞머리의 볼륨은 있지만 끝선은 길고 샤프하게 해준다.

- 전체적으로 층을 주는 둥근 실루엣으로 턱선 가까이에 볼륨감을 주는 길이가 적합하여 목 근처에서 끝나는 단발머리에 볼륨감 주는 풍성한 스타일도 잘 어울린다.

턱선 근처에 볼륨을 높인다.
이마 양 옆은 붙인다.

- 여성의 경우 이마 양옆으로 상단부는 붙이고 하단부에만 볼륨을 주어 살짝 밖으로 뻗치는 스타일도 잘 어울린다.
- 중간 길이의 웨이브 스타일, 풍성한 뱅(bang) 스타일, 바깥쪽으로 웨이브가 있는 샤기 커트 등이 효과적이다.
- 단조로운 뱅 스타일, 귀를 가리는 스타일, 짧은 커트, 정수리 부분에 심하게 볼륨을 주어높이 세운 스타일 등은 뾰족한 얼굴형을 더욱 강조하므로 피하는 것이 좋다.

⑤ 긴 형

헤어 연출시 시선이 수평으로 흐르게 해야 함이 중요하며 숱이 많은 긴 머리를 길게 늘어뜨린 모습은 체형의 부피감을 더하게 하여 얼굴이 더욱 커보이게 한다.

2:8에 가까운 가르마로 이마를 자연스럽게 내리며 가로로 넘겨주는 것을 시도하고 남성의 경우 너무 짧은 스타일은 피하고 앞머리가 날카롭지 않고 무겁도록 한다.

- 중앙 가르마는 피한다.
- 앞머리는 뱅 스타일을 하거나 필요한 만큼 이마로 내려주어 얼굴을 짧아 보이게 하는 것이 효과적이다. 앞머리 양이 너무 많으면 답답해보이므로 적당히 내려준다.
- 낮게 묶는 포니테일 스타일이 잘 어울리며 깔끔한 이미지로 연출된다.
- 헤어의 양 사이드 모근 부분에 볼륨을 주어 얼굴이 짧아 보이도록 한다.
- 너무 강하지 않은 웨이브나 단발 등의 스타일이 잘 어울린다.

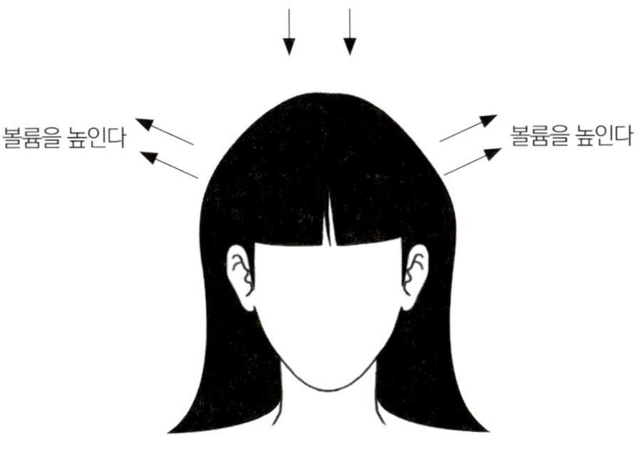

앞이마를 덮고 정수리 볼륨을 낮춘다.
양 옆선의 볼륨을 높인다.

- 앞머리를 올려서 이마가 보이거나 정수리 부분에 볼륨을 넣어 강조되는 스타일, 어깨를 덮는 둥근형의 긴 스트레이트 헤어는 적합하지 않다.
- 옆머리가 풍성한 웨이브 스타일도 효과적이며 양 옆쪽은 항상 부드럽게 질감을 처리하고 볼륨을 주도록 한다.

⑥ 마름모형

이마의 양 옆머리에 드라이어나 아이론을 사용해 볼륨을 주고 여성은 모발의 끝선을 둥글게 연출하여 이마와 턱선이 넓어 보이도록 한다. 볼 뼈의 양 옆은 붙여주는 스타일로 얼굴형이 완전히 드러나는 짧은 머리는 피하는 것이 좋다.

남성의 경우에도 이마의 양 옆에 볼륨을 주기 위해서 굵은 컬의 펌을 하거나 스타일링 기구를 사용한 볼륨을 주는 것이 좋다. 짧은 머리보다는 중간 길이나 긴 머리로 볼 뼈를 커버하고 턱선으로 인해 얼굴이 길어 보일 수 있으므로 정수리 탑 부분에 볼륨은 과하지 않도록 한다.

- 이마를 가리고 관자놀이 부위만을 노출시키는 스타일을 피한다.
- 귀 앞 선까지 앞머리를 늘어뜨리는 스타일은 볼 뼈를 커버하는 역할을 한다.
- 이마의 헤어라인을 양쪽으로 넓게 하여 이마를 넓게 보이도록 하는 것도 좋다.
- 모발의 끝이 턱선 위치에 있다면 무겁게 연출한다.
- 비대칭 가르마가 어울린다.
- 부드러운 웨이브로 끝선이 바깥쪽으로 부드럽게 뻗치는 스타일이 어울린다.
- 상안 좌우, 이마 양 옆에 볼륨을 높인다.
- 볼뼈 부분은 볼륨을 낮춘다.
- 모발 끝선은 둥글다.

옆선의 볼륨을 낮춘다.
모발 끝선에 볼륨감을 준다.

TIP **앞머리 연출**

완벽한 두상에 가까워지려는 노력으로 대부분의 사람들은 앞머리를 내려 얼굴형을 보완하거나 앞머리를 올려서 볼륨을 줄 수 있다.

- 이마가 코 길이보다 짧은 사람은 앞머리를 세워야 한다.
- 이마가 코 길이보다 길고 얼굴 중에서 가장 긴 사람은 볼륨감 없이 앞머리를 납작하고 길게 내린다.

(3) 측면 얼굴 윤곽에 따른 헤어스타일

face 존과 hair 존은 입체적인 것으로 옆에서 보여 지는 모습도 중요하다. 메이크업의 경우에는 face 존에 주로 평면적인 작업을 통해 입체감을 주는 것이지만 헤어스타일링은 hair 존에 직접적인 입체감을 줄 수 있다. 따라서 헤어스타일링은 옆모습을 고려하여 위쪽으로, 혹은 앞쪽으로 볼륨을 얼마나 올려줄 것인지를 결정해야 한다.

① 낮은 이마와 돌출된 턱

낮은 이마가 앞으로 볼록해 보일 수 있도록 앞머리에 앞쪽으로 볼륨을 주고 옆머리와 자연스럽게 연결해 준다. 관자놀이 부분은 헤어로 가리지 않고 뒤통수에는 볼륨감을 준다. 옆머리는 붙여 주고 얼굴 앞쪽으로 내리지 않는 것이 뾰족한 턱을 부드럽게 할 수 있다.

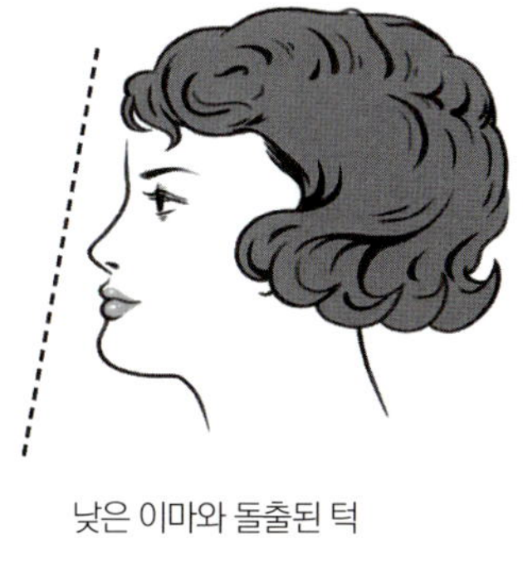

낮은 이마와 돌출된 턱

② 일직선 형

가장 이상적인 윤곽이다. 스타일에 큰 구애를 받지 않는다. 지나치게 큰 볼륨이나 다운된 부분이 없도록 한다.

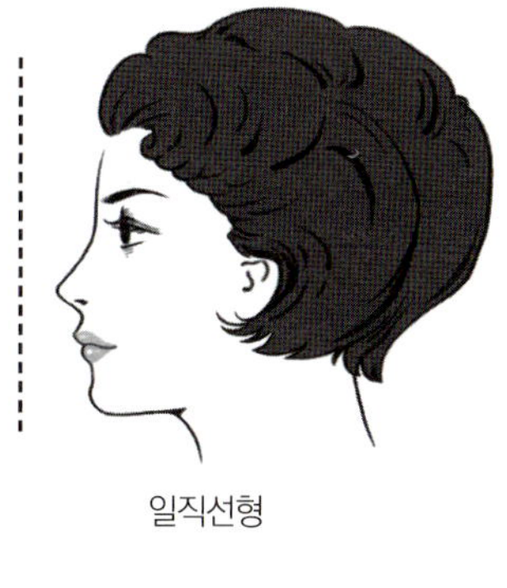

일직선형

③ 주걱턱에 코 부분이 들어간 형

콘케이브(Concave) 형이라고도 하는데 이마에 내려온 앞머리에 볼륨을 주면 오목한 부분이 더욱 부각되기 때문에 이러한 연출은 피해야 한다. 조금 긴 앞머리를 사선으로 내려서 붙여 주거나 옆머리에 볼륨을 준다. 앞머리는 딱딱하게 고정되지 않고 부드럽게 한다.

④ 이마와 턱이 들어간 형

콘벡스형(Convex)이라고 한다. 이마 쪽으로 컬을 만들거나 앞머리의 양을 많이 내려서 덮어주고 앞쪽으로 컬을 주어 볼륨을 준다. 옆머리와 뒷 쪽 머리가 너무 짧지 않도록 하여 볼륨을 주면 턱이 들어가 보이는 것을 보완할 수 있다.

(4) 체형을 고려한 스타일 결정

전체적인 비주얼 이미지를 고려한다면 새로운 헤어스타일을 찾을 때는 얼굴형과 함께 신체 체형도 생각해야 한다.

우리나라의 전통적으로 풍성한 체형이라면 너무 단정하고 깔끔하게 가지 않도록 해야 체형이 커 보이지 않는다. 만약 단정하고 깔끔하게 붙여준다면 hair 존의 볼륨이 너무 작아져 작은 머리를 부각하면서 하체 부분이 주목되고 심지어 엉덩이 부분이 더 넓어 보일 수 있기 때문이다.

반대로 작은 체형은 너무 풍성한 컬이 있는 스타일은 피하도록 한다. 머리가 더 커 보이거나 화려해지면 몸의 비율과 균형을 이루지 못하기 때문에 몸이 더욱 말라보이고 왜소해 보일 수 있다.

체형	이상적인 헤어스타일	피해야 할 스타일
큰키	자연스러운 웨이브, 끝선이 무거운 단발머리나 미듐 컷트	짧은 커트와 지나치게 길고 단정한 스타일
작은 키	볼륨감 있는 쇼트 길이, 웨이브가 없는 긴 머리	강한 웨이브
마른체형	중간 정도의 길이, 웨이브가 부드러운 스타일	볼륨감이 없는 긴 생머리
뚱뚱한 체형	웨이브가 없는 레이어드 헤어	풍성한 웨이브 어깨선을 넘어가는 긴 머리 달라붙고 심플한 숏 헤어

실기 2 나의 얼굴형을 이해하고 두상을 진단하여 적합한 헤어스타일을 연출해본다.

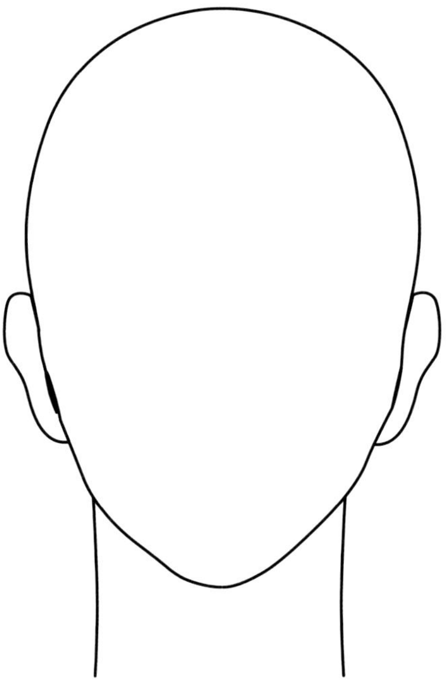

CHAPTER 6

헤어스타일링

1. 헤어스타일링 도구와 사용

헤어스타일 연출하는 방법은 크게 블로우 드라이, 헤어 세트, 아이론을 사용하는 방법이 있다. 모두 열을 사용한 방법으로 원하는 스타일 연출을 위해 적합한 도구를 선택해서 사용한다.

열을 사용한 스타일링의 장점은 스타일이 매일 다양하게 변화할 수 있다는 점이다.

각각 도구는 수분의 함유상태를 다르게 체크하여 스타일링을 시작해야 한다. 도구의 종류에 따른 연출 방법의 특징은 스타일 완성의 결정적인 역할을 한다.

(1) 도구의 종류

① 드라이기

열풍, 온풍, 냉풍으로 구분하고 바람의 세기를 조절할 수 있다. 브러시를 이용해 텐션에 의한 볼륨감을 짧은 시간 내에 일시적으로 다양하게 연출한다. 손가락을 사용하기도 하며 드라이로 머리를 말리거나 방향의 전환, 질감의 변화를 주는 것이 용이하다. 외부 자극에 의한 손상으로 손실된 모발의 윤기와 탄력을 단발적으로 재생할 수 있다.

드라이어의 열풍은 모발에 컬이나 웨이브를 주고 직선형으로 바로 펼 때 편리한데 바로 냉풍을 사용하면 컬이 고정된다. 냉풍은 단지 모발을 건조하기 위한 목적으로도 사용하며 온풍은 모발의 날림을 방지하거나 브러시 자국을 남길 우려가 있는 경우에 사용하면 효과적이다.

드라이어의 종류

- **노즐 드라이기 or 핸드 드라이어**(Hand dryer)**:** 모발 건조, 모발의 방향에 변화를 주고 윤기 나도록 한다.
- **디퓨져 :** 균일한 바람을 전달하여 컬을 유지한 상태로 자연스럽고 풍성한 볼륨감을 형성하기 위해 사용한다. 모량이 적을 경우 손가락을 이용하여 모근을 들어주면서 사용하면 더욱 풍성한 스타일을 창출할 수 있다.

드라이기의 선정

- 너무 무겁지 않고 찬바람과 더운 바람이 순간적으로 교체될 수 있어야 한다. 이온을 발생하여 머릿결에 손상을 줄일 수 있는 심플한 디자인의 것이 이상적이다.

② 헤어 아이론

직접 가열식과 전기식이 있는데 주로 전기로 가열하는 아이론이 보편적으로 사용된다. 아이론의 형태는 스트레이트 형(일자형), 원형, 삼각형 or 라운드형의 볼륨형이 있으며 적합한 온도를 유지하여 일시적인 곡선이나 직선, 각진 패턴을 만들어서 원하는 헤어스타일을 완성한다.

아이론의 선정

- 금속이 맞닿는 바디와 덮개 부위에 요철이 없고 틈새가 없어야 한다.
- 덮개와 손잡이 등의 이음새에 모발이 끼고 집히는 도구는 사용하지 않는다.
- 온도 조절이 자유롭고 편리해야 한다.
- 손잡이의 넓이와 크기가 사용자의 손에 적합해야 한다.

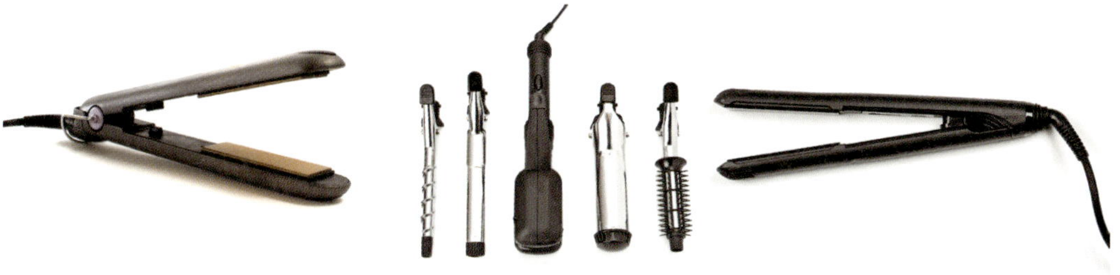

③ 헤어 세팅

일반 세팅롤과 전기를 사용하는 전기 세팅롤이 있다.

일반 세팅롤은 수분을 약간 함유한 모발에 헤어 세팅 롤을 감은 후에 열을 가하여 건조시키는 방식으로 간편하지만 시간이 많이 소요된다. 전기 세팅롤은 전기로 이미 가열된 롤을 건조된 모발에 말아 스타일하는 기기로 빠른 스타일이 가능하다.

④ 브러시(Brush), 빗

롤 브러시(Roll brush)

라운드(round)나 컬(curl)을 표현하고자 할 때 사용하며 머릿결의 방향성을 만드는데도 아주 중요한 도구이다.

덴만 브러시(Denman brush)

모근을 자연스럽게 세워서 브러시가 가는대로 머릿결의 방향성을 포현할 수 있는 장점이 있다. 입체적인 스타일 연출을 위해 빗질하거나 블로우 드라이에서 자연스러운 C컬을 만들 때 사용하면 편리하다.

쿠션 브러시(Cushion brush)

브러시 헤드(head) 안쪽은 고무판으로 되어 있어 텐션이 있으며 브러싱의 자극이 적다. 긴 머리를 빗질하고 볼륨감을 주고 부드러운 스타일을 완성하기에 적합하다.

(2) 스타일링 도구 사용

① 이상적인 각도

볼륨을 업 시키거나 다운 시킬 경우에 모발은 일정한 각도를 유지해줘야 한다. 헤어 스타일링을 위한 블로우드라이, 아이론, 세팅 등을 사용할 때 동일하게 적용된다. 볼륨이 필요한 부위는 모발의 각도를 높여서 도구를 사용하고 모발의 방향을 바꾸거나 볼륨을 다운할 경우에는 낮은 각도로 모발을 들거나 눌러서 도구를 사용한다.

컬을 이용해서 볼륨이 필요할 때는 세팅 로션을 바르고 각도를 들어 기구를 사용하면 자연스러운 볼륨이 완성된다.

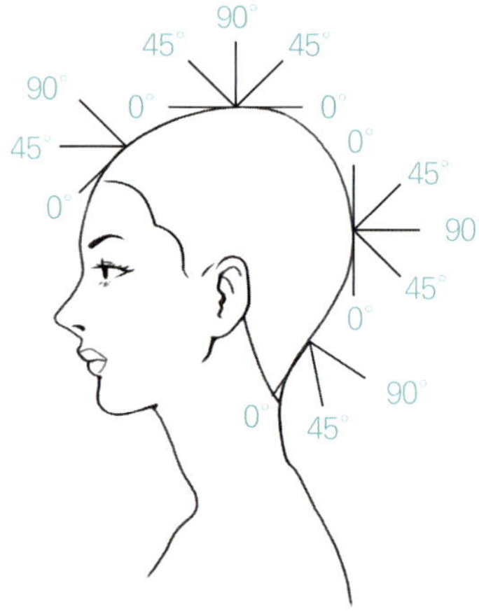

볼륨 다운 기법(Volume down)

- 모발을 두피에서 들어 올리는 각도가 0°~90°이다.
- 긴 머리의 스트레이트나 웨이브에 사용하는 각도로 볼륨은 크지 않다.
- 모근의 방향을 바꿀 수 있기 때문에 머리가 아래로 내려오는 방향을 결정할 수 있다.
- 뒷머리의 볼륨이나 얼굴형을 고려하여 적용한다.

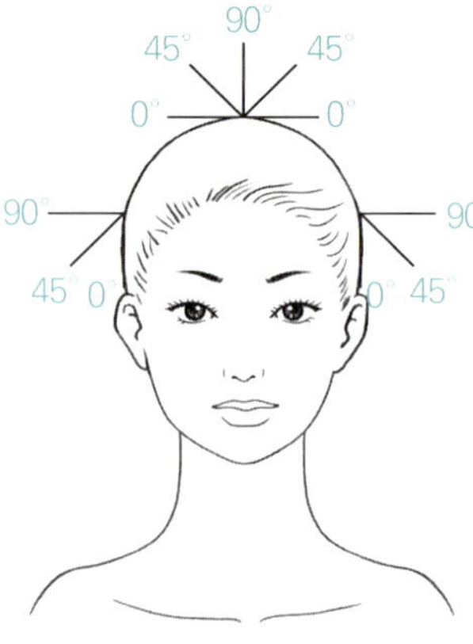

볼륨 업 기법(Volume up)

- 적당한 모발을 잡아 두피에서 들어 올리는 각도가 90°~135°이다.

- 탑(top) 부분이나 볼륨이 필요한 모근의 살리기 위한 각도로 브러시나 아이론을 넣어 모근을 세워 나간다.
- 모발 전체에 웨이브나 컬을 만드는 것이 아니라면 모발을 일정량 들어 모근에 가까이 열을 가하고 식을 때까지 기다려 주는 것이 좋다.

(2) 손질 방향

H 존을 완성하는 헤어 스타일은 각 스타일과 형에 맞는 모발의 방향성이 있다.

얼굴형, 두상, 모발의 성질, 모발의 길이, 키, 체형 등 각각의 다른 특성에 따라 적합한 스타일을 만들기 위해서 섹션(section)의 방향에 따른 브러시의 방향, 아이론의 글루브 방향이 정해진다.

수평선(Horizontal line)

스타일 연출을 위한 가장 기본적인 선으로 레이어드가 없는 긴 머리에 컬을 만들거나 일반적인 스트레이트 헤어로 표현할 때 적합하다.

사선(Diagonal line)

다양한 헤어스타일을 연출할 때 실제로 많이 사용하는 선으로 수평선보다 더욱 필수적인 방법이다. 사람의 두상은 입체적인 것이므로 모발을 사선으로 나눠 연출하는 방법은 어떤 스타일을 하던지 효과적으로 활용하게 되는 방법이다.

수직선(Vertical line)

생동감과 움직임을 표현하는데 적합한 방법으로 수직으로 모발을 나누는 선은 레이어드가 있는 긴 머리에 컬을 형성하기에 적합하다. 짧은 머리에서는 모발의 방향을 급격히 전환시킬 수 있으며 여러 헤어스타일에서 전체적으로 균등한 볼륨감을 얻기에 적합하다.

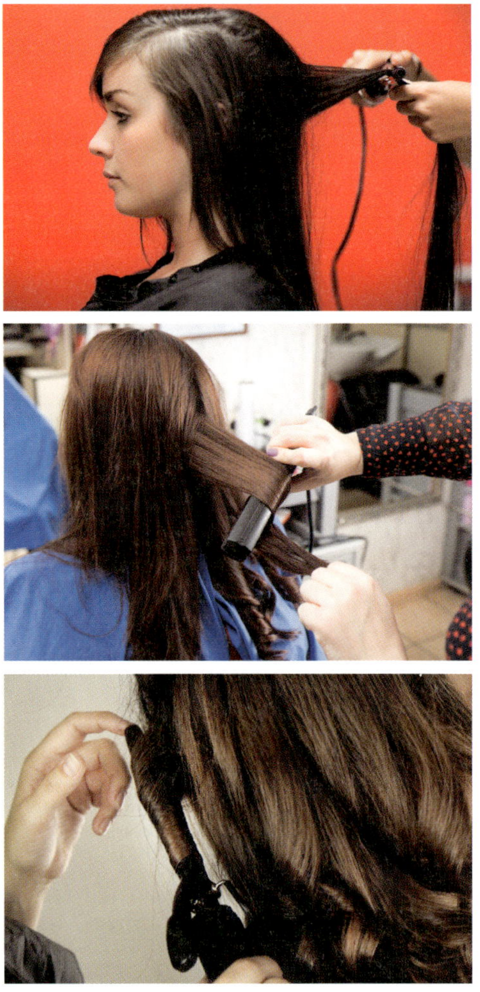

수평선, 수직선, 사선

(3) 드라이어를 사용한 헤어스타일링

① 특성

- 블로우 드라이는 습식 스타일링 도구로 모발에 수분이 있어야 한다.
- 짧은 헤어는 건조가 빨리 된다. 완전히 마르기 전에 스타일링 한다.
- 블로우 드라이는 주로 볼륨을 형성하기 위해 사용하지만 모발의 방향을 바꿔주기도 하고 젖은 모발을 빠르게 건조시키는 등의 다양한 용도가 있다.
- 단순히 건조를 위해 뜨거운 열풍을 모발의 방향성과 반대로 가해주면서 무작위로 말리면 두피 손상의 위험이 있으며 머리가 잘못 뻗어 손질이 어렵다. 다시 수분을 가해준다.

- 브러시나 손으로 볼륨을 잡고 열을 가한 후 다시 식을 때까지 잡은 볼륨감을 유지해준다. 열을 가할 때 스타일이 나오는 것이 아니라 식을 때 스타일이 완성된다.
- 텐션은 드라이에 있어 가장 중요한 부분으로 팽팽하게 적당한 긴장감이 있어야 한다.
- 젖은 모발을 80%까지 말린 후 수분이 약 20% 정도 남았을 때부터 열풍으로 스타일링 한다. 적당한 수분이 남아 있는 상태에서 드라이를 시작하여 드라이를 끝낸 후에는 모발 자체의 수분이 10~14%가 남아 있어야 한다.

② 사용법

- 샴푸 후 수건으로 가볍게 눌러 물기를 제거한다.
- 엉킨 머리카락에 심한 브러싱은 삼간다.
- 모발손상이 심한 모발은 미리 모발 보호제품을 도포한 후에 모발을 드라이한다.
- 드라이기를 사용한 건조는 두피는 냉풍으로, 모발은 냉풍 사용 후 열풍 순으로 진행한다.
- 두피-모발-모발 끝 순으로 말린다.
- 볼륨 줘야 하는 방향의 반대 방향으로 바람을 주어 말린다. 정수리 부분의 볼륨은 완전히 고개를 앞으로 숙여서 찬바람으로 말린 후 다시 정리해도 좋다.
- 뒷머리와 두상의 아래 부분을 먼저 스타일하고 옆머리와 앞머리를 드라이하면 좋다.
- 젖은 모발을 말리거나 곱슬머리를 펴는 작업에서는 먼저 뜨거운 강풍을 사용하고 빠른 고정을 위해서 고정은 냉풍을 사용한다.
- 드라이어 사용으로 윤기를 내기 위해서는 적당한 간격(약 1cm)을 유지하고, 브러시는 천천히 회전시키면서 아래로 서서히 이동시켜 준다.
- 짧은 헤어는 손을 이용한 핸드 드라이를 해준다. 손가락으로 둥글게 말아서 롤 브러쉬처럼 컬을 낼 수도 있고 손바닥으로 누르면서 열을 가하면 모발을 붙여서 연출하기에도 편리하다.

(4) 아이론을 사용한 헤어스타일링

아이론은 드라이어와는 달리 모발이 완전히 마른 다음 사용해야 한다. 아이론의 온도는 120 ~140℃ 정도가 적당하며 사용 전 미리 티슈를 넣어 글루브를 닫아보고 혹시 변색되는지 가열 테스트를 하는 것이 안전하다.

아이론은 금속 부분이 원형과 일자형 등이 있으며 스타일링의 목적에 따라 형태를 결정해서 사용한다.

열에 의해 일시적으로 모발의 구조를 급격히 변화시켜 모발의 컬과 웨이브를 형성하는 것으로 열이 직접 모발에 닿기 때문에 반드시 헤어 에센스와 같은 모발 보호제를 바른 후 사용하는 것이 좋다.

① 종류

원형 아이론

컬과 웨이브를 형성하고 모근의 볼륨을 위해서 사용한다. 원형 열판(프롱), 모발이 빠져나가지 않게 잡아주는 덮개(그루브), 손잡이(핸들) 3부분으로 이루어져 있어 열판에 적정 온도가 되면 모발을 감아서 덮개로 덮어 사용한다. 그루브와 프롱의 전체가 고온으로 올라가기 때문에 안전에 주의해야 한다.

매직기기(스트레이트기 or 볼륨매직기)

- 원형 아이론과 마찬가지로 열판을 이용해 스타일링을 하는 기구다. 편편한 열판 형태의 아이론은 판고데기 혹은 스트레이트기라고도 불리고 반원형이나 삼각형의 열판은 볼륨매직기라고도 한다. 주로 편편한 형태는 곱슬머리를 펴줄 때 사용하지만, 반대로 웨이브를 만들 때 사용할 수도 있다.
- 매직기기를 사용하여 안으로 말린 컬이나 밖으로 말린 컬, S자 물결 웨이브, 자연스러운 웨이브 등을 만들 수 있다.

② 중요 요소

- 열, 각도, 위치, 회전, 텐션, 속도이다.
- 텐션은 너무 많이 주면 모발이 늘어날 수 있으니 주의하고 고온을 사용하기 때문에 블로우드라이보다 빠르게 스타일링 한다.

③ 특성 및 사용법

- 곱슬머리에 사용하면 효과적이다.
- 겉면의 웨이브를 형성하기 위해서는 45°의 각 정도로 말아준다.
- 짧은 머리에 아이론을 사용할 때는 헤어라인, 목 선 등에 닿지 않도록 주의한다.

- 드라이어로 모발을 건조한 후 사용하고 볼륨이 다운되어 모발이 붙어야 하는 경우에는 드라이어로 눌러주고 볼륨감이 필요한 부위에 아이론을 사용하면 편리하다.
- 열을 가한 후 식을 때까지 원하는 모양으로 그대로 고정해 둔다.

2. 헤어 셋팅(Hair setting) 제품

(1) 헤어 셋팅 제품의 기능

헤어 셋팅 제품의 대부분은 헤어 케어제품과는 달리 드라이어나 아이론의 사용이 완전히 끝난 후 도포해야 모발의 손상을 막을 수 있다. 헤어의 볼륨을 연출하고 유지하도록 도우며 시각적으로 건강하게 보일 수 있도록 돕는다.

① 볼륨 연출

- 긴 머리 스타일의 가는 모발은 타월 드라이만 한 상태에서 모근에 힘을 주는 볼륨 스프레이를 뿌려 준 뒤 스타일링한다.
- 가는 모발에 볼륨이 필요할 경우 왁스는 아주 소량만 사용한다.
- 왁스류는 짧은 헤어에 주로 사용한다.
- 굵은 모발의 자연스러운 볼륨감을 위해서는 왁스를 사용해서 잡아 꼬거나 세우거나 그룹을 지어 사용한다.
- 헤어스프레이는 볼륨이 다 완성되거나 스타일이 거의 끝난 뒤 최종적으로 고정하는데 사용하는 것이 일반적이다.
- 액체 타입의 스프레이는 매우 딱딱하게 연출된다.

② 질감 처리

- 광택제를 뿌려 윤기가 흐르도록 할 수 있는데 유분이 많은 헤어에는 사용하지 않는다.
- 헤어 왁스는 한꺼번에 많은 양을 바르지 않고 조금씩 스타일을 잡아주고 모발 끝에 사용한다.
- 젤은 촉촉한 헤어로 연출이 가능하고 건조되면 스타일 변형이 어려워 주의를 요한다.
- 셋팅 제품은 두피에 많이 묻지 않도록 한다.
- 은은한 향은 시너지 효과를 줄 수 있다.

(2) 헤어 셋팅 제품의 종류

젤, 스프레이, 무스, 왁스(젤, 머드, 왁스 검, 크림, 스틱 타입) 등이 있다.

① 블로 로션(Blow lotion), 컬 세팅 로션

헤어 스타일링 기구를 이용하기 전에 사용하는 제품으로, 열로부터 모발을 보호하고 웨이브의 컬을 잡아준다. 모발에 일시적인 얇은 막을 형성해서 수분 증발을 막고 건조를 방지하며 스타일링을 하기 쉽다. 질감이 매끄러워 브러쉬의 사용이 부드럽게 되며 자연스런 광택을 준다. 또한 펌 웨이브를 자연스럽게 마무리를 하기 위한 스타일링제로 사용되며 만들어진 컬을 유지하는 역할을 한다.

② 무스(Mousse)

에어졸 거품 상태의 무스는 에어졸 용기로부터 거품(form)을 손에 적당량을 분사시켜 모발에 도포한다. 바르면 촉촉한 상태의 헤어무스는 블로 드라이로 건조시키면서 손가락 테크닉이나 브러시를 회전하여 원하는 헤어 스타일을 만들 수 있다.

③ 젤(Gel)

젤이란 젤리와 비슷한 질감과 모양의 스타일링제로 포마드(pomade), 헤어 솔리드(hair solid), 워터 그리스(water grease) 등을 젤의 종류로 볼 수 있으며 이 중에서 그리스는 수용성 포마드라고도 하며 끈적임이 없고 비교적 산뜻하다.

젤은 주로 촉촉하다가 시간이 지나면 딱딱하게 굳는 셋팅 제품으로 모발이 마른 상태보다는 약간 촉촉한 상태에서 바르는 것이 좋다.

④ 헤어 미스트

워터 타입으로 촉촉한 수분감이 느껴지는 제품으로 딱딱하게 고정하는 기능이나 점성은 거의 없다. 모발에 수분감을 주고 정전기를 방지하며 납작하게 눌리거나 헝클어진 모발을 볼륨 있게 정돈할 수 있다. 모발로부터 5~10cm 떨어진 곳에서 모발 전체에 뿌린 다음 빗어

내려 사용하고 열처리로부터 모발을 보호하는 기능이 있는 제품도 있다.

⑤ 헤어 스프레이(Hair spray)

헤어 스프레이는 세팅된 모발의 일정한 부분이나 혹은 전체에 분사해서 형태를 고정시켜 오랫동안 유지시키는 것을 목적으로 헤어 셋팅 제품 중 모발을 고정시키는 능력이 가장 탁월한 제품이다. 강력한 고정을 원할 때 모발로부터 15~20cm 떨어진 곳에서 전체적으로 골고루 분사한다. 일반적으로 헤어 스프레이를 뿌리면 모발이 딱딱하게 굳게 된다.

⑥ 헤어 에센스(Hair essence)

대부분 피지와 유사한 식물성 오일이 주성분이며 모발을 보호하고 더 이상의 손상이 일어나지 않도록 돕는다. 모발에 적당한 유분을 주어 광택이 나게 하고 드라이 등의 헤어 스타일링이 부드럽게 진행된다. 젖은 모발, 마른 모발에 상관없이 사용할 수 있어 편리하다.

⑦ 왁스

젤(gel) 타입

유분을 사용한 스타일링제로 고형이다. 수분과 유분을 포함하며 유분은 건조되지 않기 때문에 딱딱한 셋팅력은 갖지 않지만 한번 스타일링이 흐트러졌어도 바른 후 모발이 딱딱하게 굳지 않아 부담 없이 사용할 수 있다. 손바닥에 덜어 비빈 후 머리카락을 손가락에 감아서 왁스를 바른다. 자연스러운 스타일로 연출이 용이하며 한꺼번에 많은 양을 바르면 뭉치기 쉽다.

왁스 검(wax gum) 타입

부드러운 고정력으로 앞머리를 올리는 스타일보다는 기본적으로 앞머리를 내리거나, 펌 스타일이나 숱이 많은 모발에 적합한 타입이다. 대부분 광택이 없으며 자연스러운 스타일링에 적합한 셋팅 제품으로 숏 헤어보다는 미듐 길이의 스타일에 사용하면 좋다.

스틱(stick) 타입

왁스 의 형태 중 가장 고체에 가까운 형태로 손에 제품이 묻지 않아 편리하다. 제형이 단단하고 주로 볼륨을 다운시키기 위한 부분과 업(up) 시키기 위한 부분 모두에 사용할 수 있다.

실기 **다양한 헤어 셋팅 제품에 대해 알아보고 각 헤어 스타일 연출에 맞는 제품을 선정하도록 한다.**

구분	브랜드	이미지 부착
블로 로션		
무스		
젤		
헤어 미스트		
헤어스프레이		
헤어에센스		
왁스		

3. 계절 이미지에 따른 헤어컬러링과 스타일

(1) 헤어컬러링의 특성

다양한 hair 존의 컬러는 자신의 개성과 이미지를 표현하고 변화시킬 수 있는 효과적인 방법이다. 색에 따른 대표적인 이미지로는 발랄하고 귀여운 이미지의 오렌지 계열, 지적이며 여성스러운 이미지의 브라운 계열, 청순한 이미지의 블루 빛의 블랙 계열, 관능적인 이미지의 레드 계열 등의 색상이 있다.

또한 헤어디자인에서 색을 이용한 경우는 얼굴의 개성파악과 머리의 하이라이트를 어떤 위치에서 주느냐에 따라 이미지 변화 효과를 높일 수 있다. 따라서 헤어컬러링의 색은 얼굴의 고유의 색에 많은 영향을 받으며 연령과 헤어 커트 디자인 등을 함께 고려하여 선택해야 한다.

헤어컬러링은 화학적인 처리를 통해 연출되는데 이러한 과정은 모발에 손상을 가져오고 이전 헤어컬러링 작업이나 색상과도 밀접한 관련이 있으므로 특히 긴 머리의 경우 기존에 헤어컬러 염색 후 다시 시행하는 염색이라면 전 처리에 대한 확실한 정보를 바탕으로 진행해야 한다.

헤어 컬러의 명도나 채도는 개개인의 헤어 디자인과 함께 직업, 취향 등과 같이 전체적인 비주얼의 이미지를 감안해야 하는데 그것은 헤어 컬러를 포함한 헤어스타일이 사회적인 커뮤니케이션의 역할까지 적절하게 수행하기 때문이다. 즉, 지나치게 밝은 헤어 컬러는 사회적으로 점잖거나 지적인 이미지보다는 개성이 강하고 젊어보일 수 있으며 단조로운 디자인의 어두운 블랙 컬러의 헤어디자인은 단정하고 깔끔하지만 친절하고 부드러운 인상과는 거리가 멀다.

헤어스타일의 트렌드 유행 컬러는 통합적인 비주얼 이미지 메이킹의 경향으로 메이크업, 의상과 함께 전반적인 패션의 유행 컬러를 따르기는 하지만 모발색상 표현의 한계로 인하여 복식의 유행색과는 동일하지는 않다. 메이크업의 입술 컬러와도 비슷한 성향으로 블루 컬러가 트렌드 컬러로 제시되었을 때 입술의 색이 일반적으로 블루컬러로 표현될 수 없는 것처럼 검은색을 바탕으로 하는 동양인의 모발 컬러도 표현에는 한계를 갖고 있다.

(2) 헤어컬러와 스타일

헤어컬러는 피부 고유색의 일종으로 대체로 얼굴색에서 나타나는 컬러 톤의 특징을 같이 가지고 있으며 태어날 때부터 지니고 있는 천연의 색과 염색을 통해 얻게 되는 새로운 색의 표현이 모두 가능한 신체 색이다. 헤어 염색은 개인에게 전혀 다른 이미지를 만들어 낼 수 있으며 그 컬러의 선정은 개인의 퍼스널 컬러를 바탕으로 하는 것이 시각적으로 안정적이다.

머리카락 색은 흑색, 갈색, 적색, 금발, 백색 등 여러 가지 색이 있으며 이러한 색들은 피부색과 같이 멜라닌 색소의 크기, 양, 합성의 정도에 따라 결정된다. 멜라닌 양이 많은 순서로는 흑색 - 갈색 - 적색 - 금발 - 백발순으로 나뉜다.

신체의 피부색에서 4계절의 특징적인 이미지를 가지고 있는 사람들이 있다. 예를 들면 봄과 가을 이미지의 사람들은 곡선적인 느낌의 헤어스타일을 연출하면 부드러운 인상이 될 수도 있고 여름과 겨울이미지의 사람은 과장된 헤어형태를 하면 거부감이 생기는 경우가 있다.

각 계절이미지에 맞는 헤어컬러는 여성과 남성이 거의 유사하지만 여성은 긴 머리 스타일이, 남성은 짧은 길이가 일반적으로 많기 때문에 실제 적용되는 컬러는 조금 다를 수 있으며 그 이유는 헤어 컬러가 헤어디자인과 많은 연관이 있기 때문이다.

또한 같은 봄 이미지라고 하더라도 여성의 피부색에 비해 남성의 피부색은 더 어두울 수 있고 여름 이미지도 남성이 여성에 비해 더욱 잿빛을 띠고 있는 경우가 많기 때문에 남성의 헤어 컬러에서 밝은 톤으로 연출하는 것은 다소 제약이 있다.

① 봄 이미지

눈동자와 머리카락은 노란 빛이 감도는 갈색으로 윤기가 나고 부드러우며 얇은 것이 특징이다. 옐로우 톤이 어색하지 않은 피부 타입으로 얼굴 피부색이 봄 이미지이고 헤어 컬러가 다른 경우에는 컬러링으로 회사한 느낌의 밝은 옐로 컬러를 선택하면 좋다. 기본적으로 옐로 바탕의 밝은 컬러가 어울리는 데 밝은 갈색과 오렌지 컬러가 어울린다.

비즈니스 형이나 연령에 따라 밝은 컬러가 적합하지 않다면 브라운을 바탕하는 부드러운 중명도의 컬러가 좋고 두상과 얼굴형을 고려하여 볼륨을 주어야 하는 헤어 부위는 브라운 컬러와 함께 웨이브로 연출하는 것도 좋다. 어둡고 진한 헤어 컬러 톤보다는 밝은 톤이 얼굴의 부드러운 인상을 부각시킨다.

② 여름 이미지

여름

햇볕에 잘 타지 않고 붉어지는 특징이 있는 여름 이미지의 머리카락은 윤기가 나지 않는 건조한 타입으로 가늘고 회색 기미를 지닌 갈색 계열이다. 머리카락의 굵기가 가는 경우가 많아 건조해지지 않도록 에센스나 트리트먼트를 발라 관리하고 헤어 컬러링을 진행할 때는 옐로우를 바탕으로 하는 브라운보다 카키 빛의 브라운으로 염색하는 것이 어울린다.

사프한 이미지를 연출할 때는 블루를 가미하여 잿빛으로 도시적인 컬러링으로 하거나 블랙, 블루 계열, 마호가니, 레드 계열의 색상이 어울린다.

비즈니스 라이프 스타일의 경우에 단정한 이미지를 주려면 적절한 컬러로 염색하는 것과 함께 긴 머리보다는 짧은 헤어스타일이 좋다. 여름 타입의 남성들은 젠틀하고 쿨한 인상을 주려면 가장 먼저 머리를 자른다. 여성들도 심플한 헤어가 일반적으로 잘 어울리지만 필요하다면 때로는 파격적인 헤어스타일로 변화를 줄 수도 있다.

③ 가을 이미지

눈동자의 색상이 갈색을 띠고 있으며 비교적 어두운 피부의 소유자로 부드럽고 온화한 인상으로 의상이나 헤어 컬러도 옐로우를 베이스로 한 색상이 어울리지만 주황색이나 선명한 노랑색을 매치하면 화려하고 유난스러워 보인다. 특히 햇볕에 잘 타는 피부색 유형이기 때문에 헤어 컬러를 결정할 때는 피부 톤이 어두워져 있는지도 살펴야 하며 밝은 염색으로 밝아진 헤어컬러는 얼굴을 칙칙해 보이게 한다.

모발은 대체로 가늘지는 않지만 윤기가 없어 컬러링에서 윤기를 주는 작업을 같이 진행하는 것이 좋으며 톤이 밝은 염색은 피한다.

가을 이미지는 정적인 이미지나 크고 굵은 웨이브가 있는 화려한 헤어 스타일도 좋으며 차분한 브라운 계열과 레드 빛이 감도는 브라운 계열로 짙은 브라운, 카키브라운, 어두운

밤색 등의 짙고 어두운 컬러의 헤어가 잘 맞는다.

남자는 숏 컷을 피하고 직선형이 아닌 약간의 웨이브가 있는 헤어스타일이나 볼륨이 있는 스타일로 연출하며 스포티하고 독특한 짧은 헤어는 어울리지 않으므로 피하는 것이 좋다. 여자는 롱 헤어가 무난하고 앞머리는 너무 짧지 않게 연출한다. 밝은 노랑 컬러의 헤어 컬러는 피하고 다크 브라운이나 레드 톤도 가능하다.

④ 겨울 이미지

도시적인 이미지가 강한 이미지로 피부는 푸른빛이 도는 피부색을 가졌다. 까만 눈동자와 함께 흰자는 유난히 희며 머리카락은 검은색과 회갈색이고 두껍고 윤기가 흐른다.

부드러운 인상을 주기 위해 브라운 계열로 컬러링을 하려면 와인 빛의 브라운이 좋으며 밝은 브라운은 얼굴에 잘 맞지 않는다. 브라운 컬러보다는 비교적 검은 빛이 잘 어울리며 대부분 숏 컷의 길이와 곡선이 없는 직선적인 형태의 헤어스타일이 전반적으로 무난하다.

라이프 스타일이 비즈니스 형인 경우에도 브라운 컬러보다는 검은색이 잘 어울리며 남성은 아주 짧은 스타일도 무난하다. 여자는 웨이브 없는 단발 머리나 숏 컷트도 잘 소화한다. 부드러운 이미지가 필요하다면 웨이브가 없는 롱 헤어를 하는 것도 좋으며 헤어 컬러를 바꾸는 것은 자주 시도하지 않는다.

TIP 퍼스널 컬러와 헤어 컬러

- 신체 색상을 측정할 때에 머리카락의 비중은 10% 미만이다.
- 그 첫 번째 이유는 이미 다른 톤으로 염색이 되어 있을 수도 있기 때문이다.
- 두 번째 이유는 본래의 얼굴 피부색과 같지 않은 다른 색이 그 개인에게 이상적인 헤어컬러일 수도 있기 때문이다.
- 얼굴 피부나 두피나 눈동자 색에 비교하여 헤어 컬러가 다른 컬러 톤을 가지고 있다면 가장 큰 기준점은 얼굴 피부 톤에 맞추어 컬러링한다. 얼굴 피부색과 헤어 컬러가 같은 톤으로 통일되면 사람을 더욱 선명하게 보이게 된다.

TIP 새치커버를 위한 컬러링

계절이미지를 위한 컬러링이 선택이라면 새치 커버를 위한 컬러링은 보편적이라고 할 수 있다. 연령이 높은 사람이 머리숱은 줄어들어 볼륨도 적은 편인데 검은 색으로 어둡게 염색하면 얼굴과의 조화도 어려우며 초라해 보일 수 있고 부자연스러워 보이기도 한다.

- 검은 색의 염색 컬러를 짧은 시간 염색해서 얻은 브라운 컬러의 헤어는 건조하고 푸석해 보인다. 색상 선택을 브라운으로 하여 브라운 컬러로 자연스럽게 염색한다.
- 염색은 보통 탈색 후 다시 컬러 투입이라는 원리로 이루어져 있어 시간이 지나면 샴푸와 여러 자극 등으로 투입된 컬러가 빠져나온다.
- 탈색된 헤어는 다시 염색하여 색상을 맞춰줘야 깔끔하다.

PART 3.

Face Zone의 이미지 메이크업

CHAPTER 7

F-존을 위한 메이크업

1. 메이크업의 목적과 의의

메이크업의 역사는 인류의 문화와 함께 시작되어 현대에 이르기까지 길고 다양하게 많은 변화를 지나왔다. 고대 메이크업은 제사 의식을 위해 치장하는 종교적인 의미가 있었으며 의복이 발달하지 않은 환경에서 치장하는 수단이었고 자연적 환경에서 오는 여러 자극으로부터 신체를 보호하는 역할을 하였다. 원시 부족들이 아직도 신에게 기도할 때 몸이나 얼굴에 그림을 그리는 행위들은 고대 메이크업의 기록이 현재에도 남아있는 것이라고 볼 수 있다.

과거에나 현대에나 자신을 부각시키고 아름다워지고자 하는 욕구는 메이크업을 하는 가장 원천적인 의미이다.

성적 매력을 표현하는 인간의 본능적인 욕구는 몸에 새로운 형태를 그리고 부각시키고자 하는 곳을 크게 보이게 함으로서 상대에게 자신을 각인시키고 자신을 인지시키는 시간을 단축시키는 요소로 작용하였다. 동시에 메이크업은 물리적인 면으로 보여지는 아름다움을 표현하는 미화효과와 함께 자외선, 바람, 습도 등에 직접적인 자극을 줄여주는 신체를 보호하는 역할을 수행하기도 한다.

현대에는 얼굴을 정돈하고 결점 대신 장점을 부각하기 위한 수단의 일원으로 메이크업은 개인의 비주얼 이미지를 좋은 방향으로 상승시킬 뿐 아니라 스스로의 자신감도 높아지게 하는 계기가 될 수 있다.

또한 메이크업은 자신의 개성을 표현하는 수단으로 의상, 헤어스타일과 함께 완성된 비주얼 이미지로서 '나'라는 이미지를 face 존에서 완성한다. face 존의 이미지는 표정과도 매우 밀접한 관련이 있으며 본인이 사전에 계획하고 연출이 가능하다. 또한 아침과 저녁에 다른 메이크업으로 face존을 연출하는 것은 그다지 어려운 일이 아니며 기타 스타일링과는 구별되는 특징이다.

메이크업의 의미는 일반적으로 '화장하다'로 통용된다. 넓게는 외부의 자극으로부터 face 존을 보호하는 단계에서부터 입체적인 얼굴에 맞도록 색채, 형태, 질감, 비율 등을 조화롭게 연출하는 것이 모두 포함된다. 남녀노소를 불문하고 사회인이라면 관심을 갖고 본인에게 적합한 메이크업 방법과 face 존 이미지를 연출하는 적극적인 자세를 취할 필요가 있다.

2. Face 존의 비율

face 존 내에는 현 시대에서 이상적으로 보이는 비율이 있다. 이목구비가 어느 정도의 간격과 크기로 위치하는가에 따라 아름답게 보이기도 하며 불안정해 보일 수도 있다. 메이크업을 통해서 눈썹의 높이와 길이, 아이메이크업의 넓이, 음영효과를 조절하여 얼굴의 균형을 이상적인 비율로 연출할 수 있다. 기본적인 얼굴의 균형도는 다음과 같다.

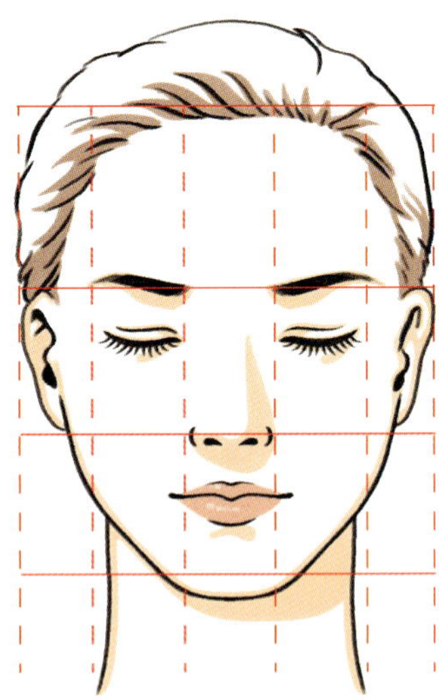

① 가로분할(얼굴 폭) – 가로 5등분

귀의 제일 끝부분에서 눈 꼬리까지, 눈 꼬리에서 눈 앞머리, 양 눈머리 사이의 미간, 반대쪽 눈 앞머리에서 반대 눈 꼬리, 반대 눈 꼬리에서 반대 귀 끝 사이의 간격이 같은 것이다.

다시 말하면 눈의 가로 길이로 얼굴이 균등하게 5등분이 되는 것으로 눈과 눈 사이에 폭이 눈 가로길이와 같고 양 눈의 길이가 같아야 안정적이고 이상적으로 보이는 비율이다.

② 세로분할(얼굴 길이) – 세로 3등분

헤어라인에서 눈썹 선까지 – 상안(上顔), 눈썹에서 코 끝선까지- 중안(中顔), 코 끝에서 턱선까지-하안(下顔) 길이가 같은 것이 이상적으로 보이는 비율이다. 세로분할을 안정적으로 보일 수 있도록 연출하는데 가장 효과적인 방법은 눈썹의 위치나 모양을 수정하는 것이다.

③ 눈썹의 위치

눈썹머리 – 콧방울에서 수직으로 올라간 선이다.

눈썹꼬리 – 콧방울에서 눈 꼬리를 지나 대각선으로 눈썹의 수평선과 만나는 지점에 눈썹 꼬리가 위치하도록 한다.

④ 입술

입술꼬리(입술넓이) – 정면에서 눈동자의 안쪽 지점에서 아래로 수직선을 그은 지점에 맞춰준다.

윗입술 : 아랫입술 = 1 : 1.5가 보편적이다.

3. 메이크업 도구와 관리

메이크업 적업을 원활히 진행하기 위해서는 적절한 도구가 반드시 필요하다. 수정가위, 스펀지, 퍼프, 트위저 등과 메이크업 브러시가 있으며 Face 존 내에서도 부위별로 자주 사용하는 도구가 있다.

메이크업 브러시의 소재를 살펴보면 아이메이크업 용도의 브러시는 주로 천연 모가 많지만 파운데이션(Foundation), 컨실러(Concealer)나 젤 아이라이너(Gel eyeliner), 립 컬러(Lip Color)와 같은 제품을 바를 때는 합성모를 사용한다. 천연 모는 부드러운 촉감으로 주로 컬러를 섞고 자연스러운 표현에 적당하며 합성 모는 수분과 유분의 함유가 많은 파운데이션이나 컨실러, 립 컬러 등을 깔끔하고 정확하게 표현할 수 있다.

(1) 피부표현을 위한 도구

① 스펀지(Sponge)

메이크업 베이스(make up base)나 파운데이션을 펴 바를 때 손가락 대신에 사용하며 그 형태는 둥근형, 삼각형 등 다양하다. 일정 횟수 사용 후 사용한 부위를 잘라낸 후 사용하는 타입이 있고 물에 세척하여 사용하는 타입이 있다. 주로 합성 라텍스로 만들어졌으며 천연해면 소재의 스펀지는 물에 적셔서 사용하고 부드럽다.

- 스펀지의 각이 지고 모가 난 부분은 콧방울, 눈 밑, 얼굴의 음영 부분에 사용하고 피부에 밀거나 두드렸을 때 부드러운 질감의 스펀지가 피부에 자극이 적지만 파운데이션의 질감과 커버력에 따라 선정하는 기준이 다르다.
- 파운데이션이 묽고 커버력이 낮은 경우에는 파운데이션을 브러시를 사용하거나 얇고 소프트한 스펀지를 사용하며 파운데이션이 단단하고 커버력이 높은 제품은 스펀지도 단단한 제형을 선택해야 도포력과 밀착력이 높아진다.

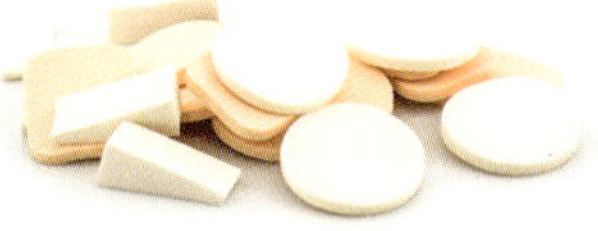

② 퍼프(Puff)

- 주로 가루 타입의 메이크업파우더를 묻혀 양을 조절하고 바를 때 사용한다. 두드리거나 눌러주면 파운데이션과의 파우더의 밀착력이 높아진다.
- 얼굴의 넓은 면은 퍼프를 넓게 펴서 두드리며 콧방울, 눈의 음영부분은 퍼프를 구부리거나 접어서 눌러준다.
- 라텍스 소재와 코튼 소재가 주로 사용되는데 여유분을 준비하여 자주 세탁하거나 교체하면서 청결하게 사용해야 한다.

③ 파운데이션 브러시(Foundation brush)

- 주로 끝이 납작한 모양이 많으며 합성모가 많다. 리퀴드 타입의 파운데이션이나 메이크업 베이스를 바를 때 사용한다. 넓게 도포하는 경우에는 브러쉬를 세워서 길게 터치하고 피부결의 방향을 따라 움직인다.
- 세워서 힘을 주고 사용하면 브러시 자국이 남게 되므로 밀착력을 높이거나 파운데이션 도포의 마무리 단계에서는 브러시를 눕혀서 평면으로 가볍게 터치하며 눌러준다. 수분이 함유된 제품을 사용하기 때문에 사용 후에는 반드시 세척하고 건조하여 보관해야 한다.

④ 파우더 브러시(Powder brush)

- 브러시 중 가장 크고 둥근 형태가 많으며 보통 천연모로 되어 있다.
- 스킨의 전면에 단시간에 사용하는 브러시로 부드러우며 자극이 적어야 한다. 파우더 퍼프와 같은 용도로 사용되는데 퍼프에 비하여 소량의 파우더를 사용해도 파운데이션이 밀리거나 눌리지 않는다는 장점이 있다.
- 파우더를 소량 묻혀서 피부결을 따라 쓸어 내리듯이 얼굴 바깥쪽으로 사용한다.

⑤ **컨실러 브러시(Concealer brush)**

- 부분적인 결점을 커버하거나 눈 주변의 움푹 들어간 좁은 부위를 밝게 하기 위해 사용한다. 컨실러는 유수분이 많아 주로 합성모를 많이 사용하지만 눈 주변에 사용하는 컨실러 브러시는 자극이 될 수 있으므로 부드러운 소재를 선정하면 좋다.
- 컨실러를 소량 묻혀 바른 후에는 브러시를 눕혀서 두드려주어야 컨실러의 밀착력을 높일 수 있다.
- 좁은 면적에 밀착하여 표현해야 함으로 탄력성이 좋고 납작한 모의 형태가 적합하며 사용 후에는 세척해야 한다.

(2) 눈 표현을 위한 도구

① **아이브로우 브러시(Eyebow brush) or 사선 브러시**

- 작고 끝이 모아진 사선형태가 많으며 케익 타입의 브로우 컬러를 묻혀 눈썹의 사이사이를 메우듯이 끊어서 터치한다.
- 주로 눈썹의 앞머리는 브러시의 결 전체를 사용하여 부드럽고 흐리게 표현하고 눈썹 끝은 브러시의 끝 모서리를 이용해서 그린다. 눈썹의 형태보다는 눈썹의 색상을 표현할 때 사용하면 편리하다.

② 아이브러시와 콤(Eye brush & Comb)

- 눈썹 결 정리를 위해 눈썹을 빗고 모양을 수정할 때 가위와 함께 사용한다. 속눈썹을 정돈하거나 눈썹 결의 방향대로 빗으면 단정해진다.

③ 스크류 브러시(Screw brush)

- 눈썹 결을 자연스럽고 부드럽게 정리한다. 메이크업으로 진해진 눈썹의 색상 조절이 필요할 때 브러시처럼 빗어주면 베이스는 남은 상태에서 그려 넣은 눈썹의 색상만을 흐리게 할 수도 있다.

④ 눈썹용 가위, 수정 가위(Scissors)

- 눈썹의 길이를 조정하고 모양을 수정한다. 콤 브러시로 눈썹을 위에서 아래로 쓸어내린 후 가위를 피부에 최대한 붙여서 수평으로 유지하며 브러시 아래로 내려온 눈썹을 잘라낸다.

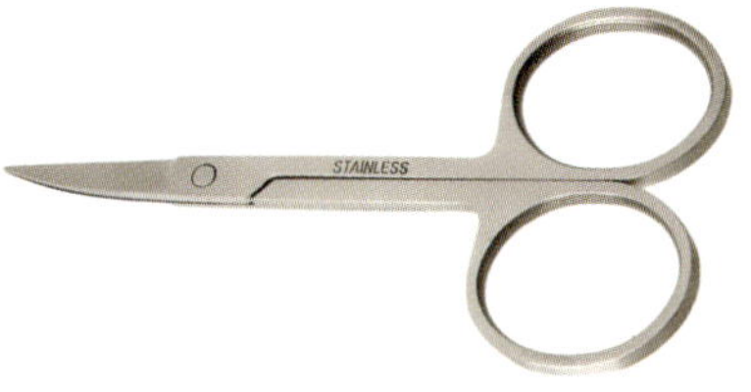

⑤ 트위저(Tweezer)

- 눈썹모를 뽑아 눈썹 모양을 다듬는다. 뽑는 과정에서 피부에 자극을 줄이도록 눈꺼풀을 살짝 눌러주고 최대한 눈썹 모가 난 곳과 가깝게 잡아 당긴다.
- 인조속눈썹을 잡아 붙이거나 접착제의 양을 조절할 때도 사용하면 편리하다.

⑥ 눈썹 칼(Eyebrow Knife)

- 눈썹의 필요 없는 부분을 잘라 정리하는 용도로 트위져보다 자극이 적지만 모의 성장이 빨리 일어나서 자주 다듬어야 한다. 잔털을 정리하는 용도로도 편리하며 전동형도 있다.

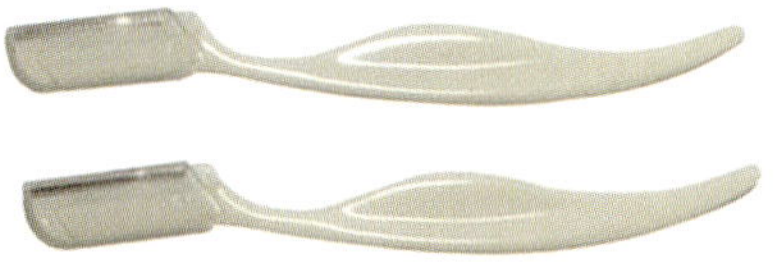

⑦ 아이래쉬 컬러(Eyelash Curlers)

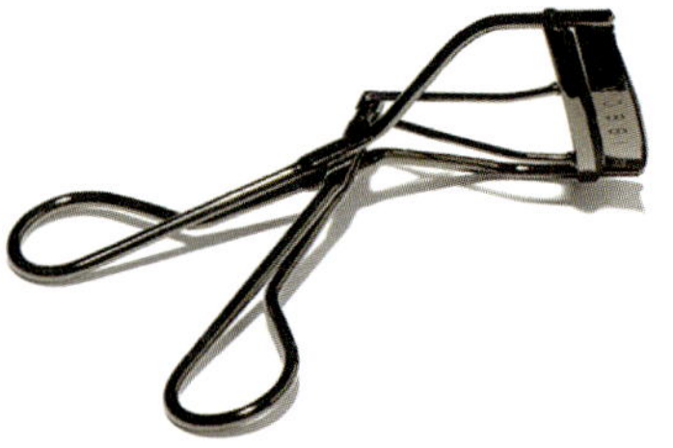

- 속눈썹을 원하는 컬링으로 위로 들어 올린다. 메이크업 과정 중에서 마스카라 전 단계에 사용한다. 또한 경우에 따라서 아이라인 과정 전에 사용하면 고무부분이 오염되는 것을 방지하고 속눈썹이 컬링되어 아이라인을 그리기에 편리하다.
- 금속소재나 플라스틱 소재로 되어 있으며 속눈썹을 누른 후 위로 살짝 잡아주는 손동작이 편리한 그립감을 선택한다. 고무부분은 마모여부를 수시로 체크하여 마모가 되었으면 교체해야 한다.
- 고무부분을 속눈썹의 뿌리부분에 최대한 가까이 들여 주고 살짝 눌러준 후 안정적으로 들어갔는지 확인한 후 각도를 들어준다. 속눈썹이 뽑히거나 살이 잡히지 않도록 주의가 필요하다.

⑧ 아이섀도 브러시(Eyeshadow brush)

- 케익 타입의 아이섀도우를 눈두덩이에 바를 때 사용한다.
- 용도별로 구분하면 하이라이트나 베이스 아이섀도우를 바르는 브러시와 메인 컬러를 도포하는 브러시, 포인트 컬러를 표현하는 포인트 브러시로 구분할 수 있다. 3종류의 브러시를 나누는 기준이 따로 명시되어 있는 것은 아니지만 일반적으로 넓은 면적에 밝은 컬러를 사용하는 하이라이트 브러시는 가장 큰 크기를 사용하고 짙은 컬러를 좁은 부위에 사용하는 포인트 브러시는 작은 크기로 사용하면 편리하다.
- 브러시를 형태별로 구분하며 원통형의 둥근 브러시와 끝이 모아진 납작한 형태가 있다.
- 둥근 형태는 손잡이를 세워서 브러시의 끝부분을 중심으로 사용한다.
- 납작한 형태는 주로 누워서 사용하면 눈두덩이 자극이 적고 발색이 빠르며 가루가 많이 떨어지지 않는다.

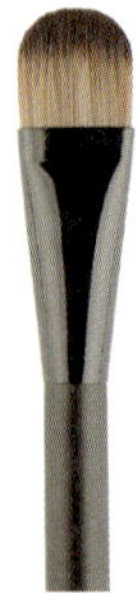

⑨ 아이라이너 브러시(Eyeliner brush)

- 케익타입, 젤타입, 리퀴트 타입의 아이라인너를 충분히 묻힌 후 다시 브러시의 끝을 모아서 속눈썹 사이를 메우듯이 바른다. 끝이 모아져 있고 길이가 긴 것보다는 짧은 것이 편리하며 속눈썹 사이사이를 메울 수 있도록 브러시 크기는 작은 편이다.

⑩ 스폰지 브러시(Sponge Brush)

- 팁(tip)브러시라고도 하며 다양한 용도로 사용하는데 일반 아이섀도우 브러시에 비하여 밀착력과 발색력이 좋다.
- 눈꼬리에 짙은 포인트를 단번에 표현하거나 눈썹 뼈와 언더라인에 하이라이트 표현에 편리하며 펄 감이나 입자가 큰 메이크업 제품도 잘 발라진다.

(3) 그 밖의 도구

① 립 브러시(Lip brush)

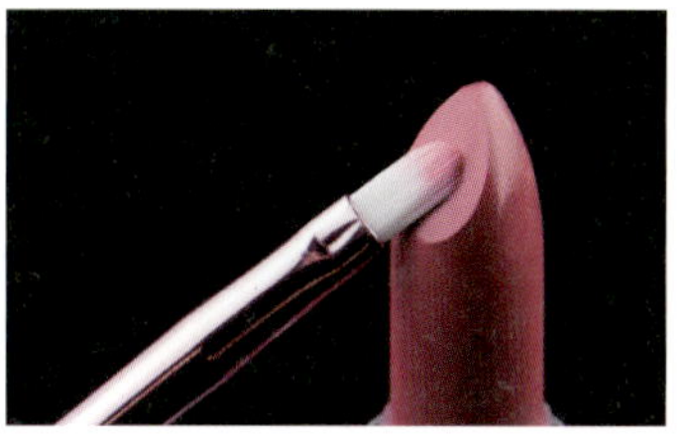

립 컬러를 도포하기 위한 용도로 사용하며 끝이 모여 있는 형태이다. 립 브러시의 크기는 지나치게 작게 되면 립 컬러를 여러 번 묻혀 사용해야 하는 번거로움이 있으며 쿠션감이 적어 예민한 입술에 자극이 될 수도 있다. 따라서 숱이 풍성하지만 길이는 너무 길지 않아야 한다.

② 블러셔 브러시(Blusher brush)

파우더 브러시보다 작은 크기가 적당하다. 지나치게 큰 브러시를 선택하면 블러셔의 면적을 필요보다 넓게 표현하게 되고 너무 작은 브러시를 선택하면 피부색과의 그라데이션이 어려워 색감이 과하게 표현될 수 있다. 적당한 크기의 브러시를 사용하는 것이 좋지만 만약 큰 브러시를 사용한다면 브러시의 한쪽면의 절반 정도만 블러셔 컬러를 묻혀서 사용한다.

부드러운 질감의 천연모를 주로 사용하면 피부에 자극을 줄일 수 있고 자연스러운 표현이 편리하다.

③ 팬 브러시(Pan brush)

마치 부채를 펼친 모양으로 메이크업 잔여물이나 눈썹 정리 후에 무리 없이 털어내기 위한 용도이다. 탄력이 좋지만 빳빳한 소재의 팬 브러시는 메이크업을 번지게 할 수도 있으므로 부드러운 소재를 선택한다.

(4) 도구의 위생 및 관리

브러시, 파운데이션 스폰지, 파우더 퍼프 등은 사용 후 반드시 세척하여 그늘에서 말려 사용하고 세척이 불가한 경우에는 교체하여 사용하거나 라텍스는 사용 부위를 가위로 잘라낸 후 사용할 수 있는 남은 부위를 보관한다.

메이크업 브러시는 전용 세제나 리퀴드 타입의 샴푸 등을 미리 물에 희석하여 용기에 담고 바닥에 브러시가 닿지 않도록 부드럽게 저어 메이크업 잔여물을 닦아낸다.

거품이 풍부한 전용세제를 사용한다면 손바닥 위에 브러시 전용 클리너나 부드러운 액상 타입의 비누나 샴푸를 올려놓은 다음 브러시 모를 손바닥에 휘젓듯이 해서 거품을 내듯 닦는다. 세제를 사용한 후에는 맑은 물로 충분히 헹구어야 모가 거칠어지고 빠지는 것을 방지할 수 있다.

전체적으로 세척하는 시간은 가능한 최소로 하고 가볍게 타월로 물기를 제거한다.

브러시가 벌어지지 않도록 끝을 정리하여 통풍이 가능한 얇은 종이로 가볍게 감싼 후 눕

혀서 건조한다. 세워서 말리게 되면 브러시의 모가 벌어지게 되며 타월이나 밀폐된 저장소에 덜 마른 브러시를 두게 되면 곰팡이나 세균이 번식함으로 주의가 필요하다.

스프레이 타입의 브러시 세척제는 가볍게 자주 세척하는 효과가 있으며 사용이 간편하다.

모든 도구는 글리터, 펄, 짙은 색을 사용한 후에 다른 곳에 묻거나 옮겨가지 않도록 바로 세척하거나 털어내는 관리를 철저히 해야 한다. 보관은 전용 케이스를 사용하고 세척된 도구들은 사용 전까지 청결하게 보관하도록 한다.

가위, 눈썹칼 등의 금속류 도구들은 녹슬거나 끝이 마모되기 전에 교체하여 사용하고 바닥에 떨어뜨려 그 형태가 변형되지 않도록 한다.

아이래쉬 컬러는 고무 패킹 부분에 이물질이 끼지 않도록 하며 지속적인 사용으로 탄력이 저하되기 전에 교체하여 사용한다.

브러시 관리

용기에 세제 희석 – 브러시 흔들어서 세척(용기 바닥에 모가 닿지 않도록) – 가볍게 흔들어 잔여물을 제거 – 맑은 물에 헹굼 – 타월로 물기 제거 – 모의 끝선 정리(통풍 가능한 종이 등으로 감싼다) – 눕혀서 건조 – 다시 사용 전까지 전용 케이스에 보관

4. 메이크업 제품 및 사용법

(1) 피부 표현을 위한 재료

① 메이크업 베이스(Make-up)

파운데이션의 사용 전에 피부 결을 정돈하고 1차적으로 피부색을 보정하며 파운데이션의 밀착력을 높인다. 각 피부의 결점을 보완 가능한 타입을 선정하여 사용한다.

손가락으로 두드리거나 파운데이션 브러시를 사용하여 도포하거나 스펀지를 사용하여 가볍게 두드리거나 펴준다. 형태에 따라 액상과 크림으로 나뉘며 유지력, 보정력에 따라 구분하여 사용한다. 손을 사용할 때는 반드시 손을 청결하게 하고 사용한다.

- **컬러 베이스 컨트롤**(color base control) **:** 피부색의 보정을 위해 사용한다.
- **프라이머**(primer) **:** 주로 얼굴의 요철을 완화하기 위한 기능을 하여 피부 결을 매끄럽게 하고 피지 분비를 조절하여 파운데이션의 지속력을 높여준다.
- **수분 메이크업 베이스 :** 수분 공급을 목적으로 하여 컬러 보정보다는 피부의 건조함을 완화시키는 기능을 한다. 건조한 계절이나 남성, 높은 연령자에게 사용하면 효과가 좋다.
- **글리터 메이크업 베이스 :** 글리터 타입은 도포한 후 추가로 사용하는 파운데이션도 반짝이는 파운데이션을 사용하거나 가벼운 리퀴드 파운데이션으로 피부 표현을 하여 피부 밑면부터 빛나게 할 수 있다.

② 파운데이션(Foundation)

피부의 굴곡을 메워서 피부의 면을 매끄럽게 하고 피부의 색을 보정한다.

각각 다른 컬러를 얼굴 부위별로 사용하여 입체감을 부여하고 파우더의 밀착력을 높인다. 건조함이나 자외선 등 외부 자극으로부터 피부를 보호하고 색조화장의 유지력과 발색력을 높이는데 결정적인 역할을 한다.

뭉치지 않고 결점을 커버할 수 있도록 일정하게 펴 바를 수 있는 것이 파운데이션을 바르는 중요한 테크닉이다.

한 번 덜어 내고 사용하다 남은 파운데이션을 다시 담지 않는다.

- **블레시미 밤**(Blemish balm) **:** 일명 비비크림, 처음에는 피부과 병원 치료 후 피부 재생 및 보호하고 커버하기 위한 목적으로 사용된 제품이다. 최근에는 최소한의 가벼운 커버를 목적으로 사용하며 지속력은 짧은 편이다.
- **무스 파운데이션**(Mousse Foundation) **:** 헤어무스처럼 에어졸의 거품타입으로 흡수력과 퍼짐성이 좋다. 커버력은 약한 편으로 가벼운 표현에 적합하다.
- **리퀴드 파운데이션**(Liquid Foundation) **:** 수분함유량이 많아 사용감이 촉촉하고 가벼운 타입으로 자연스러운 피부표현에 적합하다.
- **크림 파운데이션**(Cream Foundation) **:** 유분함량이 리퀴드 파운데이션보다 많아 커버력이 좋고 건조한 피부에 좋다.
- **스틱 파운데이션**(Stick Foundation) **:** 단단한 제형이다. 파운데이션 타입 중에서 가장 커버력이 강하고 지속력이 우수하다.

- **파우더 파운데이션**(Power Foundation) **:** 다양한 커버력을 가진 파운데이션이 있으며 가볍고 사용이 편리하다. 압축 파우더 타입은 휴대도 용이하다.

③ 컨실러(Concealer)

용도에 따라 크게 눈 주변에 사용하는 컨실러와 피부의 잡티를 커버하는 컨실러로 구분된다.

눈 밑 다크서클이나 눈이 들어간 음영을 완화하는 컨실러는 주로 부드러운 제형을 사용하고 여드름자국, 기미, 주근깨 등 피부 결점을 커버하는 컨실러는 단단하고 커버력이 좋은 제형을 사용한다.

컨실러는 잡티나 음영 부분에 사용한 후 전체적인 피부와도 조화를 이루도록 반드시 그라데이션(gradation) 한다.

- 눈 주변의 다크 서클이나 음영의 커버는 피부 톤보다 밝은 컬러를 사용한다.
- 결점커버는 피부 톤과 같은 컬러를 사용하여 최대한 자연스럽도록 한다.
- 주로 파운데이션을 도포한 후 파우더 전 단계에 컨실러를 사용하지만 부분적으로 커버력을 높이기 위해 파우더 후에도 사용할 수 있다.

형태별로 리퀴드, 크림, 스틱, 펜슬 타입으로 나눌 수 있으며 커버력에 따라 구분하여 사용한다.

④ 파우더

파운데이션을 고정하고 피부 표현을 마무리하는 단계이다. 블루밍(blooming) 효과로 피부를 빛나게도 하며 아름다운 피부 결을 연출한다. 파운데이션의 번쩍임과 피부의 유분을 잡아주어 파운데이션이 지워지지 않고 유지될 수 있도록 한다.

파우더의 입자는 고와야 하며 피지 흡수, 보습 성분, 유분 첨가 등 여러 기능이 추가된 제품들이 있으므로 피부 타입과 메이크업의 목적에 맞추어서 선택하여 사용한다.

형태에 따른 분류로는 가루 타입의 루즈 파우더(Lose Powder)와 파우더를 용기에 담아 압축한 컴팩트 파우더(Compact Powder)가 있다. 브러시나 퍼프를 사용하여 바르고 가루 타입에 비하여 컴팩트형은 가루 날림이 적어 양 조절과 휴대하기에 편리하다.

색상에 따른 분류로는 컬러파우더와 색이 없는 투명 파우더로 나눌 수 있으며 추가적인 기능에 따른 종류는 다음과 같다.

- 화사한 피부톤을 위한 컬러 파우더
- 미백을 위한 화이트닝 파우더
- 자외선 차단, 롱래스터 파우더
- 천연 광물 미네랄 파우더, 수분 함유
- 광채 피부를 돕는 펄 파우더
- 피지를 흡수하는 기능성 파우더
- 매끈한 피부 결을 위한 파우더

(2) 포인트 메이크업을 위한 재료

① 아이브로우 제품

- **아이브로우 펜슬**(Eyebrow Pencil) : 눈썹의 컬러로 브라운, 그레이, 블랙 등 다양한 컬러가 있으며 눈썹의 형태를 그릴 때 사용하면 편리하다.

- **아이브로우 섀도우**(brow Shadow) **:** 눈썹의 컬러를 부여한다. 정확하고 날렵한 형태를 잡기보다는 여러 자연스러운 형태나 컬러 표현이 가능하고 색상의 진하기를 조절하기에 용이하여 편리하게 그라데이션 할 수 있다.
- **아이브로우 마스카라**(Eyebrow Mascara) **:** 본래의 눈썹에 한올 한올 컬러를 입히는 타입으로 형태를 변형하는 것에는 한계가 있으나 눈썹의 결을 살려주고 자신의 눈썹을 다양한 컬러로 바꿀 수 있다.

② 아이섀도우

- **케익 타입의 아이섀도우**(Powder Eyeshadow) **:** 가루 형태의 아이 섀도우로 그라데이션이 용이하며 혼합과 도포가 수월하다. 아이섀도우 브러시를 사용하여 도포한다.
- **크림 타입의 아이섀도우**(Cream Eyeshadow) **:** 색상이 선명하고 도포가 간편하나 뭉치거나 얼룩이 생기기 쉬우며 지속력이 높지 않다. 손가락으로 바를 수 있으며 지속력을 높이기 위해 투명 파우더나 파우더 타입의 섀도우를 덧발라 준다. 파우더 타입을 덧바르면 색상은 유지할 수 있으나 질감은 달라질 수 있다.

③ 아이라이너

눈매를 또렷하게 만들기 위해 사용하며 타입에 따라 자연스러운 표현과 선명하고 강렬한 연출이 모두 가능하다. 다양한 색상이 있으며 주로 마스카라와 색상을 동일하게 사용한다.

- **펜슬 아이라이너**(Pencil Eyeliner) : 초보자도 쉽게 사용가능하며 그라데이션이 용이하여 자연스러운 눈매를 연출할 수 있지만 번짐이 많고 지속력이 떨어진다. 쉽게 번지는 단점이 있으므로 펜슬을 사용하면 눈 주변을 깔끔하게 정리해주고 베이스 표현이 단단한 것이 좋다.
- **리퀴드 아이라이너**(Liquid Eyeliner) : 번짐이 적어 깔끔한 표현에 적합하고 지속력이 뛰어나며 색상이 선명하다.
- **케익 타입 아이라이너**(Cake Eyeliner) : 액체를 섞어서 사용하고 부드럽게 발색되며 자연스러운 눈매 연출에 용이하다. 펜슬보다는 적게 번지지만 지속력이 높지는 않다.
- **젤 아이라이너**(Gel Eyeliner) : 리퀴드 타입보다는 자연스럽고 비슷한 발색력을 가지고 있다. 용기의 뚜껑은 항상 닫아놓아야 한다. 그렇지 않으면 수분이 증발하여 굳어져 쓸 수 없게 된다.

④ 마스카라(Mascara)

속눈썹의 길이를 연장하며 숱을 증모하여 아래로 내려오는 걸 막아주는 컬링 효과가 있다. 아이 래쉬 컬러를 사용한 뒤에 사용하고 길이 연장, 증모, 컬링의 효과로 깊이감 있고 생기 있는 눈매를 완성한다.

용도에 따라 컬링 마스카라, 볼륨 마스카라, 길이를 길게 해주는 롱래쉬 마스카라, 물과 땀에 강한 워터프루프 마스카라가 있다. 색상도 매우 다양하며 여름이나 개성이 강한 메이크업에서는 비비드한 톤의 컬러 마스카라를 사용하기도 하지만 주로 일반적인 메이크업에서는 아이라인의 컬러와 유사한 브라운이나 블랙 컬러를 사용한다.

⑤ 블러셔(Blusher)

얼굴에 혈색을 준다. 질감과 컬러의 선택이 중요하며 질감과 형태에 따라 케익타입과 크림 타입으로 나뉜다. 블러셔의 색상은 핑크에서 오렌지의 컬러 범위에 해당하는 것이 보편적이며 보이는 것과 피부에 발색했을 경우 같은 컬러로 보이는 것이 좋다. 자연스러운 블러셔 표현을 위해서는 입자가 고와야 한다.

- **케익 타입**(Cake Type) **:** 케익 타입의 아이섀도우와 비슷한 형태로 브러시를 사용하여 바르는 가장 보편적인 타입이다. 일반적으로 사용되는 타입으로 사용하기 편리한 형태이다.
- **크림 타입**(Cream Type) **:** 발색력이 좋으며 촉촉한 피부 표현을 했을 경우에도 함께 사용할 수 있다. 파운데이션 도포 후 파우더를 바르기 전에 사용하며 수정이 필요한 경우 파운데이션을 덧바른 것이 가능하다.

⑥ 립 컬러(lip color)

입술을 보호하는 기능이 함유된 제품은 물론이고 다양한 컬러와 질감을 나타내는 립 컬러가 있다. 어떤 타입이든 입술 중앙에서 양 끝쪽으로 바르며 강하고 길게 문지르면 입술에 자극이 있기 때문에 삼간다.

- **립스틱**(Lip stick) **:** 입술에 색상을 내는 것이 주목적인 타입으로 립 브러시를 사용한다. 다양한 질감을 가지고 있으며 다른 제형이나 다른 컬러끼리도 혼합이 쉽게 된다.
- **립글로스**(Lip Gloss) **:** 액상의 묽은 타입의 립 컬러로 자연스러운 입술 표현이나 입술에 유·수분감을 위해 주로 사용한다. 지속력은 낮아 확실한 광택과 볼륨감을 위해서는 자주 덧발라야 한다.
- **립 틴트**(LIp Tint) **:** 체액이나 외부 환경에도 지속력이 매우 높고 발색력이 좋다. 입술을 건조하게 하는 것으로 알려져 있어 입술 보호제나 립글로스 등 유분을 같이 바르는 것이 좋다.
- **립 밤**(Lip Balm) **:** 입술보호 크림으로 주로 영양을 공급하고 외부의 자극이나 환경으로부터 입술을 보호한다.
- **립 라이너 펜슬**(Lip Liner Pencil) **:** 입술 형태의 수정을 위해서는 반드시 사용해야 하고 립컬러의 번짐을 막아준다.

5. 피부색과 질감

피부색은 진피 내 색소와 혈액의 빛깔이 표피층의 두께나 기타 색소의 영향으로 다르게 나타나며 전 장에서 언급한 것처럼 크게 따듯한 톤과 차가운 톤으로 나눠진다.

우리나라 사람들의 피부색을 굳이 색명으로 얘기한다면 베이지(beige) 컬러라고 할 수 있으며 기본 베이지에서 옐로우가 느끼는 색의 그룹은 따뜻한 톤으로 분류하고 푸른빛의 베이지에서 핑크빛을 나타내는 그룹은 차가운 톤에 해당된다. 앞서 진행한 4계절 퍼스널 컬러 진단을 통해서도 따뜻한 톤과 차가운 톤을 알 수 있으며 보통 진단된 톤에 맞추어 베이스의 컬러를 선택하게 된다.

메이크업에서 피부표현의 목적은 Face Zone의 비주얼 이미지를 향상시키는 것이다. 따라서 현재의 피부색이 자신의 특정한 환경이나 라이프스타일과 맞지 않는 경우 반드시 본래의 색으로 메이크업해야 하는 것은 아니지만 기본적으로 따뜻한 톤과 차가운 톤은 구별하여 통일시켜주는 것이 자연스러우며 안정적이다. 또한 본래 피부색의 밝기를 자연스럽게 수정할 경우에는 귀나 목과의 경계를 주의해야 한다.

연출된 피부색은 아이섀도우나 립컬러를 선정할 때 기준 요소가 되며 원래의 피부 톤을 수정하여 톤이 변화되면 이상적인 포인트 메이크업 컬러도 달라질 수 있다.

• 피부색의 Warm Tone과 Cool Tone

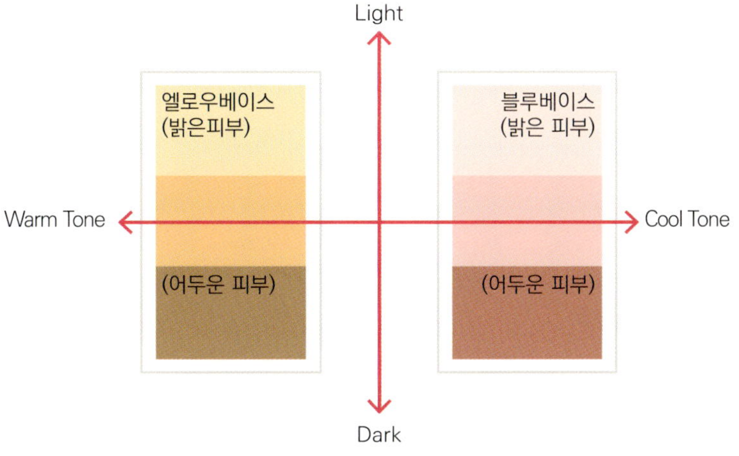

• 피부표현의 질감

메이크업에서 피부색, 눈썹과 입술의 모양, 아이섀도우나 입술의 색과 함께 전반적인 이미지를 결정하는 중요한 요인은 질감(texture)이다. 사람이 느끼는 질감은 원래 만져보고 느낄 수 있는 촉각이지만 메이크업에서는 시각적으로 질감을 전달하여 다양한 비주얼 이미지를 만들어간다.

다양한 질감의 표현은 촉촉하거나 건조하게 혹은 부드럽거나 딱딱하게 보이는 질감 등으로 표현할 수 있다. 얼굴 중에서는 피부, 눈, 입술 부위별로 질감을 각각 다르게 표현할 수 있으며 얼굴 전체에 통일된 질감으로 이미지를 연출할 수도 있다.

구분	메이크업 표현
매트(matt)	광이 없다. 무광택으로 보송보송하고 조금 건조한 느낌의 상태
모이스춰(moisture)	수분을 가진 촉촉한 상태
쉬머(shimmer)	입자가 보이지 않은 고운 펄 감으로 희미하게 빛난다.
쉬어(sheer)	속이 비칠 정도로 매우 가볍고 투명한 상태이다.
실키(silky)	부드럽고 매끄러워 은은하게 빛나는 상태이다.
메탈릭(metalic)	건조하고 차가운 광택이 있으며 금속처럼 딱딱한 느낌이다.

●입술 표현에 의한 질감

구분	입술 표현
글로시(glossy)	수분이 충분한 느낌으로 비교적 투명하고 촉촉하다. 반짝이는 은은한 광택이 있어 볼륨이 형성된다. 지속력은 낮은 편이다.
매트(matt)	무게감이 있으며 차분한 느낌이다. 대부분 강한 색상으로 오래 지속되지만 건조하여 주름이 많고 건조한 사람에게는 부적합하다.
쉬머(shimmer)	불투명한 은은한 광택이 나타나고 여성스럽고 우아한 이미지를 연출하는데 적합하다. 입술 중앙에 바르면 볼륨감이 생긴다.
크리미(creamy)	글로시와 쉬머의 중간 느낌으로 촉촉하고 광택이 있다.

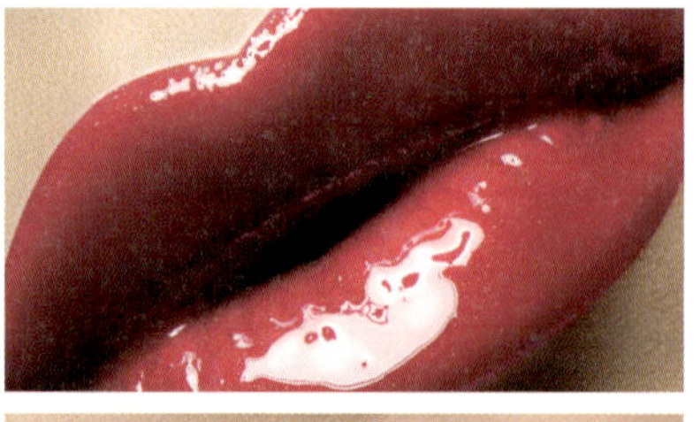
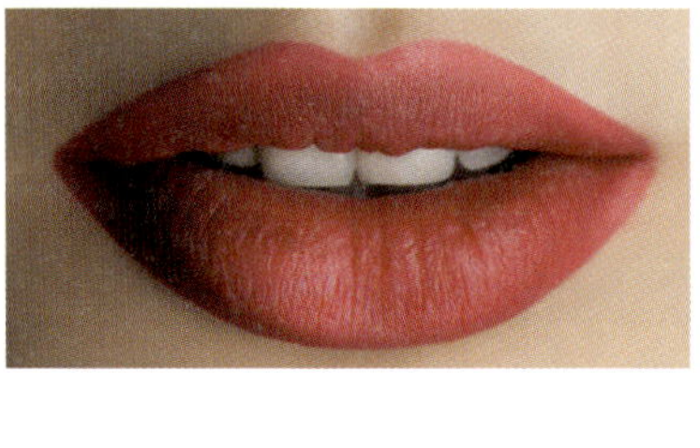
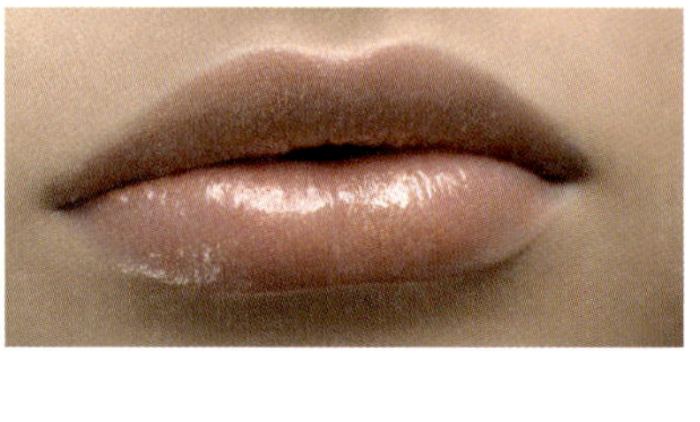

실기 1 메이크업을 위한 다양한 제품과 도구를 찾아보고 특징에 대해 이해한다.

피부표현을 위한 제품 및 도구	

아이 메이크업을 위한 제품 및 도구	

실기 2 다양한 메이크업 질감을 찾아본다.(이미지를 찾아 스크랩하기)

매트(matt)	쉬머(shimmer)
메탈릭(metalic)	**글로시(glossy)**

CHAPTER 8

베이직(BASIC) 메이크업

1. 베이스 관리

메이크업의 완성은 건강한 피부에서 나온다고 해도 과언이 아닐 정도로 피부의 건강과 안정은 이상적인 face 존의 이미지에 필수 조건이다. 얼굴의 피부 컨디션은 단 시간 내에 손질되고 변화되지 않기 때문에 일상적으로 꾸준한 관리가 필요하다. 피부 상태에 맞는 적절한 조치를 위해서는 피부 타입의 유형을 알고 유형에 적합 제품과 관리법을 알아두는 것이 좋다.

여성의 피부는 남성에 비해 피부결이 예민하고 건조한 타입이 많은 편이지만 남성은 유분이 많고 피지 분비가 왕성한 경우가 많다. 또한 남성은 거의 매일 면도를 하기 때문에 예민해질 수 있는 피부를 규칙적으로 관리하여 트러블에 주의하고 깔끔한 이미지로 유지하도록 한다.

(1) 피부타입의 유형

피부의 유수분 함유 정도, 당김, 피부결, 예민성, 붉음, 주름의 정도에 따라 피부 타입은

크게 일반 피부와 문제성 피부로 나눌 수 있다. 일반 피부는 타입에 적합한 화장품을 사용하여 피부 특성의 단점을 보완할 수 있으며 지성피부, 건성피부, 복합성 피부가 있다. 문제성 피부는 경우에 따라 의약품이나 고기능성 화장품의 사용이 필요한 타입으로 여드름 피부, 알레르기성 피부, 민감성 피부, 주사, 노화 피부이며 전문가와의 상담이 필요하다.

구분	유형
일반 피부	보통 피부(Normal Skin) 지성 피부(Oily Skin) 건성 피부(Dry Skin) 복합성 피부(Combination Skin)
문제성 피부	여드름 피부(Acne) 민감성 피부(Sensitive skin) 알레르기성 피부(Allergic skin) 주사(Teleangiectasia Couperose Osacer) 노화 피부(Aging skin)

일반 피부의 유형별 관리 방법

구분	특징
보통피부 (Normal Skin)	- 피부에서 유분과 수분이 균형을 이뤄 촉촉하다. - 잡티가 적은 편이며 부드럽다. - 컨디션 유지와 장시간 노화 예방에 집중적인 관리가 필요하다. - 수분과 유분이 적절히 배합된 베이스 제품을 사용한다.
건성 피부 (Dry Skin)	- 각질이 잘 생기는 타입으로 주기적으로 각질제거가 필요하다. - 당김 증상이 있으며 잔주름이 잘 생긴다. - 수분을 충분히 공급한다. - 오일 타입 베이스 사용하면 수분 유지에 도움이 된다. - 알코올 함유 제품은 수분 증발이 있을 수 있어 사용을 최소화한다.

구분	특징
지성 피부 (Oily Skin)	- 코 주변과 볼의 모공이 크다. - 피지분비가 왕성하여 번들거림이 심하다. - 노폐물이 쌓이기 쉬운 타입으로 뾰루지가 생길 수 있다. - 오일프리 타입의 제품과 수분베이스를 사용한다.
복합성 피부 (Combination Skin)	- 지성 피부와 건성 피부의 특성이 동시에 있는 타입이다. - 각질을 제거를 생활화한다. - 수분을 공급하고 자극이 적은 가벼운 타입의 기초 제품을 선택한다. - 자외선으로부터 피부 보호에 집중한다. - 지성 부위와 건성으로 당김이 있는 부위를 분리하여 관리한다.

(2) 베이스 관리 제품 및 관리 방법

① 클렌징(cleansing)

베이스 관리의 시작은 올바른 클렌징에서 시작한다. 남성의 피부는 피지분비가 많고 쉽게 건조해지거나 각질이 올라오는 현상이 많아 트러블이 잦다. 여성의 경우에는 메이크업 잔여물을 제거하기 위해 과도하고 잦은 클렌징을 하거나 신체적인 호르몬의 영향으로 인해 쉽게 예민해진다. 피부 트러블을 방지하기 위해서는 피부타입에 맞는 제품을 선정하고 주기적으로 사용하여 메이크업 잔여물을 지우거나 하루 종일 생성된 땀과 피지, 먼지 등을 제거하면 맑은 피부와 건강한 피부를 가꾸는데 도움이 된다.

피부의 청결을 방해하는 요소 중에는 물로 지워지는 먼지나 땀처럼 수용성 요소가 있고 과도한 피지나 크림 성분처럼 유용성 요소가 있다. 유용성 요소까지 깨끗이 세안하려면 비누나 폼 클렌저를 사용하고 메이크업을 한 경우에는 클렌징 제품으로 메이크업 잔여물을 닦아낸 후 세안한다. 클렌징 제품에는 모든 피부 타입에 사용이 가능한 클렌징 밀크(Cleansing milk), 클렌징 크림(Cleansing cream), 클렌징 오일(Cleansing oil) 등이 있다.

강한 알칼리성인 비누는 더러움 제거에 탁월하나 피지막을 지나치게 제거하는 단점이 있으며 피지 분비가 많고 각질층이 두꺼워서 클렌징과 세안에 더욱 신경을 써야 하며 민감하고 얇은 피부 타입은 클렌징의 단계를 줄이고 자극을 최소화해야 한다.

㉠ 세안시 유의 사항

- 세안을 하기 전에 반드시 손을 먼저 깨끗이 닦아야 얼굴에 세균이 옮기는 것을 방지할 수 있다.
- 귀가한 후엔 바로 세안하는 습관이 좋다.
- 미지근한 물로 얼굴을 충분히 적셔서 모공이 열리고 피부가 부드럽게 되도록 천천히 한다.
- 세안제는 손바닥에서 충분히 거품을 낸 후에 사용한다.
- 피부에 세게 문질러서 심하게 자극되지 않도록 한다.
- 턱 밑, 콧망울 옆, 이마 등은 피지 분비가 많으므로 가볍게 문지른다.
- 헹굴 때는 맑은 물로 충분히 여러 번 헹궈서 클렌저의 잔여물이 남지 않도록 해야 한다.
- 화장수는 클렌징의 마지막 단계로 얼굴의 잔여물을 제거한다.
- 클렌징 제품류(클렌징 로션, 클렌징 크림)은 도포 후 가볍게 손으로 문지르고 메이크업 잔여물이 지워질 수 있는 시간을 충분히 둔 후에 닦아낸다. 클렌징 제품을 도포 후 바로 닦아내면 피부에 자극이 되며 잔여물도 잘 지워지지 않는다.

㉡ 각질 제거

건조한 각질과 유분이 많고 두꺼운 각질이 있다. 일정한 기간이 지나면 피부 표면의 각질은 피부에서 떨어져 나가야 하는데 그 과정이 원활하지 못하면 하얗게 일어나거나 두껍게 뭉쳐서 들떠있는 상태가 된다. 묵은 각질이 있는 피부는 주기적인 관리로 매끄럽게 변화할 수 있다.

각질 관리법

- 얼굴에 물을 충분히 묻히거나 스팀타월로 부드럽게 한다.
- 아주 고운 입자의 알갱이가 들어있는 스크럽제와 씻어내는 각질 제거팩이 있다.
- 입가와 눈가는 피해서 사용한다.
- 스크럽제는 아주 부드럽게 문지르고 팩은 각질을 녹이는 성분이므로 바른 후 설명서에 기재된 시간을 지켜야 한다.
- 코 주변의 각질은 블랙헤드와 함께 녹여주는 것이 좋다. 주로 팩이 사용되는데 바른 후 건조되면 얇은 막을 벗겨내는 경우와 녹이는 타입으로 바른 후 일정 시간이 지나면 물로 씻어내는 타입도 있다. 씻어내는 타입은 민감한 피부에 사용하기에 좋으며 자극이 적다.
- 사용 후에는 충분히 헹궈야 한다.

② 기초 피부 관리 제품

각질과 피부 노폐물을 최종적으로 제거하는 단계이며 충분한 수분과 영양을 공급한다. 피부 상태와 메이크업 여부에 따라 제품 타입을 선택할 수 있다. 피부를 청결히 하며 신진대사를 촉진하고 자외선을 차단하는 기능도 있다.

수분공급 화장수

스킨로션, 토너라고 흔히 부르는 것으로 클렌징의 마지막 단계로서 세안 후 피부에 남아있는 클렌져의 알칼리 성분을 중화시키며 피부결을 정돈한다. 또한 피부 본래의 pH(산도)로 회복시키고 노폐물과 비누성분을 제거한다. 보통 화장수는 화장솜에 묻혀 사용하며 남성이 면도 후에 바르는 에프터쉐이브는 알콜이 함유되어 있는 것도 있다. 알콜 성분은 피부를 건조하게 함으로 피부 상태를 고려하여 제품을 선택하는 것이 좋다.

로션(Lotion), **크림**(cream)

점성에 따라 로션 or 크림 타입으로 결정되는데 피부에 수분과 유분을 공급하여 피부를 촉촉하고 부드럽게 유지시켜 준다. 세안, 날씨 등 여러 요인에 의해 소실된 천연 보호막을 일시적으로 보충해서 피부에 촉촉함을 주고 외부 자극으로부터 피부를 보호하고 생리기능을 촉진시키며 로션과 크림 속의 유효 성분들이 피부 문제점의 개선을 돕는다.

자외선 차단제

- 노화에서 가장 심한 경우가 광노화로 노화의 80% 이상이 자외선에 의한 것으로 알려져 있다. 기초 제품을 바른 후 마지막 단계에서 바르며 메이크업 이전에 바르거나 메이크업 제품에 자외선 차단 효과가 있는 제품을 선택해도 된다. 오일 프리의 제품은 메이크업 이후에 가볍게 두드리듯 바를 수도 있다.
- 얼굴 전체에 바르지만 특히 광대뼈, 콧등의 튀어나온 부위는 양을 충분히 바른다. 야외 스포츠 활동하거나 자외선이 강한 날에는 물이나 땀에 지워지는 것을 체크하여 다시 바른다.
- SPF는 자외선 B을 차단하는 지수이며 PA는 자외선 A를 차단하는 지수이다. 표기된 숫자와 ++는 자외선을 차단하는 시간을 나타내며 숫자에 따른 차단율의 차이는 크지 않다. 크림 타입과 스프레이 타입이 있으며 야외 활동을 할 때는 자주 발라주는 것이 좋다. 자외선 차단제는 단독으로 바를 수도 있지만 입술화장품이나 파운데이션 등에 자외선 차단 효과가 포함되어 겸용 제품을 바르면 편리하다.

TIP **화이트닝(whitening)**

"각질 제거는 화이트닝의 시작이다"

- 가장 먼저 피부각질의 제거로 칙칙한 피부색을 없애고 잡티의 흔적을 옅게 한다.
- 각질 제거는 단지 얼굴을 희게 할 뿐만 아니라 피부노화의 원인인 유해 활성산소를 중화하고 손상된 피부를 재생시키는 역할을 한다.
- 주 1~2회 각질제거와 화이트닝 성분이 함유된 토너(Toner)를 이용해 피부를 정돈하면 남은 각질은 자연스럽게 제거된다.
- 본격적인 화이트닝은 로션이나 크림타입의 화이트닝제품과 화이트닝 성분이 농축된 효과적인 에센스를 사용하는 것으로 각질 제거는 고기능 에센스의 흡수를 돕는다.

"스킨케어과 화이트닝의 기본은 자외선 차단이다."

- 피부노화의 주된 원인은 햇빛의 자외선이다.
- 자외선이 피부에 해롭다는 건 상식에 속하지만 그 심각성을 이해 못하는 경우가 많다.
- 자외선 차단을 생활화 하는 것만으로도 10년은 젊어 보일 수 있다.
- 외출할 때는 귀찮더라도 반듯이 자외선 차단제를 바르도록 한다.

2. 베이스 메이크업

수분을 공급하거나 모공을 커버하고 피부 톤을 정리하는 등의 메이크업 베이스를 바르는 과정에서부터 파운데이션과 파우더로 마무리하는 피부표현의 전 과정을 말한다.

두드리고 펴기를 반복하는 베이스 메이크업은 피부의 결점을 커버하며 포인트 메이크업의 발색을 돕고 오랫동안 유지될 수 있도록 지속력을 높이는 역할을 한다.

기초 베이스 컬러는 따뜻한 톤과 차가운 톤을 구분하고 밝기 등을 분석하여 피부 톤에 맞게 색상을 선정한다. 자연광에서 얼굴의 작은 부위에 먼저 테스트하여 적합한지 진단한 후 사용한다.

Face 존의 이미지 향상을 위한 메이크업에서 여성과 남성의 가장 큰 표현의 차이점은 여성의 경우 색조 메이크업이 드러나도 크게 상관이 없지만 남성의 경우에는 부담스러울 수 있다는 것이다. 여성은 일상적인 베이스 메이크업에서도 다양한 이미지 연출을 시도하지만 남성은 주로 피부색을 보완하고 모공을 가려주며 피지를 조절함으로서 건강하고 윤기있는 피부로 연출한다.

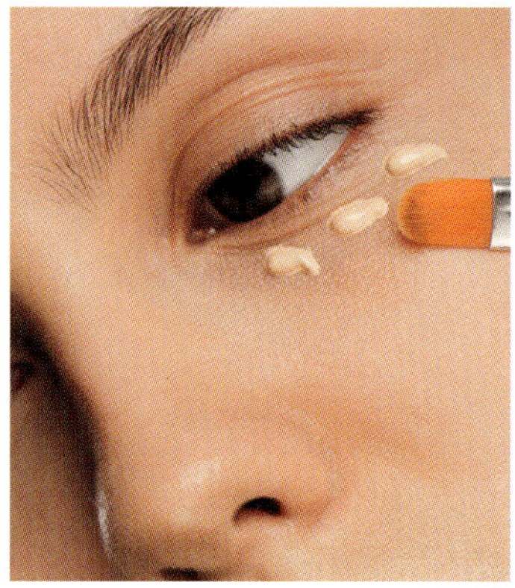

(1) 여성의 베이스 메이크업

① 베이스 메이크업 제품 선정

- 피부의 건조 상태나 예민 정도도 베이스 제품을 선정하는데 주요 요인이 된다.
- 메이크업 베이스는 컬러와 모공커버, 수분 공급 등의 용도에 맞춰서 선택한다.
- 피부색과 톤에 적합한 베이스 컬러를 선정한다.
- 피부 톤의 수정이 필요할 때는 기존 피부 톤과 다른 베이스 컬러 사용도 가능하며 그 차이가 심하지 않도록 주의하여 컬러를 선정한다.
- 피부결과 커버 정도를 결정하여 적합한 타입의 파운데이션을 결정한다.
- 적합한 색상을 만들기 위해서 컬러와 컬러를 섞어서 사용할 수 있다.
- 적절한 농도와 커버력을 위해서 서로 다른 제형의 파운데이션을 혼합하여 사용할 수 있다.(리퀴드 파운데이션 + 크림파운데이션 or 비비크림 + 리퀴드 파운데이션)
- 여러 색의 파운데이션을 혼합하여 사용하면 단색보다는 자연스러운 컬러로 연출이 가능하여 피부톤을 밝게 하거나 보정이 많이 필요할 때 사용하면 자연스럽게 연출할 수 있다.
- 커버력이 높으나 컬러의 자연스러움이 필요하다면 커버력이 높은 크림이나 스틱타입의 파운데이션을 섞어서 사용하면 좋다.

② 윤곽 수정

모든 물체는 빛이 있을 때 형태가 나타난다. 조명을 받았을 때 물체의 튀어나온 부위는 빛 반사로 인해 밝아지고 들어간 부위는 어두워지는 성질을 이용해 얼굴의 하이라이트 부위와 섀딩 부위를 밝고 어둡게 표현하는 것이다. 입체감이 적절히 표현된 얼굴은 작아 보이며 그 이미지가 또렷하게 느껴진다.

피부색과 같은 색상 : 베이스 컬러
피부색보다 밝은 색상 : 하이라이트(highlight) 컬러
피부색보다 어두운 색상 : 섀딩(Shading) 컬러 모두 3가지로 연출한다.

섀딩 컬러와 하이라이트컬러로 베이스 메이크업을 하는 경우에는 각각 3가지 컬러의 파운데이션으로 도포하는 방법과 1가지 색상의 파운데이션을 도포한 후 케익 타입의 밝고 어두운 스킨 파우더로 입체감을 줄 수도 있다.

파운데이션만으로 윤곽수정을 하면 파우더 도포 전까지 자유롭게 수정할 수 있고 강한 음영이나 밝은 하이라이트로 연출할 때 그라데이션이 편리하다. 반면 컬러 파우더로 윤곽수정을 하면 자연스러운 표현이 편리하지만 한 번 바르고 난 후 수정이 어려워 음영과 하이라이트 위치 선정에 신중을 기해야 한다.

㉠ 하이라이트(Highlight)

얼굴에서의 T존과 U존은 하이라이트 영역이며 T존은 얼굴에서 가장 튀어나온 부분으로 하이라이트 영역이다. 피부 톤보다 1~2톤 정도 밝은 컬러를 사용하며 피부 톤과 자연스러운 그라데이션을 한다.

U존은 양 광대뼈의 얼굴 중앙 쪽과 턱선을 잇는 영역으로 그늘진 턱 밑과 눈 밑을 밝게 하고 화사하게 보일 수 있도록 한다.

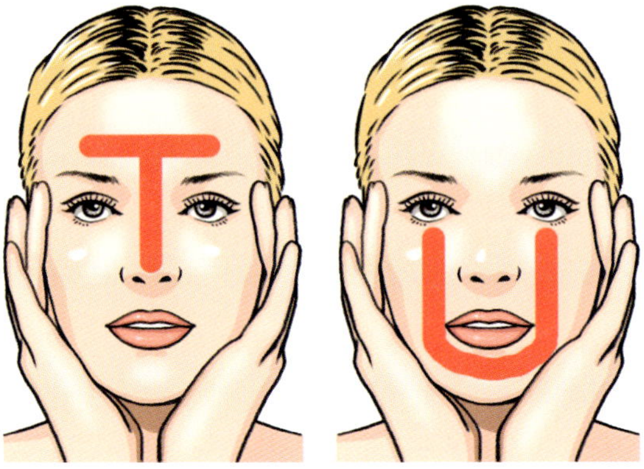

ⓛ **섀딩(Shading)**

섀딩 영역은 광대뼈 아래 부분을 감싸는 위치와 이마의 헤어라인을 잇는 라인이다.

섀딩 부위의 표현에서 간혹 턱 밑을 어둡게 하는 경우가 있는데 이러한 표현은 자칫하면 목과의 경계를 심하게 나타내고 옆모습이 어색하게 연출될 수 있다.

- 광대뼈 아래라인을 어둡게 표현하여 자연스러운 입체감을 연출하고 턱밑까지 어두운 파운데이션으로 연결하여 경계가 생기지 않도록 한다.
- 코를 높게 보이도록 하는 노즈(nose) 섀딩은 전제적인 모양이 여자의 경우 마치 알파벳 V자처럼 끝선을 모아주고 그 간격이 너무 좁아지지 않도록 한다.
- 모든 섀딩의 영역은 너무 넓어지면 피부색이 전반적으로 어두워질 수 있으므로 주의한다.
- 섀딩 컬러의 위치와 정도에 따라 피부색이 어두워 보이는 것이 아닌 입체감 부여의 효과를 가진다.

그림으로 표현된 섀딩 위치 : 광대뼈 아래를 어둡게 표현하는 것은 입체감을 표현할 때 가장 튀어나온 부위의 바로 아래 부분이 가장 어두워야 입체적으로 보이는 것과 동일한 원리이다.

③ 파운데이션 도포방법

- 적당량을 손등에 덜어서 얼굴의 볼, 이마를 중심으로 넓은 부위에 찍어 바른다.
- 브러시나 스펀지를 사용하여 얼굴의 중앙 부위부터 눈과 입 주변으로 전체를 골고루 펴 바른다.
- 얼굴 중앙에서 바깥쪽으로 도포하며 위에서 아래로 끌어내리지 않도록 한다.
- 파운데이션을 밀어서 펴지게 하고 두드려서 커버하며 밀착력을 높인다.
- 콧방울이나 눈 주변은 세심하게 피부 결을 따라 발라준다.
- 헤어라인이나 턱 주변은 파운데이션의 양을 적게 하여 경계가 생기지 않도록 주의하며 스펀지나 브러시의 남은 여분으로 정리한다.
- 발색이 강하고 쉽게 지워지지 않는 파운데이션 타입을 사용할 때는 헤어에 묻지 않도록 주의한다.

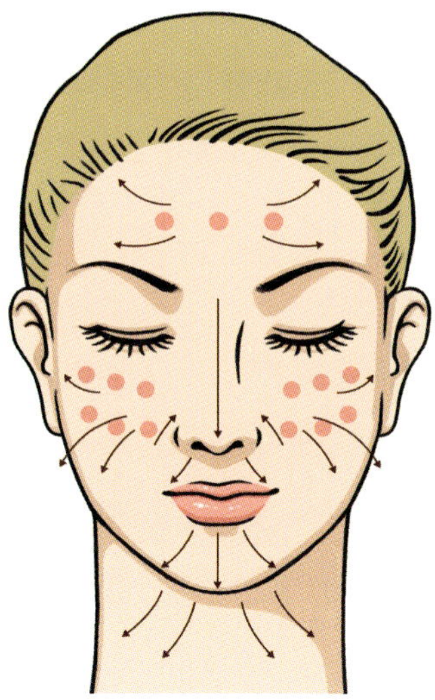

여자얼굴 파운데이션 도포 방향

(2) 남성의 베이스 메이크업

① 베이스 메이크업 제품 선정

남성의 베이스 제품은 피지조절 기능, 피부 톤 보정, 피부의 심한 요철 커버 등의 용도로 구분해서 선정할 수 있다.

잡티 커버가 목적일 경우에는 파운데이션 제형 중에서 커버력이 높은 제품을 선택하고 만약 블레시밤(BB크림)을 사용한다면 여성용 제품은 색상이 맞지 않아 밝아 보일 수 있음으로 특별한 주의를 필요로 한다.

- 메이크업 베이스는 수분이 많아 촉촉함을 유지할 수 있는 젤 타입이나 크림 타입이 부드럽게 발린다.
- 커버력이 높은 파운데이션 종류에 기초 피부 제품(로션이나 에센스)을 섞어서 사용하면 자연스럽다.
- 잡티 커버를 위해서는 딱딱한 제형의 컨실러를, 눈 주변의 음영을 커버하기 위해서는 부드러운 제형을 바른다.
- 외관상으로 보이는 컬러와 피부에 발랐을 때의 색상이 크게 다르지 않아야 한다.
- 얼굴색보다 밝은 색은 사용하지 않는다.
- 부분적인 패치 테스트를 통해 피부색에 유사한 BB크림이나 파운데이션을 선정한다.
- 투명파우더는 남자의 자연스러운 피부표현을 돕는다.
- 컬러 파우더를 사용할 경우 자신의 피부색 밝기와 유사한 색을 선정한다.
- BB크림이나 파운데이션에 자외선 차단 기능이 있는 제품을 사용하면 편리하다.

② 윤곽 수정

남성의 윤곽수정에서 하이라이트와 섀딩의 위치는 여자와 크게 다르지 않다. 다만 여성에 비하여 훨씬 적은 양의 파운데이션이나 파우더를 사용하는 것이 일반적 방법으로 그 효과력은 다소 미흡하다.

- 케익 타입의 스킨 컬러 파우더를 사용해서 하이라이트와 섀딩을 표현한다.

- 광대 뼈 아래 부분과 턱 선의 섀딩은 직선으로 터치하고 노즈 섀딩은 숫자 11자처럼 직선으로 내려준다.
- 대부분의 남자의 피부색은 여자보다 어둡기 때문에 하이라이트는 피부 톤과의 차이를 고려하여 너무 밝지 않도록 한다.

③ 도포 방법

- 메이크업 베이스를 바른 후 잡티커버를 위해 컨실러를 먼저 사용하고 비비크림이나 파운데이션을 사용하면 컨실러 자국이 생기는 것을 방지할 수 있다.
- 비비크림이나 파운데이션을 팥알 정도의 양을 덜어 손가락이나 스펀지를 사용해 두드려 펴바른다.
- 커버의 중심은 눈 밑, 코 옆, 입의 양 옆으로 주로 얼굴의 중심부에 바른다.
- 파운데이션과 파우더는 얼굴의 넓은 부위와 중심 부위를 주로 커버하고 헤어라인, 턱선 등 얼굴은 바깥쪽은 얇게 처리하거나 거의 소멸시킨다.
- 파운데이션이 헤어에 묻지 않도록 주의한다.
- 퍼프나 브러시를 사용해서 파우더를 바르면 파운데이션이 쉽게 뭉개지지 않는다.
- 눈 밑, 코밑 등 굴곡으로 잘 닿지 않는 부위를 꼼꼼히 처리하며 특히 양 코 옆은 파운데이션과 파우더를 충분히 발라준다.
- 베이스 메이크업을 완성한 후에는 자연광에서 컬러를 다시 진단해 보는 것이 좋다.

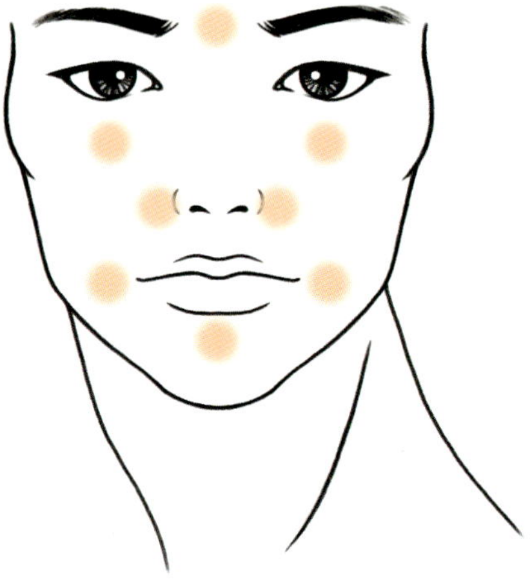

남자얼굴 파운데이션 주요 도포 영역

④ 남자의 수염 손질

깔끔한 면도로 남성의 매끈한 베이스를 만들어준다. 성인 남성은 거의 매일 면도를 하고 이로 인해 피부에 자극을 줄 수 있으며 잘못된 면도 방법은 세균 감염과 피부트러블의 원인인 될 수 있으므로 주의해야 한다. 사전의 충분한 수분 공급을 통해 자극을 줄여준다.

㉠ 수염 손질법

- 면도하기 전에 스팀타월로 얼굴을 덮어주거나 미지근한 물로 먼저 세수한다. 수분을 충분히 공급해서 수염을 부드럽게 한다.
- 세이빙크림(shaving cream)을 바른다. 수염이 가늘거나 피부가 지성일 경우에는 비누를 사용한다.
- 볼, 뺨처럼 넓은 부위에서 시작해서 볼 - 구렛나루 - 턱 - 콧수염 순서로 넓은 부위에서 좁은 부위로 한다.
- 한 손으로 면도할 부위를 눌러 면도기와 수염이 잘 만나도록 하는 것이 좋다.
- 면도가 끝난 후에는 다시 스팀타월이나 물로 여러 번 헹군다. 알칼리성의 쉐이빙 폼이나 비누가 피부에 남아있지 않도록 한다.
- 찬물로 마무리를 하면 모공이 축소되고 피부를 진정시켜 준다.
- 타월을 사용해서 물기를 제거하며 문지르지 않고 눌러준다.
- 에프터 세이브 로션(aftershave lotion)을 사용한다.

최상의 피부상태를 유지할 수 있도록 피부 유형에 적합한 각질과 피부 노폐물을 깨끗이 제거하고 충분한 수분 공급과 수면을 취하도록 도와 최상의 피부 상태를 유지할 수 있도록 메이크업을 하기 피부 상태를 점검하고 관리하는 것이 중요하다.

3. 포인트 메이크업

(1) 여성의 포인트 메이크업

① 눈썹 그리기

- 본래의 눈썹을 부분적으로 정리하고 추가적으로 더 그려 아름다운 눈썹을 완성한다.
- 눈썹은 진하기, 형태, 간격, 길이에 따라 매우 다양한 이미지를 전달한다.

- 눈썹이 진하고 간격이 좁은 경우에는 강하고 고집스러운 이미지가 나타나고 흐리고 처진 눈썹은 유약한 인상으로 아이 같은 이미지가 되지만 자칫 잘못하면 바보스럽다.

여자 눈썹의 기본형

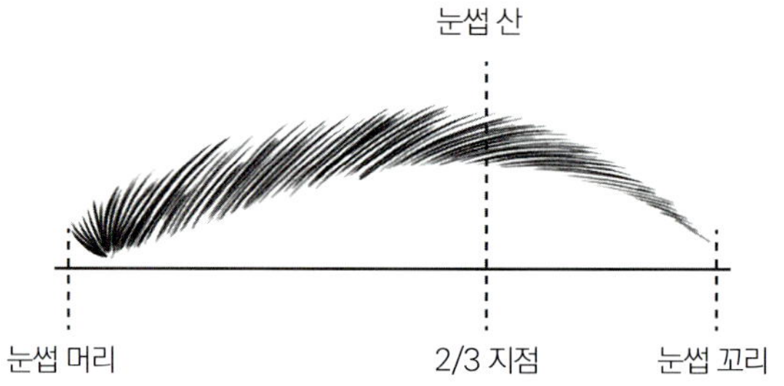

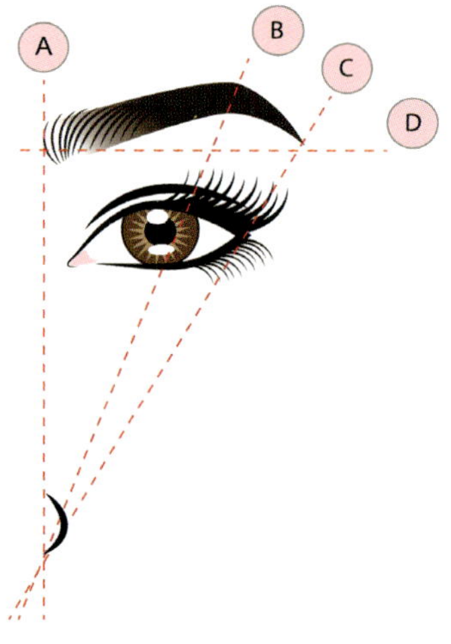

눈썹 그리기

- 베이스가 고루 도포되어 있는 스킨에 그려야 한다.
- 눈썹산과 눈썹 길이를 먼저 결정한다.
- 눈썹결을 정리한 후 눈썹 펜슬을 사용해서 형태를 먼저 그려준다.
- 아이브로우 섀도우를 사용하여 완성된 형태 안에 컬러를 넣는다.
- 아이브로우의 수정이 필요한 경우 형태를 먼저 그린 후 나머지 부분을 잘라내거나 족집게를 사용하면 눈썹 모양을 수정하기에 편리하다.

- 눈썹산은 수직선상에서 동공보다 안쪽으로 들어오지 않는다.
- 눈썹 꼬리는 눈썹 앞머리보다 아래로 내려오지 않는다.

눈썹의 컬러

- 피부색이 웜 톤일 경우는 갈색, 쿨 톤일 경우에는 회색 계열이 무난하다.
- 헤어컬러와의 조화를 고려한다.
- 눈썹산에서 눈썹꼬리는 진하게 눈썹 앞머리는 가장 흐리게 그린다.

눈썹 모양과 이미지

- 눈썹 모양은 수평형, 눈썹산이 들린 아치형, 처진형 등 구분이 모호한 형태까지 다양하며 눈썹 모양에 따라 얼굴형과 얼굴의 넓이가 달라 보일 수 있다.

A　　　　B　　　　C

같은 얼굴에서 A눈썹은 얼굴이 가로로 넓어 보이며 B눈썹은 볼과 얼굴 넓이가 좁아보이고 C눈썹은 얼굴이 가장 넓어보이고 볼이 부풀어 보인다.

② 아이섀도우

- 아이섀도우는 주로 브러시를 사용하여 눈두덩이에 도포한다.
- 하이라이트, 메인 컬러, 포인트 컬러 영역이 있다. 하이라이트는 눈썹 산의 아래 부분이며 메인 컬러는 아이홀 영역과 유사하다. 포인트 컬러는 가장 좁은 영역이며 주로 가장 짙은 컬러를 사용한다.
- 완성된 아이섀도우는 입체감을 주며 눈매를 수정하고 눈을 크게 하거나 컬러를 사용해서 여러 이미지를 나타낸다.

아이 섀도우의 명칭

아이 섀도우 바르는 방법

- 섀도우를 사용하는 납작한 브러시의 앞뒷면에 모두 바르거나 원형 브러시의 전체에 묻히면 번짐이 심하다.
- 많은 양이 묻었을 경우 도포 전에 털어서 양을 조절한다.
- 하이라이트는 반드시 도포하여 그 영역을 표현해준다.
- 하이라이트, 메인 컬러, 포인트 컬러의 브러시를 구분하여 사용하면 편리하다.
- 언더컬러는 특히 번지지 않도록 주의한다.

바르는 순서

하이라이트 컬러→ 메인 컬러 → 포인트 컬러를 바르고 다시 메인 컬러를 바르며 그라데이션한다.

아이 새도우 컬러 선정

- 메인 컬러와 포인트 컬러를 같은 색 계열로 선택하면 무난하다.
  (스카이블루 + 다크블루, 오렌지 + 브라운, 옐로우 + 오렌지, 올리브그린 + 카키 등)
- 4계절 컬러 이미지로 구분하여 피부색에 맞는 컬러를 선택한다.
- 헤어컬러나 의상의 컬러와도 조화를 고려한다.
- 브라운계열 밝기에 모든 톤에 무난하고 자연스럽고 차분하다.

적색계열 : 따뜻한 톤에 어울리며 화려하고 우아하며 성숙한 이미지이다.
녹색계열 : 따뜻한 피부 톤에 주로 사용되고 젊고 세련된 이미지이다.
회색계열 : 차가운 톤에 어울리며 도시적이고 차분한 이미지이다.
퍼플계열 : 차가운 톤에 주로 사용하고 신비한 이미지이다.

③ 아이라이너

눈의 모양을 크게 하거나 또렷하게 하기 위해 속눈썹 사이를 메워 표현하며 눈 모양에 따라 두께와 표현은 아주 다양하다.

자연스러운 표현은 브라운 컬러를 사용하며 대체로 블랙이 일반적이다.

- 아이섀도우 완성 후 아이라이너 표현 이전에 아이래쉬 컬러를 사용하면 아이라인이 지워지는 걸 방지한다.
- 펜슬 타입을 제외하고는 브러시를 사용한다.
- 브러시에 충분한 양을 묻혀 사용한다.
- 눈 밑으로 접근해서 눈에 자극을 최소화한다.
- 속눈썹 라인을 따라 속눈썹 사이사이를 메우면서 그리고 반드시 한 번에 그려야 하는 것은 아니다.
- 큰 쌍꺼풀이 있는 눈은 안 쪽 점막부분까지 메워준다.
- 자연스러운 눈꼬리 부분의 아이라인은 눈을 뜬 상태에서 그려준다.

④ 마스카라

아이라인 컬러와 같은 컬러를 사용한다. 번짐에 유의하며 아이래쉬 컬러를 사용한 뒤 표현하면 효과적이다.

- 마스카라를 선택하여 눈썹 뿌리 쪽에서부터 밖으로 향하도록 말아 올리듯 올려준다. 위에서 아래로 한 번 쓸어주고 속눈썹 아래쪽에서 위쪽으로 좌우로 여러 번 발라 준다.
- 마스카라의 양이 너무 많이 묻으면 속눈썹이 뭉치므로 용기 입구에서 양을 조절하여 바른다.
- 펌프질 하지 않는다.
- 언더라인의 속눈썹은 마스카라 솔을 길게 세워서 바른다.

⑤ 인조 속눈썹

얼굴에 실제로 직접적인 입체감을 주는 메이크업 방법으로 용도에 따라 다양한 형태가 있다. 인조 속눈썹은 한 줄에 많은 눈썹 모가 붙어 있는 것과 몇 가닥씩 묶여 있는 낱개 형태가 대표적이다. 한 줄 형태는 부착이 편리하며 낱개 형태는 부착한 후 움직임이 비교적 편안하다.

인조 속눈썹은 완전히 마를 때까지 만지거나 추가로 마스카라를 하여 움직여지면 형태가 변하거나 떨어질 수 있다.

한줄 속눈썹 : 아이래쉬컬러 사용 후 마스카라 이전에 부착한다. 완전히 마르면 마스카라로 실제 속눈썹을 컬링해서 올려준다.

낱개 속눈썹 : 마스카라로 실제 속눈썹을 모두 컬링한 후 속눈썹 사이사이에 부착하면 자연스럽다.

- 트위저(tweezer)로 인조 속눈썹을 집어서 사용한다.
- 최대한 아이라인과 가까이 부착한다.
- 글루(glue)를 사용하며 점성에 따라 글루의 도포양과 부착시간을 조절한다.
- 눈의 길이보다는 조금 짧게 붙인다.
- 눈의 바깥 쪽에서 안쪽으로 붙인다.

	부착시기	부착 위치	특징	형태
한줄 속눈썹	마스카라 사용 전	아이라인	눈 모양에 따라 형태를 선택하고 눈 길이에 맞춰 자른다. 예) 중앙이 긴 형태 or 뒤쪽이 긴 형태	
낱개 속눈썹	마스카라 사용 후	속눈썹 사이	눈 모양에 따라 여러 형태와 길이를 섞어서 사용 가능 개수로 조절한다.	

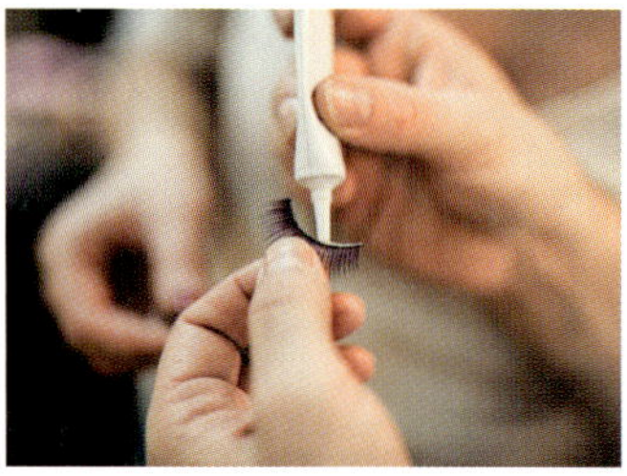

⑥ 블러셔(blusher)

피부색과 눈, 입술 메이크업 컬러와 조화로운 컬러를 선택한다. 표현 위치와 색의 선명도, 질감에 따라 화사함, 창백함, 귀여움, 건강한 이미지 등 다양한 이미지를 나타낸다.

블러셔 컬러는 크게 핑크와 오렌지 계열로 나뉜다. 케익 타입의 브라운 블러셔는 주로 입체감을 주기 위해 사용한다.

블러셔의 대표적인 컬러

핑크(pink) : 차가운 피부 톤에 무난하여 창백하거나 투명한 피부에 어울리며 연령이 높을수록 피부색이 어두울수록 밝은 핑크는 피한다.

오렌지(orange) : 따뜻한 피부와 조금 어두운 피부에도 어울리며 적색 계열의 아이섀도우나 립 컬러와의 조화는 신중하도록 한다.

브라운(brown) : 혈색을 부여하기 보다는 입체감을 주기 위해 주로 사용하며 포인트 메이크업 컬러에 크게 제한을 받지 않는다.

블러셔의 위치

- 정면에서는 눈동자보다 중앙으로 들어오지 않는다.
- 코 끝 보다 아래로 내려오지 않도록 한다.

표현법

- 한 번에 많은 양의 블러셔를 표현하기보다는 적은 양을 반복하면 자연스럽다.
- 광대뼈에서 아래로 한 번 내려주고 위쪽으로도 다시 한 번 올려서 표현한다.

대표적인 블러셔 표현법을 크게 나누면 귀여운 느낌의 둥근모양의 블러셔와 여성스러운 사선형태의 블러셔가 있다.

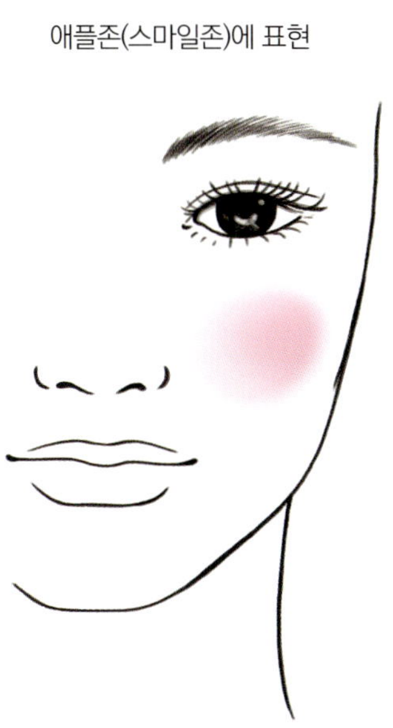

블러셔 중앙

블러셔 사선

⑦ 립(Lip)

입술은 여성스러움의 상징이며 질감과 색상에 따라 다양한 이미지가 연출된다. 번져있는 입술은 나이 들어 보이고 지쳐 보이며 좋지 않은 인상을 줄 수 있음으로 깔끔하게 연출해야 한다.

입술은 바르는 방법에 따라 다른 효과가 있는데 입술 중앙 위주로 색을 바르면 색감이 강한 컬러를 자연스럽게 표현할 수 있고 두꺼운 입술은 두께가 얇게 보인다. 입술라인을 가득 채워 바르는 풀 립(full lip)은 여성스러움을 부각시키는 방법으로 주로 레드계열을 사용한다.

입술의 기본형

- 아랫입술이 더 두껍다.

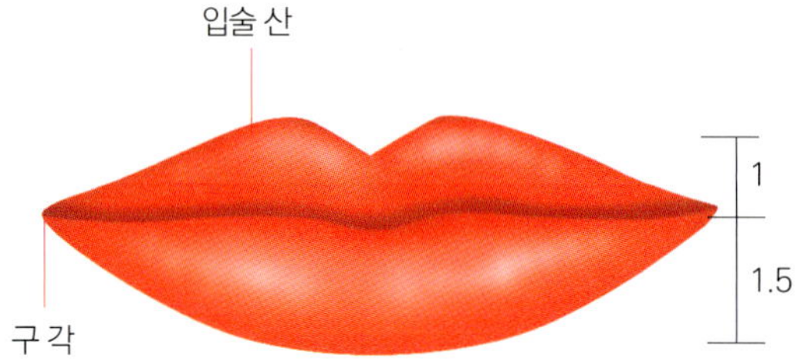

입술 기본형

바르는 방법

- 입술 모양을 수정할 때는 컨실러나 파운데이션으로 입술 외곽을 커버한 후 펜슬로 윤곽선을 그려준다.
- 매트한 질감의 립 컬러는 사전에 립 밤이나 입술보호 제품, 입술 프라이머로 부드럽게 한다.
- 립 브러시에 색상을 충분히 묻힌 후 원하는 질감과 효과로 색을 표현한다.

입술 표현을 위한 기본 색상

- **핑크**(pink) **:** 봄, 여름 이미지처럼 밝은 피부에 적합하고 귀엽고 발랄한 이미지를 연출한다.
- **레드**(red) **:** 여성의 상징하는 대표적인 컬러로 화려한 이미지이지만 톤을 조절하여 중년층부터 젊은층까지 다양한 연령이 사용한다.
- **오렌지**(orange) **:** 피부 톤이 어둡거나 따뜻한 계절이미지에 적합하고 활동적이며 경쾌한 이미지이다.
- **브라운**(brown) **:** 무난하고 차분한 이미지로 라이트 베이지, 라이트 브라운은 차가운 톤의 피부색에 어울리며 짙은 톤의 브라운은 따뜻한 피부 톤에 잘 어울린다.

(2) 남성 포인트 메이크업

① 아이브로우

남자의 눈썹은 Face 존의 이미지를 좌우하는 매우 중요한 부위이다. 눈썹이 처지고 듬성듬성 비어있거나 미간이 좁은 눈썹은 좋은 이미지를 전달하기는 어렵다.

다른 메이크업 테크닉으로 변화가 편리한 여성에 비하여 남성의 눈썹 형태는 평생 거의 일정하여 개인의 이미지 형성에 관여도가 높다.

형태가 여성과는 다르며 색상은 주로 회색, 회갈색, 검정색으로 표현하고 갈색은 본래 눈썹의 색상과 분리되어 보이는 경우가 많아 잘 사용하지 않는다.

남자 눈썹의 기본형 : 회색

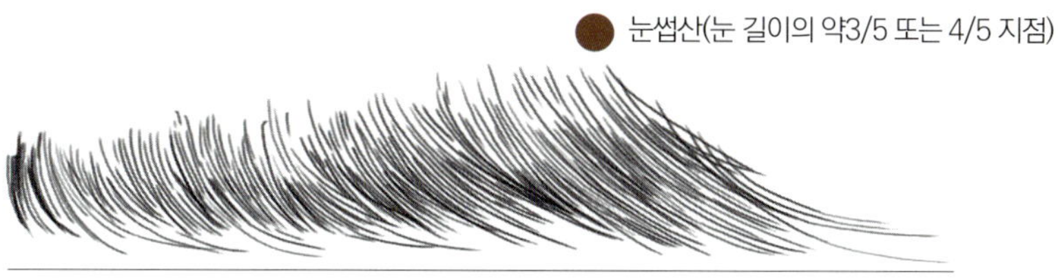

- 눈썹의 형태가 기다란 사다리꼴 형태로 아래 라인은 수평이 되도록 한다.
- 눈썹이 눈길이 보다 짧지 않도록 하며 안정적인 눈썹길이는 사선으로 코, 눈 길이를 지나 닿는 지점까지로 여성과 유사하다.

눈썹을 그리는 방법

- 눈썹 결을 살려서 한 올씩 한 올씩 스치듯 결을 살려서 그려 준다.
- 가로 방향으로 펜슬을 사용하지 않고 모든 터치는 반드시 세로 방향으로 위에서 아래로 그려준다.
- 눈썹 결이 아래로 처진 경우에는 다듬거나 투명 아이브로우 마스카라를 사용해서 올려준다.
- 눈썹과 눈썹 사이는 코볼의 넓이를 기준으로 한다.

눈썹 사이의 간격

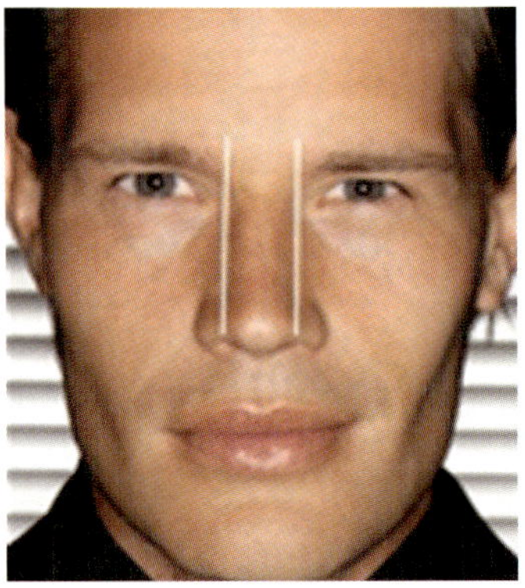

눈썹 다듬기

- 아래로 처진 남자의 눈썹은 마치 신선처럼 나이 들어 보이게 하고 처져 보인다. 또한 눈썹의 길이가 뒤로 길고 숱이 많은 눈썹은 남성적이고 강한 인상을 주지만 지적이거나 샤프한 이미지와는 거리가 멀다.
- 젊고 활동적인 이미지가 있는 눈썹은 뒤로 갈수록 조금 올라가는 상승형으로 조금만 다듬어도 쉽게 연출할 수 있다. 깔끔하지 않게 넓게 퍼져 있는 눈썹도 가위와 눈썹 빗, 수정가위, 눈썹 칼을 이용해서 정리하면 오히려 눈썹도 진해보이며 좋은 이미지가 될 수 있다.
- 스크류 브러시를 사용하여 눈썹에 묻어있는 파운데이션이나 파우더를 털어낸다.
- 눈썹 빗으로 컬을 빗어서 정리한다.
- 기본형으로 눈썹을 그려준다.
- 빗으로 위에서 아래로 원하는 길이만큼 내려 기본형 그린 것보다 길이가 긴 눈썹을 잘라낸다. 이때 가위와 빗은 모두 수평으로 유지한다.
- 가위의 손잡이 방향은 얼굴 바깥쪽을 향하게 한다.
- 족집게로 눈썹의 위쪽 외곽선을 정리한다.
- 눈썹 칼은 눈썹의 아랫부분에 주로 사용하고 미간의 굵은 모에는 사용하지 않는다.

눈썹 브러시와 가위의 위치

가위의 방향

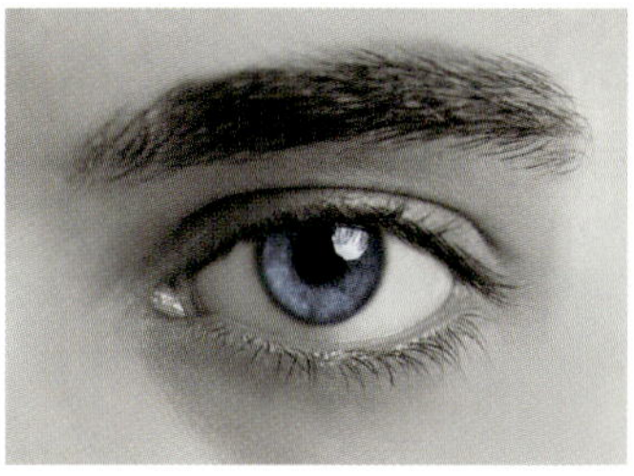

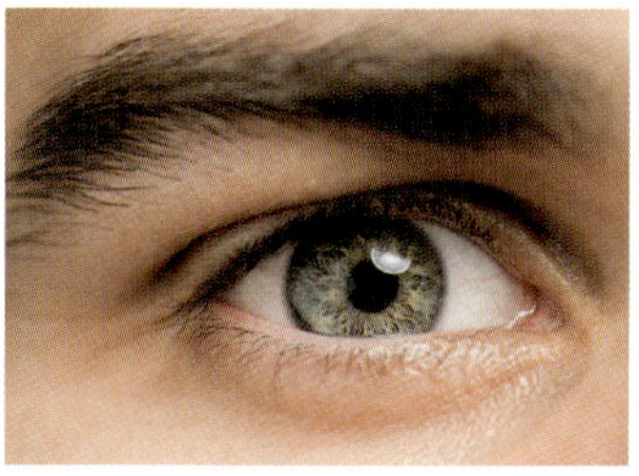

남자눈썹 모양

② 아이섀도우

일반적인 남자 메이크업에서 아이섀도우는 거의 대부분 생략되지만 눈이 부어있거나 행사나 사진을 촬영하는 등의 특별한 경우에 바르며 브라운 컬러나 그레이 컬러를 사용한다.

피부색이 밝고 하얀 차가운 피부 톤은 그레이를 밝게 사용하여 아이라인 주변에 옅게 바르고 따뜻한 피부 톤은 브라운 컬러를 사용하지만 피부색이 어두운 경우에는 아이섀도우가 크게 필요하지 않다.

남자의 아이섀도우는 컬러로 인한 Face Zone 이미지 전환이 주 목적이 아니며 음영 표현으로 인한 얼굴의 입체감 표현이다. 컬러가 지나치게 부각되지 않도록 유의해야 자연스러운 메이크업으로 완성된다.

③ 입술

입술에 컬러를 바른다는 느낌보다는 입술을 깨끗하게 한다는 의미가 크다.

건조하지 않도록 립밤이나 입술보호크림을 사용한다. 베이스 메이크업으로 피부 톤이 정리되면 남자의 입술은 특별히 컬러를 바르지 않아도 더 선명해 보인다.

일반적인 상황에서는 아무리 옅은 립 컬러라 해도 남성에게 여성의 립 컬러를 바르지 않도록 한다. 반짝이는 질감의 입술 메이크업은 피하고 톤이 낮은 브라운 컬러를 사용하거나 투명컬러로 표현한다.

입술 표현 방법

- 입술보호제를 면봉이나 립 브러시에 묻혀서 입술에 바르며 입술에 묻어 있던 파운데이션 잔여물을 닦아낸다.
- 입술 산에 사각모양으로 옅은 펜슬이나 아이섀도우 등 매트한 타입으로 각을 그려준다.
- 아래 입술의 맨 아래 부분의 수평선을 옅은 펜슬이나 아이섀도우로 각을 살려 그려준다.
- 입꼬리, 구각은 강조하지 않는다.
- 그려준 라인을 충분히 덮도록 매트한 타입의 립 컬러를 두드려서 바른다.

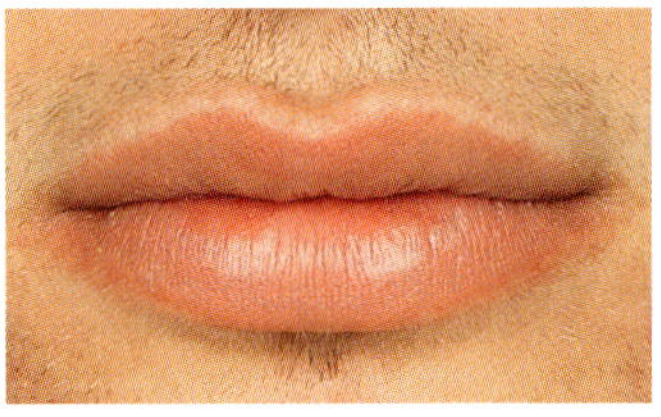

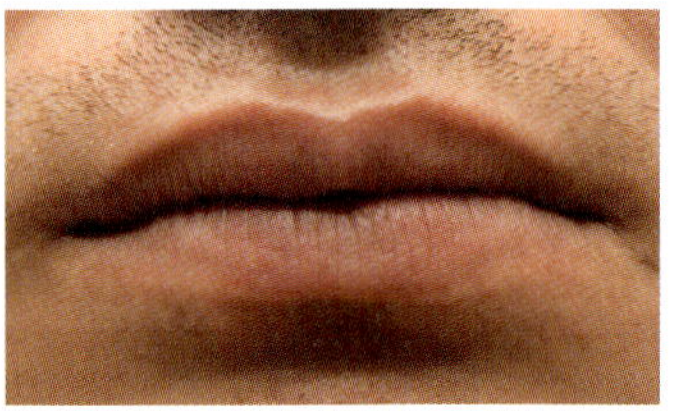

실기 여성의 메이크업 중에서 다양한 아이섀도우 패턴을 표현해본다.

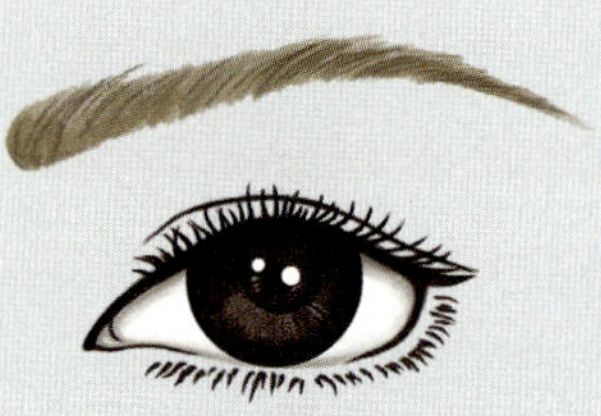

가로 패턴

세로 패턴

아이홀 패턴

CHAPTER 9

F-존 이미지 수정메이크업

F-존의 이미지는 타고난 눈의 모양이나 얼굴형에 따라 나타내는 비주얼 이미지가 있지만 적절한 메이크업과 F-존에 적용이 가능한 다양한 연출을 통해 이미지를 변화시키고 개선할 수 있다.

수정메이크업은 개인의 취향보다는 F-존의 형태에 알맞은 메이크업을 연출함으로서 궁극적으로 이상적인 비주얼 이미지를 최종적으로 연출하는데 목적이 있다. 따라서 기본적인 수정메이크업 방법을 실제로 이해하고 적용하는 것은 얼굴의 단점을 커버하고 개성을 연출할 수 있는 필수적인 방법으로 눈 모양과 얼굴형에 따른 수정 메이크업 방법에 대해 알아보도록 한다.

1. 눈 모양에 의한 이미지 수정방법

① 여성의 수정 메이크업

㉠ **작은 눈 :** 작은 눈에 의한 여성의 이미지는 동양적이지만 답답하고 고집스럽다. 수정 메이크업을 통해 답답한 인상을 개선하고 또렷하게 해준다.

- **아이브로우 :** 아이브로우와 눈의 간격이 좁으면 눈이 더욱 작아보이므로 눈썹의 윗라인을 강조해 준다. 아래로 처진 눈썹이나 지나친 일자형 눈썹은 수정하여 눈썹 산을 올려서 그려준다.
- **아이섀도우 :** 메인 컬러와 포인트 컬러를 같은 색 계열로 사용하고 포인트 컬러를 눈 뒤쪽에 중심되게 도포하고 수평이 되도록 길게 펴 바른다. 언더라인도 포인트 컬러를 발라준다. 포인트가 눈의 뒷부분으로 오지만 눈꼬리는 올리지 않은다.
- **아이라인 :** 실제 눈보다 조금 길게 그린다. 아이섀도우보다는 길지 않도록 한다. 언더라인에도 2/3 가량 아이라인을 그려준다.
- **마스카라 :** 눈 중앙이나 꼬리 쪽에 볼륨마스카라를 사용하여 충분히 표현한다.

작은눈 수정메이크업

ⓛ **눈 꼬리가 처진 눈 :** 아래로 처진 눈과 처진 눈썹은 눈을 실제보다 작아 보이게 하고 조금은 바보스러우며 우울한 이미지이다. 눈을 선명하게 하고 처진 눈을 올라가도록 하기 위해서는 모든 아이 메이크업 과정에서 명확하고 짙은 컬러를 과감하게 사용한다.

- **아이브로우 :** 눈썹 산을 명확하게 그리고 짙은 컬러로 그린다.
- **아이섀도우 :** 언더라인보다 윗 눈꺼풀에 더 짙은 컬러를 사용한다. 포인트 컬러는 눈을 떴을 때 앞머리보다 눈꼬리 쪽이 더 보이도록 바른다. 뒤로 길고 높게 올려주고 아이섀도우의 끝이 둥글거나 경계가 생기지 않도록 주의한다. 아이 섀도우의 끝이 둥글게 경계가 생기면 눈매가 더 쳐져 보일 수 있으니 주의가 필요하다.
- **아이라인 :** 앞머리 부분은 가늘게 그리고 눈끝의 1/3지점부터는 눈을 따라 아래로 내리지 않고 수평으로 또는 위로 올리듯 그려준다. 눈을 뜬 상태에서 눈 모양을 잡아주며 아이라인이 꺾이지 않도록 한다.

처진 눈 수정메이크업

ⓒ **눈 꼬리가 올라간 눈 :** 날카로운 이미지이며 새침하다. 전체적으로 부드럽고 차분한 컬러를 사용한다.

- **아이브로우 :** 짙고 어두운 컬러보다 부드러운 컬러를 사용하며 아치형의 눈썹은 피한다. 둥근 형태로 그리거나 두께를 얇지 않도록 하여 부드럽게 한다.
- **아이섀도우 :** 언더라인에 더 짙은 컬러를 사용하여 넓게 바른다. 윗 눈꺼풀에는 밝은 컬러를 넓게 바르고 경계가 생기지 않도록 한다.
- **아이라인 :** 눈의 앞머리와 중간 부분을 조금 두껍게 그리고 꼬리부분을 얇게 그려준다.
- **마스카라 :** 눈의 앞머리와 중간에 강하게 해준다. 인조 속눈썹 부착 시에는 중앙이 길고 강조된 형태를 선택한다.

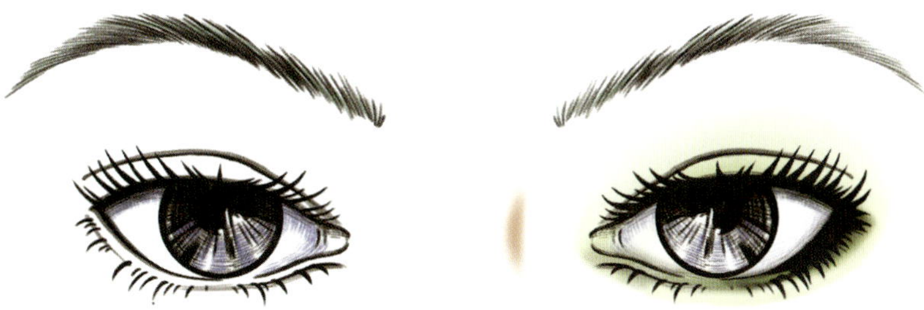

올라간 눈 수정메이크업

ⓡ **눈이 크고 돌출된 눈 :** 돌출된 눈은 거의 대부분 눈이 크다. 짙은 컬러나 두꺼운 라인은 피하고 아이 메이크업의 영역을 넓히지 않는다.

- **아이브로우 :** 옅은 브라운이나 회색을 사용해서 얇고 부드럽게 그린다.
- **아이섀도우 :** 밝은 컬러나 펄이 함유된 것은 피하고 톤 다운된 컬러로 차분하게 연출하며 아이섀도우 영역이 넓지 않도록 한다.

- **아이라인 :** 속눈썹 사이사이를 채우듯이 얇게 그린다. 안쪽 점막부분까지 메우며 브라운 컬러를 사용하거나 케익 타입, 펜슬 타입 등을 사용한다. 자연스럽게 연출하지만 어떤 메이크업에도 아이라인을 생략하지 않는다.
- **마스카라 :** 아이라인과 같은 색상의 마스카라를 사용하고 필요하다면 낱개 인조 속눈썹을 사용한다.

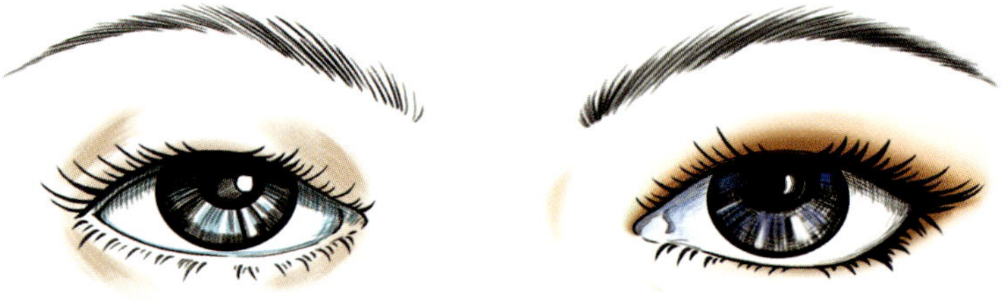

돌출 눈 수정메이크업

ⓜ **움푹 들어간 눈 :** 아이 홀 부분이 들어간 형태로 나이가 들어 보이거나 지친 인상이다. 어둡고 짙은 컬러는 피하고 밝고 옅은 컬러가 좋다.

- **아이브로우 :** 일자형 눈썹으로 조금 두껍게 연출이 가능하다. 눈썹 앞머리는 진하지 않도록 주의하고 밝은 색상보다는 짙은 회갈색 등으로 깔끔하게 그려준다.
- **아이섀도우 :** 눈두덩이 중앙에 밝은 색상의 섀도나 펄이 들어간 섀도를 이용하여 하이라이트를 준다.
- **아이라인 :** 모델의 눈 모양에 맞추어 수정하되 두껍지 않도록 하며 길게 빼지 않는다.
- **마스카라 :** 움푹 들어간 눈은 비교적 아이라인이 힘이 없는 경우가 있다. 아이라인에 맞추어 한 줄 속눈썹을 자연스럽게 붙여주고 가볍게 마스카라를 한다.

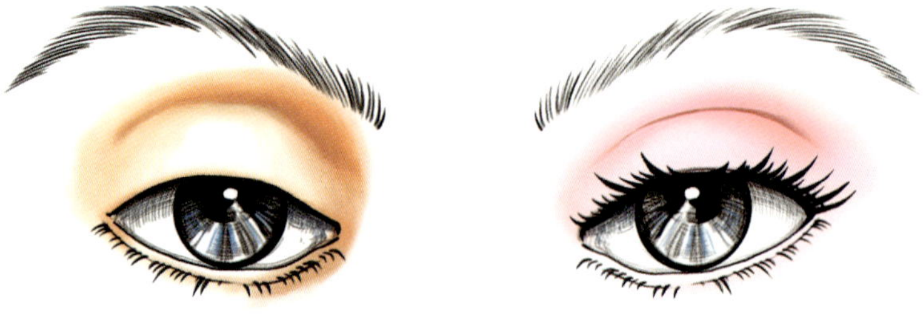

들어간 눈 수정메이크업

② 눈에 따른 이미지 변화를 위한 item – 안경

일상생활에서 피부를 좋아보이게 하는 수준의 보편적인 남자 메이크업은 잡티를 커버하고 피부의 요철을 완화하기 위한 가벼운 베이스 메이크업과 다듬어진 눈썹이면 충분하다. 여성은 좋은 인상으로 눈 모양을 바꾸고 얼굴형을 수정하는 강한 메이크업이 가능하지만 남성은 여성과 달리 일상생활에서 강한 수정 메이크업이 어렵다.

이러한 남성의 F존 이미지 변화를 위해 활용하면 좋은 대표적인 아이템(item) 중에는 안경이 있으며 안경의 착용과 함께 눈썹의 길이, 눈썹의 방향, 눈썹 굵기에 변화를 줄 수 있다.

안경을 고를 때 고려해야 하는 점은 피부색과 눈의 모양과 얼굴형이다. 또한 전체적인 실루엣을 고려하여 소장한 다른 악세사리와의 조화도 고려해야 한다. 주로 착용하는 시계나 벨트의 색상이나 디자인과의 매치를 생각한다. 또한 피부색이나 비즈니스 스타일에 맞춰 선택하면 실패하지는 않는다. 비즈니스 의상과 캐주얼 의상에 각각 매치할 수 있는 안경도 2개쯤 구비하면 전체적인 비주얼 이미지 메이킹이 훨씬 수월할 수 있다.

㉠ 피부색에 따른 안경테

안경과 선글라스는 얼굴색과 즉각적인 반응을 나타내므로 노랑이 많은 따뜻한 톤 피부가 각이 심한 뿔테를 쓰면 겉돌고 안색도 나빠 보인다. 피부색을 크게 따뜻한 톤과 차가운 톤으로 나누면 따뜻한 톤에는 노란 금테가 어울리고 차가운 톤의 경우에는 은색 테나 무테, 금색이 배제된 금속테가 어울린다.

봄 이미지

가벼운 얇은 소재의 안경테가 부담스럽지 않고 본래의 부드러운 이미지를 부각한다. 짙고 두꺼운 안경테는 피한다.

여름이미지

무테가 고급스러워지는 계절이미지로 은테도 무난하다. 갈색이나 금테는 피하고 두꺼운 뿔테도 얼굴형에 베스트가 아니라면 피해야 한다.

가을이미지

플라스틱 계열의 테도 안정감이 있고 광이 심하지 않은 골드계 색상도 좋다. 은색은 피한다.

겨울이미지

검은 테나 은색의 금속성 테를 사용한다. 디테일(detail)를 최소화하고 단순한 안경테가 좋으며 둥근 형태보다는 직선형을 선택한다. 내추럴한 갈색 테는 사용하지 않는다.

피부타입별 안경테의 선택

따뜻한 톤	노란 빛에 밝은 피부	유광 금테, 밝은 갈색 뿔테, 파스텔 계열의 따뜻한 컬러의 테, 오렌지나 갈색 렌즈
	노란 빛에 어두운 피부	짙은 브라운 뿔테, 무광 금테, 브론즈의 테, 나무 소재, 카키색 렌즈
차가운 톤	희고 핑크빛 or 회색빛 피부	무광 은테, 하얀 테, 무테 ,하늘색 렌즈 티타늄테, 잿빛 뿔테, 톤다운 블루 렌즈
	희고 검은 머리색과 검 눈동자	검은 뿔테, 유광 은테, 원색 테, 미러 렌즈, 검은색 렌즈

TIP 1 안경 소재의 종류

금속

티타늄 : 가벼우며 변형이 적고 알러지반응 없다. 변색이 잘 되지 않으며 고가이다.
니켈 : 공기 중 녹슬지 않으며 내식성이 좋은 도금 소재로 알러지 반응이 있다.
스테인리스 : 탄성이 좋다.
알루미늄 : 무른 금속으로 가벼우며 내구성 좋다.
금 : 무른 금속으로 변색되지 않으며 무겁다.

플라스틱

아세테이트 : 고유의 색상이 있으며 오래 착용 시에는 희게 변색된다. 무겁다.
셀룰로이드 : 뜨거운 온도에 쉽게 물러지고 잘 늘어난다.
폴리아미드 : 인체 무해한 소재로 알려져 있으며 가벼우나 고가이다.

천연소재

물소뿔 : 특유의 광택이 있으며 피팅이 어려워 여러번 조절해야 한다.
나무 : 특유의 무늬가 있고 가벼우나 부러지기 쉬우며 피팅이 어렵다.

TIP 2 소재별 안경테 분류

뿔테 : 주로 플라스틱 소재를 이용해 만들어진 안경을 말한다. 일반 안경에 비해 두꺼운 라인을 가지며, 개성있고 클래식한 멋이 있다. 오래 착용하면 표면 광택이 줄어들고 아세테이트 소재는 희게 변한다.

온테 : 티타늄, 스테인리스, 양백, 모넬, 금, 은 등 다양한 금속 소재를 이용해 만들어지며, 렌즈 전면을 감싸는 테두리가 있는 형태이다. 렌즈를 감싸주는 형태와, 프레임이 렌즈 홈 사이로 들어가는 판 형태가 있다.

반무테 : 렌즈의 일부분을 투명한 줄로 고정한 형태로 심플하고 깔끔한 이미지를 준다. 렌즈에 홈을 판 후 고정하기 때문에 강도가 강한 렌즈를 사용해야 한다.

무테 : 브릿지, 다리를 렌즈와 직접 연결한 형태로 렌즈를 감싸는 테두리가 없다. 충격에 의해 렌즈가 깨질 수 있는 단점이 있지만 얼굴을 가리지 않는 깔끔함이 있다.

하금테 : 상단부는 플라스틱 하단부는 메탈로된 형태이다. 콤비 형태로 독특한 멋이 있으며 클래식한 분위기를 준다. 장년층에서 선호하는 스타일이었으나, 복고풍 스타일이 유행하면서 젊은 층에도 인기가 많다.

TIP 3 형태별 안경의 종류

	**웰링턴 형 :** 플레임(flame) 원형의 하나로 각이 작게 잡혀진 사각형, 둥근사각형
	**폭스형 :** 1950년대 중반 등장하였고 여우의 눈을 닮아서 붙여진 이름으로 플레임 양쪽 끝이 올라간 형태
	**로이드형 :** 미국 희극배우 헤럴드 로이드가 애용한데서 붙여진 명칭이며, 두꺼운 테두리의 원형 플레임
	**보스턴형 :** 둥근 형태이지만 완전한 동그라미 원형이 아니라 밑이 약간 좁아지는 것이 특징

㉡ 코 모양에 따른 안경 선택

짧고 둥근 코를 가진 사람은 부드러운 인상을 갖고 있다. 만약 세련되고 샤프한 이미지 변화를 원한다면 사각의 금속소재의 테를 선택하는 것이 이미지변신에 도움이 될 수 있다. 반대로 코가 길거나 코 끝이 구부러졌다면 금속테보다 뿔테나 윗 테가 분명한 반 무테가 이상적이다.

2. 얼굴형에 따른 수정 메이크업

올바른 수정 메이크업을 위해서는 먼저 얼굴형을 잘 파악하여 한다.

얼굴뿐만 아니라 두상 전체를 만져보면 감자형인지 고구마형인지 구분할 수 있게 된다. 이 후 얼굴에 각이 있는지를 확인하고 상안, 중안, 하안의 길이와 폭을 고려하여 얼굴형을 구분한다.

① 여성의 얼굴형에 따른 수정 메이크업

여성의 얼굴형이 현대에 추구하는 이상적인 얼굴로 보이기 위해 할 수 있는 대표적인 수정 메이크업은 하이라이트와 섀딩의 위치 변화, 아이브로우의 형태 수정, 블러셔의 위치 보완 등이 있다.

특히 아이브로우는 진하기, 형태, 간격, 길이에 따라 인상이 매우 달라지는데 진하고 간격이 좁은 경우에는 강하고 고집스러운 이미지가 나타나고 흐리고 처진 눈썹은 유약한 인상으로 아이처럼 보일 수 있다.

둥근형 얼굴(Round Face)

전체적인 얼굴과 턱의 선이 둥근형으로 얼굴의 폭과 길이가 유사하다. 짧은 얼굴에 둥근 뺨을 가진 얼굴형으로 귀엽고 어려보이지만 자칫 둔한 인상을 주기도 한다. 전반적인 수정의 포인트는 가로보다 세로를 살리고 입체감을 주어 세련되고 성숙한 이미지로 메이크업 할 수 있다.

- **Highlighting & Shading :** T존 부위는 아래로 조금 길게 하이라이트로 연출, U존의 하이라이트도 표현한다. 광대 뼈 아래의 섀딩을 아래쪽으로 길게 사선으로 표현한다. 노즈 섀도우도 길게 표현한다.
- **Eyebrows :** 눈썹의 각을 살려서 그린다.
- **Blusher :** 밝은 컬러의 블러셔를 이용하여 입꼬리나 턱끝을 향하도록 사선 방향으로 표현하여 얼굴 라인을 길고 샤프하게 연출한다.

각진형 얼굴(Square Face)

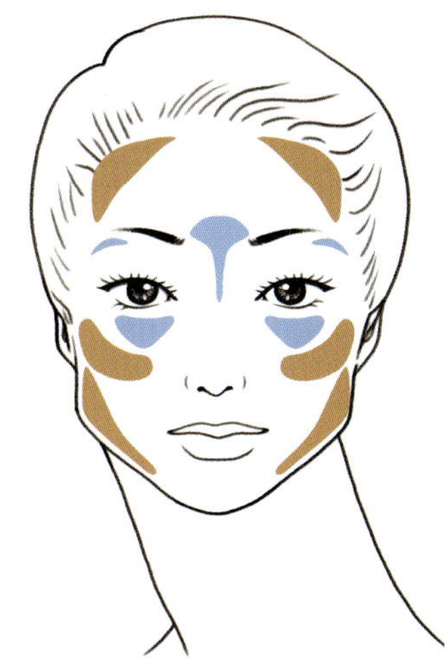

전체적으로 얼굴 폭과 얼굴 길이의 비율차가 적어서 얼굴의 길이와 폭이 같지만 각이 있는 얼굴이다. 상안과 하안의 넓이가 유사하거나 하인이 조금 더 넓다. 턱뼈가 발달하고 이마가 짧아 평면적으로 보여 남성적이고 고집스러운 이미지이지만 반면에 신뢰감을 주는 이미지 유형이다. 각진 턱을 완화하는 것이 이상적이다.

- **Highlighting & Shading :** T존과 U존 부위는 세로로 조금 길게 하이라이트를 주고 볼 뼈 아래의 섀딩 부분은 두껍고 둥근 형태로 어둡게 하여 사선으로 내려준다. 헤어라인의 이마 양 끝부분에 섀딩을 주어 얼굴이 갸름하게 보이도록 표현해 준다.
- **Eyebrows :** 눈썹의 산을 들어 아치형으로 그린다. 두껍지 않고 긴 눈썹이 좋다.
- **Blusher :** 코끝을 향해 둥근 느낌으로 그려주거나 애플 존에 표현한다.

계란형 얼굴(Oval Face)

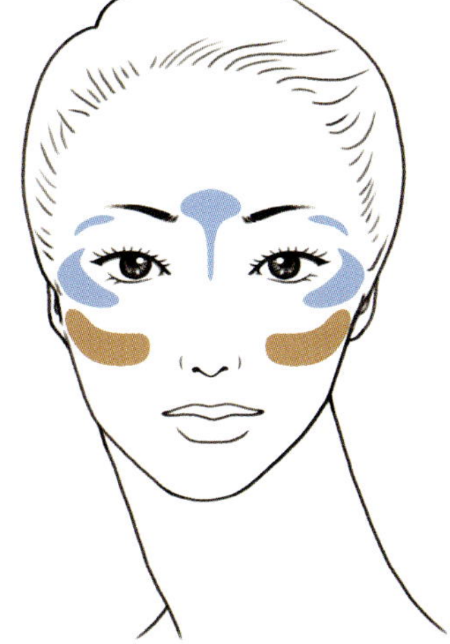

성숙하고 여성스러운 이미지 유형으로 얼굴의 윤곽이 각진 부분 없이 매끄럽게 부드러운 곡선을 이루고 있다. 대부분의 메이크업 스타일이 무난하게 어울리는 얼굴형태로 표준형이다. 얼굴형을 그대로 살려 주며 입체감은 표현한다.

- **Highlighting & Shading :** T존 부위와 눈 밑, 눈썹 뼈, 입술 산에 하이라이트를 주고 볼의 섀딩 위치와 헤어라인에 자연스럽게 섀딩을 표현한다.
- **Eyebrows :** 기본형 눈썹으로 그려주고 눈썹 앞머리는 흐리고 꼬리는 진하게 본인이 가지고 있는 눈썹형태를 최대한 살려 자연스럽게 마무리 한다.
- **Blusher :** 생략해도 무방하며 메이크업 이미지를 고려하여 표현한다.

역삼각형 얼굴(하트형 얼굴, Heart-Shaped Face)

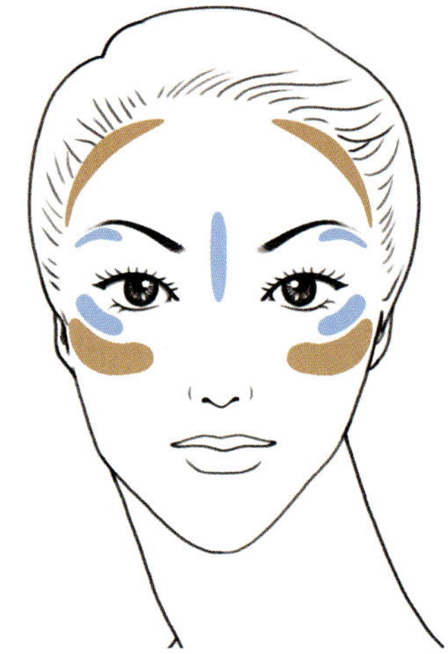

양쪽 이마의 폭이 넓고 뾰족한 턱 선으로 양 사각턱 거의 없는 선이 좁은 얼굴형이다. 얼굴의 위 폭보다 아래 폭이 현저히 좁다. 도시적이고 세련된 이미지가 있는 V라인의 얼굴이지만 자칫 날카롭고 신경질적으로 보일 수도 있다.

- **Highlighting & Shading :** 눈밑, T존의 하이라이트 가로선은 짧게 표현한다. 볼 뼈의 섀딩은 아래 쪽보다 볼 뼈 위로 올라와서 둥글게 연출한다. 이마 양쪽 끝부분에 섀딩을 주어 폭이 좁아 보이도록 표현한다.
- **Eyebrows :** 부드러운 아치형이나 기본형으로 그리되 길이를 길게 그려준다.
- **Blusher :** 광대뼈를 감싸듯이 표현하며 사선으로 연출하면 세련된 이미지를 가로나 둥근 느낌으로 연출하면 귀엽고 부드러운 인상으로 보일 수 있다. 부드러운 인상으로 연출하려면 입술을 도톰하게 한다.

긴 형 얼굴(Oblong Face)

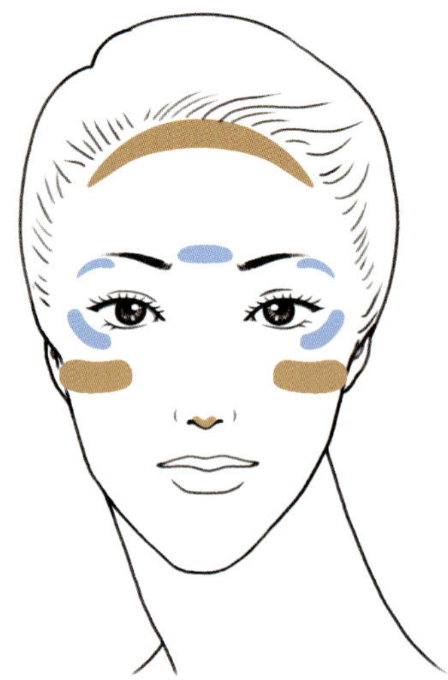

얼굴의 길이에 비해 폭의 길이가 좁고 턱 선이 긴 형태의 얼굴이다. 북방계 얼굴의 전형적인 형태로 고전적이며 얼굴 폭이 좁고 얼굴 세로가 길어 보이는 형태로 다소 소극적인 이미지 유형으로 성숙하고 마른 얼굴이 많다.

- **Highlighting & Shading :** 얼굴이 짧아 보일 수 있도록 전체적으로 가로 방향의 수평적 느낌을 살려 볼 뼈 아래

섀딩을 표현하고 T존의 세로 축은 짧게 하이라이트 한다. T존의 가로 축과 눈 밑에는 수평으로 하이라이트 해준다.

- **Eyebrows :** 일자형으로 그리며 짧게 표현한다. 얼굴이 지나치게 평면적으로 되지 않도록 눈썹의 앞머리는 흐리게, 눈썹산과 꼬리 부분의 진하게 표현한다.
- **Blusher :** 수평, 가로방향으로 넓게 펴 바른다.

마름모형 얼굴(Diamond Face)

마름모형의 얼굴은 선이 세로로 긴 형에서 이마와 턱 부분의 폭이 좁고 광대뼈가 발달된 얼굴로 신경질적인, 날카로운, 지적인 이미지 유형이다. 상안(上顔)과 하안(下顔)의 폭을 넓어보이도록 강조하고 광대뼈는 부드럽게 연출한다.

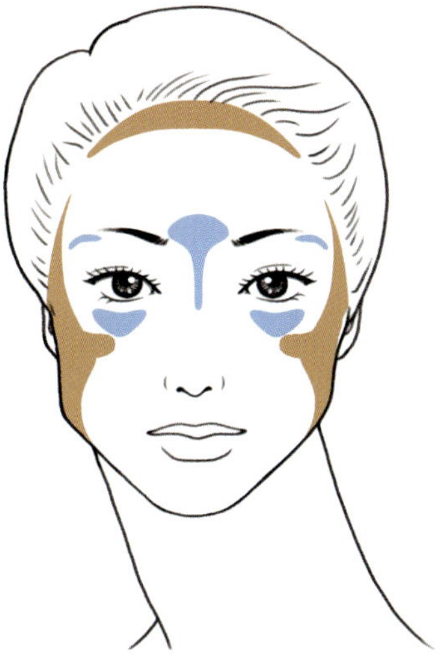

- **Highlighting & Shading :** T존 부위는 가로 축을 강조하여 하이라이트하고 눈 밑의 하이라이트는 세로의 느낌이 들도록 표현하여 광대뼈를 강조시키지 않는다. 볼 뼈 아래는 가로로 섀딩하고 이마의 헤어라인은 중앙 부위를 어둡게 한다.
- **Eyebrows :** 기본형으로 길게 그리거나 눈썹 산이 조금 높은 아치형으로 그려 얼굴 폭이 좁아 보이도록 표현한다.
- **Blusher :** 광대뼈를 감싸듯이 코끝을 향해 조금 둥글고 부드러운 느낌으로 표현한다.

② 남성의 얼굴형에 따른 수정 메이크업

㉠ 남성의 얼굴형에 따른 눈썹과 안경 모양

남성은 얼굴의 단점을 보완하기 위해 강한 수정메이크업은 진행하기 어렵지만 남성이 개선해야 할 인상을 가지고 있다면 안경을 사용하는 것도 매우 좋은 방법이다. 안경은 이미지에 미치는 영향이 매우 크며 하루 종일 얼굴에 내 얼굴처럼 붙어있어야 하는 아이템이기 때문이다.

남성이 안경테의 형태에 변화를 주고 눈썹의 형태를 수정하면 자연스러우면서도 확실한 이미지 변화를 겪게 된다. 안경을 선택할 때 가장 기본적인 원칙은 사각 얼굴형은 사각테를, 둥근형에는 둥근 테를 피해야 하며 얼굴의 가장 넓은 면적은 가리고 좁은 면적은 보이도록 드러내야 한다는 것이다.

눈썹이 짙고 미간이 좁은 사람은 무테나 안경의 윗 테가 연한 테를 선정해야 눈이 답답해 보이지 않는다. 반대로 눈썹이 연하거나 미간이 넓은 경우에는 뿔테나 짙은 컬러의 안경테를 선택하고 반 무테의 경우 윗 테가 선명한 것을 선택하면 흐릿한 인상을 개선하는데 도움이 된다.

또한 감자형의 둥근 얼굴은 각진 사각형태를 고르면 이상적이고 테가 조금 두껍고 각이 있으면 상대적으로 얼굴이 날씬해 보인다.

고구마형에서 각이 있고 넓은 턱을 가진 사람은 선이 부드러운 안경을, 얼굴이 긴 형은 가로로 넓은 안경을 쓰면 얼굴의 단점을 보완하는 안경 스타일링이 될 수 있다.

둥근형 얼굴

편한 인상의 남자의 둥근형 얼굴은 단순하고 평범해 보일 수 있다.

- **눈썹:** 뒤로 갈수록 올라가는 상승형의 눈썹이 좋으며 눈썹 산 부분은 조금 두껍게 표현하여 각이 있는 눈썹을 그려준다. 상승형 눈썹은 샤프한 이미지를 연출할 수 있다. 눈썹의 아래 부분은 가위로 조금만 잘라내고 위 라인을 처지지 않도록 길게 그려준다.
- **안경 테 :** 가급적 둥근형은 피하고 각진 스타일과 폭스형 스타일이 적합하다. 무난한 얼굴을 커버할 수 있는 화려한 디자인도 잘 어울린다. 라운드형의 뿔테도 착용하면 지적인 이미지를 만들 수 있다.

사각형 얼굴

각진 사각형 얼굴은 자칫 딱딱해 보이기 쉽다.

- **눈썹 :** 진하지 않도록 전체적으로 길이를 다듬고 눈썹의 두께를 다소 도톰하게 연출한다. 피부색에 따라 갈색을 조금 추가하여 회갈색으로 표현할 수 있다. 미간을 넓게 해주고 눈썹이 처지지 않도록 투명 브로우 마스카라를 사용한다.
- **안경 테 :** 부드러운 타원형 계열의 안경테에 살짝 양끝이 올라간 캣 아이형이 적합한데 캣 아이형은 각진 얼굴을 효과적으로 커버할 수 있는 형태이다. 사각 스타일은 가급적 피하는 것이 좋으며 원형의 안경테도 각을 더욱 두드러지게 할 수 있으므로 피하는 것이 좋다. 직선과 곡선이 함께 있는 웰링턴형이 얼굴선을 부드럽게 해준다.

역삼각형 얼굴

이마가 넓고 좁은 역삼각형 형은 약간 차가운 느낌이 든다.

- **눈썹 :** 수평으로 그리며 다소 진한 눈썹도 어울린다. 눈썹 결이 살아나도록 정확하게 세로로 터치하여 눈썹 전체 길이가 길게 그려준다.
- **안경테 :** 넓은 이마를 커버할 수 있도록 타원형 계열과 둥근 원형 스타일이 잘 어울린다. 테의 윗부분이 강조된 스타일은 넓은 이마를 더욱 강조해 보이므로 가급적 피하는 것이 좋다. 원형이나 모서리부분이 둥근 사각 타입의 웰링턴형으로 시선을 분산시켜 턱이 뾰족해 보이는 것을 감추는 것도 잘 어울린다.

계란형 얼굴

남성들에게도 이상적인 얼굴형이다.

- **눈썹 :** 기본형 눈썹으로 눈의 형태에 따라서 길이를 결정한다. 얼굴의 요철 정도에 따라 눈썹이 달라지만 눈썹의 아래라인이 수평이 되는 기본형 눈썹이 계란형 얼굴에 잘 어울린다.
- **안경테 :** 대부분의 안경테가 어울리기 때문에 본인의 개성에 따라 다양한 디자인을 착용해보는 것도 좋다. 폭스형과 캣 아이형 등 유행 감각에 맞게 자기만의 이미지를 표현해 볼 수 있도록 개성위주로 착용하면 된다. 피부색을 고려해야 하는 것도 잊지 말아야 한다.

긴 얼굴형 얼굴

긴 형은 차분하고 요란스럽지 않은 이미지이다. 점잖은 성격으로 보이기 때문에 간혹 분위기를 교체할만한 새로운 아이템도 개발하면 좋다.

- **눈썹 :** 눈썹 산 부분을 두껍게 하거나 강조하지 않는다. 전체적으로 눈썹의 두께를 얇지 않도록 유

의하고 길이를 길게 한다. 눈의 크기가 작지 않다면 눈썹을 진하게 한다.

- **안경테 :** 가로로 긴 플레임, 폭스형, 웰링턴형으로 시선을 옆으로 돌려주는 것이 좋다. 긴 얼굴형에서 지나치게 각진 테는 딱딱한 인상으로 보일 수 있어 피하는 것이 좋고 전체적으로 완만한 라인의 가로로 긴 모양이 어울린다.

마름모형 얼굴

광대뼈 부근, 즉 중안(中顔)의 폭을 줄이고 날카로운 인상을 부드럽게 표현하는데 주력한다.

- **눈썹 :** 수평형의 눈썹으로 두껍지 않도록 흐린 색으로 그린다. 눈썹의 전체 길이가 길어지면 이마가 좁아 보일 수 있으니 눈 길이에 맞춰주면 좋다.
- **안경테 :** 가로로 긴 타원형이나 보스턴 형이 잘 어울린다. 금테보다는 뿔테 안경이 날카로운 인상을 커버해주는 작용을 한다.

ⓛ 수염스타일을 이용한 수정 메이크업

수염은 형태에 따라 얼굴형을 보완하고 자신의 이미지를 좀 더 개성 있게 연출할 수 있다. 남성만의 특권이라고 할 수 있는 수염은 기르는 모양에 따라 다른 분위기가 연출되고 지속적인 관리를 필요로 한다. 양 턱선의 수염을 가늘게 하고 얼굴 안쪽으로 들여서 길러주면 얼굴이 작아 보이며 턱의 중앙을 강조하거나 콧수염을 넓게 하는 것으로도 얼굴이 작고 입체감 있게 보일 수 있다.

- **콧수염 :** 인중이 긴 사람은 가로로 길게 다듬은 수염이 어울리고 인중이 짧은 사람은 세로로 얇게 기른 수염이 어울린다.
- **턱수염 :** 턱이 짧고 안으로 들어간 남성은 입술 바로 아래에서 중앙으로 뾰족한 느낌이 나도록 기른다. 날카로운 느낌을 피하고 자연스러운 느낌을 위해 옆선을 조금 퍼지게 만들어도 된다.

얼굴의 크기가 비교적 크거나 지나치게 작다면 귀 앞쪽의 구렛나루부터 턱수염, 콧수염이 다 연결되도록 길러본다. 정확한 턱선이 드러나지 않아서 얼굴의 크기가 적당해보인다. 단 수염이 많을수록 긴 헤어스타일은 피해야 지저분한 인상이 나지 않는다. 헤어는 짧고 단순한 스타일이 좋다.

수염의 종류

- **구티**(goatee) **:** 일명 염소 수염이다. 콧수염과 턱수염이 연결된 스타일로 터프하고 강한 인상을 준다. 코 아래와 턱밑, 입 주변까지 수염이 풍부해야 연출이 가능하고 성숙한 이미지를 나타낼 수 있다.
- **힙스터**(hipster) **:** 원래는 유행에 민감한 사람이란 뜻이다. 콧수염과 턱수염이 분리된 형태로 수염이 많지 않아도 연출할 수 있고 수염을 다듬는 정도에 따라 다양한 느낌이 난다.

구티

힙스터

- **프티트 구티**(petite goatee), **친 커튼**(chin curtain), **노리스 스키퍼**(Norris skipper) : 모두 콧수염이 없이 턱 수염만 기르는 스타일로 여러 형태로 얼굴형을 보완하는데 용이하다.
  프티트 구티는 턱 중앙에만 수염을 기르고 친 커튼은 중앙에서 구렛나루까지 넓게 기른 형태이다. 노리스 스키퍼는 턱 중앙에서 길게 내려오다가 턱 맨 밑 선에서 양쪽으로 넓게 퍼진다.

프티트구티

실기 1 각 얼굴형의 장점을 부각한 메이크업의 사례를 찾아 붙여본다.

감자형(둥근형, 사각형)	이미지 부착
중간형(달걀형, 역삼각형)	이미지 부착
고구마형(긴형, 마름모형)	이미지 부착

실기 2 남성을 위한 메이크업 제품들에 대해 알아보고 특징에 대해 이해한다.

피부표현제품	포인트메이크업제품

PART 4.

V-Zone, W-Zone, F-Zone 패션스타일링

CHAPTER 10

패션의 이해

1. 패션이란

패션은 라틴어의 '팩티오, Factio(행위, 동작)'에서 유래된 것으로 의복의 유행을 뜻하기도 하며 어느 특정한 감각이나 스타일의 의복 또는 복식품이 집단적으로 일정한 기간에 받아들여진 것을 의미한다.

의복을 착용한 이유는 인체를 보호하고 정숙하게 신체를 가리며 아름답게 하려는 의도로 시작했다는 여러 설(說)이 있듯이 현대에도 의복은 1차적으로는 추위나 더위로부터 신체를 보호하고 가려주는 기능을 충실히 할 뿐 아니라 대인관계에서 개인의 비주얼 이미지를 나타내고 날마다 나를 표현한다.

비주얼 이미지 메이킹에서 패션에 해당하는 신체부위는 V존과 W존, F존이며 각 신체부위에 적용되는 패션 아이템은 체형, 색, 소재 등의 특성을 조합하여 개인의 패션 이미지를 창출한다.

개인의 패션 이미지는 메이크업, 헤어스타일과 분리하여 생각할 수 없으며 전체적인 조화가 결국 긍정적 비주얼 이미지를 나타낼 수 있는 것이다.

유행과 관련한 용어

① 최신유행(High fashion)

유행의 변화를 처음으로 받아들이는 소수의 사람들에 의해 채택된 스타일이나 디자인이다. 소량 생산되며 새로 등장한 디자인으로 독특하게 보이고 값이 비싸고 좋은 소재를 사용하여 제작하기 때문에 비교적 값이 비싸다.

실용적인 면보다는 실험적이고 새로운 영감을 제공하는 스타일이다.

② 대중유행(Mass fashion)

최신유행이 사람들에 의해 가장 많이 받아들여지는 스타일로 대량생산되며 처음 소개될 때 보다 가격도 낮아져서 보통수준의 가격으로 판매된다.

③ 패드(Fad)

주로 젊은 층에게 나타나는 유행의 형태이다. 일부 집단에 큰 호응을 얻으며 급속도로 받아들여졌다가 빨리 사라져 버린다.

즉 짧은 기간 동안 일정 집단에서 순식간에 받아들여졌다가 금방 사라지는 유형으로 TV나 영화에 등장한 특정 캐릭터의 스타일, 혹은 아이템들이다. OOO의 악세사리, OOO의 류로 주로 불리며 값이 싸고 눈에 잘 띄는 디자인이어야 한다.

④ 트랜디(Trendy)

유행의 첨단을 걷는다는 표현에 적합한 사람으로 모든 머리끝부터 발끝까지 가장 최신의 스타일을 따르는 사람을 말한다.

2. 체형에 따른 분류와 이미지

얼굴형이 다양한 것처럼 체형도 개인이 가진 골격의 구조에 의해서 몇 가지 형태로 나뉘며, 몸의 체중과 근육조직이 이를 보완하여 좀 더 구체적인 모양을 띄게 한다. 또한 체형은 연령이 증가함에 따라 골격의 변화와 함께 체지방의 축척 현상으로 인해 체형의 비례와 형태가 달라지는 특유의 체형을 형성하게 된다.

이상적인 체형이라는 것은 시대에 따라 계속 변화해 왔으며 현 시대에 선호하는 체형이 있는 것이지 모든 시대와 문화의 기준에 적합한 이상적인 체형이라는 것은 존재할 수 없다.

체형을 변화시키는 요인으로는 유전적 영향, 자연 환경적 영향, 영양상태, 생활양식, 주거양식, 활동의 정도 등에 따라 차이가 있으며 같은 지역이라도 시대에 따라 차이가 있다. 실제로 유전적인 요인, 생활 습관, 운동 부족, 영양 불균형 등을 원인으로 현대의 기준에 적합한 이상적인 체형을 가진 사람은 많지 않으며, 대부분의 사람들은 자신의 체형에 만족하지 못하고 고민한다.

몸의 형태는 얼굴보다 개인차가 많지만, 옷을 어떻게 입느냐에 따라 단점을 감출 수 있기 때문에 자신의 체형을 알면 실제보다 좋은 이미지 연출이 가능하다. 자신감 있는 비주얼 이미지를 위한 패션의 선택은 체형을 정확하게 파악하고 이후의 체형 변화에도 항상 관심을 갖는 것이 바탕이 되어야 한다. 타고난 체형을 바꿀 수는 없다 하더라도 자신의 결점을 알고 있으면 비주얼 이미지 관리에 훨씬 유리하기 때문이다.

(1) 여성의 체형과 이미지

체형의 6가지 유형으로는 H형, ▼(역삼각)형, O(둥근)형, ▲(삼각형)형,)((balanced)형, 모래시계형 등이 있다.

① H형

V존과 W존이 신체적으로 균형이 잡혀 있지만 허리가 눈에 띄도록 양쪽으로 들어가 있지 않아서 굵어 보이며 어깨 폭과 허리, 엉덩이 폭이 거의 같은 체형으로 여성스러운 굴곡이 없는 형태로 곡선이 드러나지 않는다. 골격은 가늘고 여윈 모습을 하고 있다. 연약하거나 그와 반대 모습인 남성적인 이미지로 보일 수 있다. 목이 길고 가늘며 엉덩이는 볼륨이 없다.

허리를 가늘게 보이도록 하거나 상체나 하체의 어느 한 곳에 포인트를 주는 것이 이상적이다. 또한 시선을 신체의 중앙으로 이끌고 어깨와 상반신 부분에 볼륨감을 주어 전체적으로 부드럽고 호리호리한 체형으로 연출한다.

허리선을 하이 웨이스트나 로우 웨이스트로 하고 허리선이 들어가 보이는 재킷이나 플레어 스커트가 잘 어울린다. 밝은 색상과 장식이 많은 디자인이나 보트 네크라인, 허리선을 그대로 강조하는 벨트, 수평라인의 무늬는 피하는 것이 좋다.

② ▼ 형 -역삼각형

어깨가 힘의 폭보다 넓거나, 상체가 하체보다 무겁다. 힙의 폭은 허리폭과 비슷하거나 약간 크다. 여성의 역삼각형 체형에는 가슴이 큰 사람이 많으며 하체는 날씬하다. 허리나 힙둘레보다 어깨의 폭이 넓으며, 상대적으로 다리는 가는 특징을 갖고 있다. 엉덩이는 작은 체형으로 다리가 가늘지만 등은 넓고 가슴이 큰 경우가 있어 신체의 V존이 답답해 보이기도 한다.

V존 영역은 셔링이나 프릴, 견장, 패드 등의 세부장식이나 화려한 컬러 등을 절제하여 시선이 적게 가도록 유도하고 시선을 몸의 중심이나 W존으로 유도하여 연출하는 것이다. 숏재킷이나 더블재킷은 피하며 아무런 장식이 없는 민무늬의 심플한 블라우스 등의 자연스럽고 심플한 상의를 입는다. W존은 하반신의 볼륨을 강조한 아이템이나 포켓, 단추, 스티치 장식 등의 포인트가 들어간 스타일링이 효과적이다.

③ ○ 형 -둥금형

어깨, 허리, 힙의 폭에 큰 차이가 없으며 신체의 모든 부분들이 둥근 모양으로 이루어져 있는 체형으로 어깨가 오히려 작아 보일 수 있는 체형이다.

등, 허리, 배가 살이 많고 특히 복부가 강조된 체형으로 엉덩이는 올라붙은 하이 힙(high hip)의 형태를 띠며 다리는 날씬한 편에 든다.

패션 스타일링에서는 곡선을 피하고 직선이나 사선의 효과를 최대한 살리는 것이다. 직선이나 사선으로 분리된 V존의 W존에 다른 색의 의상을 입고 얇고 단순한 벨트를 이용하여 시선을 몸의 중심으로 오도록 한다. 너무 두껍거나 얇은 소재는 피하고 V존이나 Face존에 액세서리를 활용하는 것도 좋다. 가로선이나 주름 스커트 등의 체형을 더욱 도드라지게 하는 스타일링은 피하는 것이 좋다.

④ ▲ 형 – 삼각형

전통적인 한국인의 체형으로 상체에 비해 하체가 크고 발달한 형으로 앉아서 일하는 시간이 많은 사람, 나이가 들면서 운동량이 부족한 사람들 사이에서 많이 나타나는 현상을 볼 수 있다.

어깨의 폭보다 엉덩이의 폭이 더 큰 체형으로 발목이 굵은 경향도 나타난다.

패션 스타일링을 통해 시선의 중심을 V존과 Face 존으로 올려주어 상하의 밸런스를 맞춰 주면 좋다. 하반신을 최소화하고 상반신을 강조해야 하는 형으로 V존은 화려한 컬러나 패턴을 이용하고 어깨 패드을 사용하거나 볼륨을 살린 스타일을 선정하는 것이다.

밀착되는 상의는 주의를 해야 하며 하체를 강조하는 주름이나, 포켓, 밝은 컬러 등은 피하여 최대한 심플하게 연출하고 시선을 허리 위쪽으로 이동시켜야 한다.

⑤)(형(balanced)

어깨와 엉덩이의 넓이가 비슷하지만 허리는 잘록하다. 균형 잡힌 여성의 체형으로는 이상형, 표준형인 체형에 많다. 7, 8등신으로 나눌 수 있다. 어깨와 엉덩이 넓이가 비슷하고 허리가 잘록한 것이 특징이다.

중간 정도의 가슴, 가는 허리, 납작하거나 약간 곡선을 이루는 복부, 적당하게 곡선을 이루고 있는 엉덩이 선을 가지고 있다.

⑥ 모래시계형

가슴과 힙이 풍만하여 헐리우드 스타일, 글래머형이라고도 한다. 허리를 기준으로 가슴둘레와 힙의 차이가 30cm 이상인 체형으로 위, 아래로 균형이 잡혀 있지만 가는 허리 때문에 가슴과 엉덩이가 실제보다 더 크게 보인다.

패션스타일링은 삼각형과 역삼각형의 특성을 조합하는 것이 좋은데 V존은 작게 하고 W존은 풍성하게 하면 시각적으로 이상적이다.

허리를 폭이 넓은 벨트로 커버하고 가슴과 엉덩이는 느슨하게 하여 차이를 시각적으로 줄여줄 수도 있다. 허리가 들어간 싱글 재킷이나 벨트형, 펜슬 스커트 등이 잘 어울리지만 두꺼운 스웨터, 가슴에 장식이 많은 스타일은 피한다.

체형의 보완이 필요한 여성의 체형

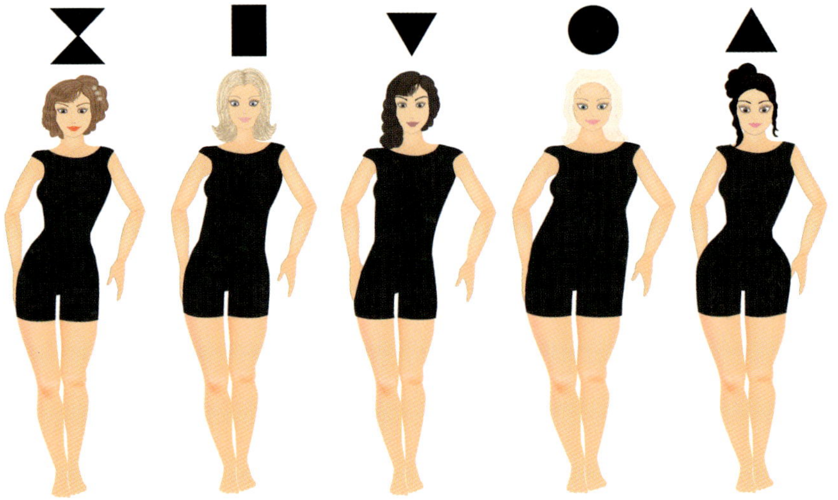

구분	분류	특징
신체 형태	)(형(balanced)	신체의 균형이 잘 잡히고, 전체적으로 보기 좋고 이상적인 몸의 형태
	H 체형	신체 곡선이 없고 허리가 굵은 몸의 형태
	모래시계형	허리가 가늘고 가슴과 엉덩이가 발달한 몸의 형태
	둥근형 체형	전체적으로 살이 많고 골격이 둥근 몸의 형태
	삼각형 체형	상체에 비해 하체가 발달하고 살이 많은 몸의 형태
	역삼각형 체형	하체에 비해 상체가 발달하여 어깨의 폭이 넓거나 솟은 몸의 형태

(2) 남자의 체형과 이미지

어깨가 넓어도 엉덩이는 작은 것이 남자의 체형이라고 생각하기 쉽지만 의외로 어깨는 처지고 골반이 큰 남자도 많다. 이상적인 비례처럼 보이려면 많은 조치를 취해야 하는 데 먼저 어깨와 골반의 비례를 맞추는 것이 좋다.

남자의 이상적인 밸런스형(balanced)은 기다란 T자형에 가깝다. 다양한 의상의 스타일을 소화하고 현대적인 이미지를 가진 체형이다. 남자도 이러한 이상적인 체형이 실제로 많지는 않지만 자신의 몸매를 파악하는 것이 가능하면 이상적인 형태에 가깝게 교정할 수 있다. 운동이나 규칙적이고 체계적인 식습관 등을 통해 꾸준히 개선해 나가고 체형에 맞는 패션 스타일링을 한다면 신체적 단점을 보완할 수 있다.

남자의 체형은 크게 T자형, H-유형, ▼ 형으로 상체가 더 큰 역삼각형, ■ 형으로 하체가 큰 정사각형으로 나눌 수 있다.

① T 자형

길게 놓은 대문자 T자형의 체형이다. 골반에 비해 어깨가 넓고 다리는 골반에 비해 가늘거나 유사한 체형이다. 신체에 살집이 있어도 대부분의 의상이 무난하다.

② H 형

H 형은 가슴 넓이부터 골반과 허벅지까지 일자를 이룬다. 어깨에 비해 허리가 굵고 골반은 작은 형이다.

신체의 V존과 W존 중에서 특별히 강조해야 하는 부분은 없지만 허리가 들어간 상의, 라인이 있는 재킷이나 셔츠를 입는다. 폭이 좁은 베스트나 스트라이프 프린트는 피해야 한다.

③ ▼ 형 – 상체가 큰 역삼각형

어깨가 골반에 비해 월등히 넓으며 허리부터 무릎까지가 거의 직선으로 내려오고 가슴둘레도 골반보다 넓다. 즉 골반의 넓이가 가장 좁은 체형이다.

상체가 더 큰 유형은 체크 프린트나 프린트가 강해서 다리가 짧아 보이는 바지를 피하고 상의는 딱 맞는 핏(fit)의 의상을 선택한다.

④ ■ 형 – 하체가 큰 정사각형

하체가 더 큰 유형은 어깨가 팔자에 가까운 처진 형으로 하체가 튼실한 편이다. 남자의 경우 어깨가 골반에 비해 넓은 체형이 이상적인데 정사각형은 어깨와 골반이 비슷한 넓이이다.

큰 힙 라인을 갖고 있다면 어깨에 힘을 실어 어깨의 각을 강조하고 허리가 부해 보이는 형태의 의상을 피한다. W존은 어두운 계열을 선택하는 것이 좋고 끝선이 점점 좁아지는 바지가 잘 어울린다.

체형의 보완이 필요한 남자의 체형

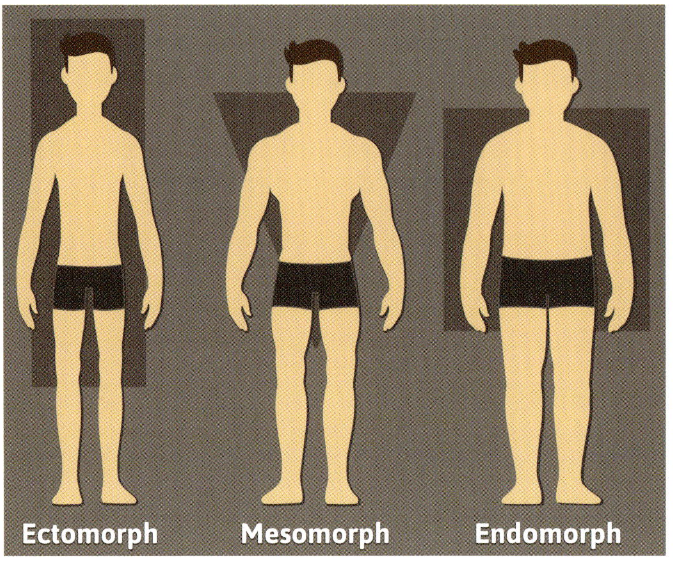

구분	특징	이미지 부착
신체 형태	H 형	일자형 , 허리가 굵고 어깨와 골반이 좁은 몸의 형태
	역삼각형	어깨, 가슴에 비해 골반이 가장 좁은 몸의 형태
	정사각형	어깨와 골반의 넓이가 유사한 몸의 형태

(2) 체형을 분석하는 방법

① 자신의 체형이 드러나 보이는 바디슈트를 입은 사진이나 자신의 체형을 쉽게 알아볼 수 있는 사진을 준비한다.

② 기름종이를 사진의 크기보다 약간 크게 준비한다.

③ 사진위에 기름종이를 대고 기준점을 정하여 점을 찍는다.

④ 기준점을 이어 체형의 곡선을 그린다.

⑤ 7등신의 이상적인 신체비례를 기준으로 하여 해당되는 부위마다 선을 긋고 난 후 자신의 신체 비율과 자신의 신체형을 분석한다.

⑥ 머리길이를 기준으로 두신지수를 파악한다.

TIP **두신지수**

신장 전체와 머리길이와의 비율을 두상치수라고 한다. 즉, 머리의 크기를 1이라고 했을 때 키가 몇 배인지를 말하는 것으로 8등신을 이상적으로 여기지만, 보통은 남녀 모두 평균적으로 7~7.5등신 정도이다.

2. 의복의 소재에 따른 이미지

최근에는 패션을 완성하는데 소재가 더욱 중심적인 요소로 부각되면서 기능성 신소재로 항균 방취 소재, 방향성 소재, 숙취 소재, 방염 소재, 초강력 소재가 만들어졌을 뿐만 아니라 콩섬유, 대나무섬유 등도 개발되었다. 패션의 소재는 멋진 옷을 완성시키는 시각적인 기능도 해야 하지만 현대인에게 필요한 기능성과 관리의 편리함도 동시에 가지고 있어야 현실적인 패션의 소재로서 그 의미가 있다고 할 수 있다.

또한 지속적으로 의상에 적용이 가능한 다양한 소재 개발이 계속되고 있는 것은 새로운 패션은 곧 새로운 소재라는 의미로도 해석된다. 예를 들면 같은 디자인과 같은 색의 의상을 린넨 소재로 만들었을 때와 실크 소재로 만들었을 때는 전혀 다른 이미지를 나타낸다. 모두 천연소재지만 일단 소재의 질감이 달라서 의상에서 느껴지는 느낌과 컬러 톤이 다르며 린넨은 신축성이 없고 강인한 소재로 무겁게 떨어지는 핏을 나타내지만 실크는 광택이 있고 부드러워 조심히 다뤄야하며 아래로 흐르는 하늘거리는 형태로 보일 것이다.

많은 디자인의 풍요 속에서 의상의 소재에 대한 인식은 비주얼 이미지를 위한 의상을 상황과 주요 요인에 맞춰 선택하고 스타일링 하는데 중요한 조건이 된다. 대표적인 패션의 소재는 크게 천연섬유, 재생섬유, 합성 섬유로 나뉘고 면, 마, 견, 모, 레이온, 폴리 에스테르 등이 있다.

(1) 천연 섬유의 종류와 손질법

대표적인 천연 섬유는 면, 마, 견, 모 등으로 면, 마는 식물에서 추출한 것이며 견, 모는 동물성 원료이다.

면(cotton)은 흡습성이 좋고 염색이 용이하고 유연하고 세탁, 표백도 잘되는 특징이 있어 실용적인 용도로 넓게 쓰인다.

마섬유는 공통적으로 거칠고 내구성이 뛰어나며 가장 고급의 소재인 린넨을 포함하여 아마(Flax), 저마(Ramie), 대마(Hemp), 황마(Jute) 등이 있으며 전반적으로 강인하고 탄력성이 적다. 내추럴하고 멋스러운 매력의 소재로 구김이 많이 가는 단점이 있지만 빨리 건조되는 장점도 있다.

모는 울(wool)이라고 많이 부르는 것인데 동물의 털을 깍아서 섬유로 만들어 주는 것으로 앙고라, 알파카, 캐시미어 등의 산양류나 낙타, 비큐나, 알파카, 라마등의 낙타류까지 모두 포함한다. 신축성, 탄력성이 풍부하고 산성에 강하고 알칼리성에는 약하다. 산성 울세제를 사용해야 한다.

견 섬유는 누에고치에서 뽑아내는 섬유로 섬세하고 부드럽고 광택이 아주 풍부하다. 약한 특성으로 활동적인 의상에는 적합하지 않다.

손질법

- 면, 마 같은 식물성 천연 섬유는 고급일수록 섬세하다. 일명 면 티셔츠라고 해서 무조건 뜨거운 물에 강하게 세탁하면 바로 망가져버린다. 티셔츠를 오래 입으려면 크기에 맞는 세탁망에 넣어 중성세제와 미지근한 물로 빤다. 조직이 니트류인 경우에는 손빨래 혹은 드라이클리닝한다. 셔츠의 칼라나 겨드랑이 얼룩은 얼룩 제거제(산소계 표백제)를 뿌려 두었다가 본 세탁에 들어간다. 어깨 너비가 맞고 미끄러지지 않는 옷걸이에 걸어 보관하는 것이 변형을 막고 오래 입을 수 있는 방법이다.
- 울 실크 등 동물성 섬유는 외출에서 돌아오거나 장기간 입지 않을 때는 잘 털어주거나 솔질을 해준다. 세탁 시마다 천연의 윤기가 없어지고 손상이 클 수 있어 너무 자주 세탁하지 않는 것도 좋다. 드라이 크리닝 방법이 보편적이었으나 최근에는 울 전용세제로 물 세탁을 하는 방법도 등장하였으며 절대 비틀어 짜지 않는다.
- 가죽과 모피는 날씨, 열 등의 외부환경에 영향을 많이 받으며 특히 습기에 노출되면 그 원래의 형태와 질감이 없어지고 훼손될 수 있으므로 주의해야 하고 전문 드라이크리닝이 필요하다.

면

마

울

견

(2) 재생섬유

인조 섬유에 속하며 재생섬유의 종류는 레이온(rayon), 아세테이트(acetate) 등이 있다. 천연섬유에 가까운 느낌이 나도록 만든 것으로 나무의 펄프에서 추출하여 화학적인 처리를 통해 얻어진다.

레이온 중에는 대표적으로 우리가 인견이라고도 하는 것이 있으며 재생섬유 중 가장 대표적인 것으로 감촉이 부드럽고 차갑다. 아세테이트는 주름잡기 쉬운 원단으로 기계주름이 필요한 의상이나 안감 용도로 주로 사용된다.

손질법

아세테이트와 레이온은 고가의 실크 대용으로 광택이 아름답지만 물에 젖었을 때는 물리적 자극에 민감해진다. 즉 물이 닿으면 쉽게 손상되고 충격을 흡수하지 못한다. 드라이크리닝, 손세탁, 울 코스로 세탁한다.

아세테이트레이온

(3) 합성섬유

인조 섬유에 속하며 합성섬유는 나일론(nylon), 폴리에스터(polyester), 아크릴섬유(acrylic fiber), 폴리우레탄(polyurethane) 등이 있다.

석유 석탄 등에서 추출하여 화학적으로 합성하여 얻어지는 섬유이다. 각 섬유에 따라 차이는 있지만 천연섬유에 비해 가볍고 물리적인 자극에 강하며 잘 구겨지지 않는 반면 흡수성이 낮고 염색성·내열성 등이 낮다.

나일론은 가볍고 강한 섬유이며 폴리에스터는 열에 강하고 물리적인 자극에 강하여 닳지 않지만 정전기가 나며 신체에 오래 닿으며 건조한 느낌이 난다.

아크릴은 모 섬유 대용으로서 보온성이 우수하고 산성과 알칼리성에 강한 성질로 관리와 세탁이 편리하다. 하지만 아크릴도 정전기가 자주 발생하고 건조한 느낌이 있어 세탁도 자주하고 잘 털어주면서 사용하는 것이 좋다.

손질법

폴리에스터, 아크릴 등 합성섬유는 알칼리성 세제에도 강한 섬유로 세탁이 편리하지만 정전기가 자주 나타나기 때문에 유연제를 사용하여 촉감도 부드럽고 정전기 없는 상태로 만들어 사용하면 좋다.

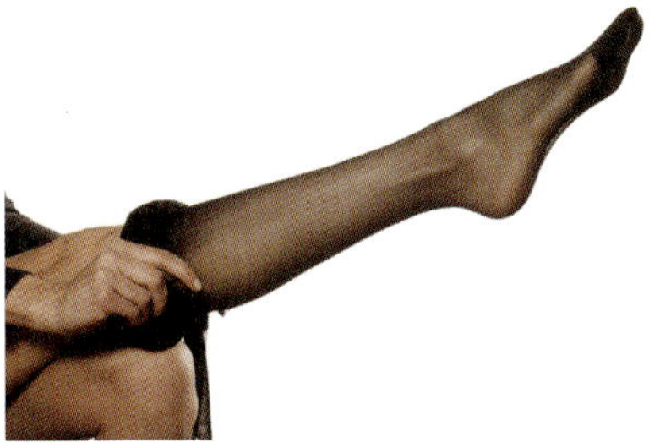

나일론

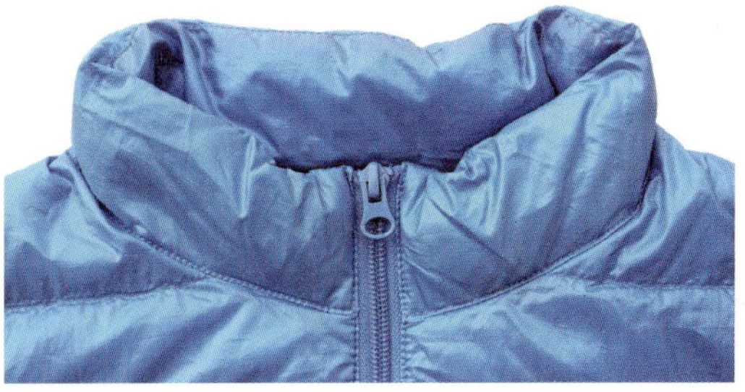

폴리에스터

TIP **소재의 매치**

패션 스타일링을 하다보면 기본적인 아이템을 여러 개 겹쳐서 입게 되는 일은 종종 있다. 옷을 겹쳐서 입을 때 각 의상의 소재에 대해 고려해야 할 사항이 있는데

- 첫 번째는 안의 옷에 비하여 겉옷의 소재가 더 두껍고 뻣뻣해야 한다는 것이다. 안에 입은 옷이 접히지 않고 더 두껍고 뻣뻣하다면 겉에 걸친 의상은 당연히 그 모양이 제대로 살아날 수 없다. 또한 활동이 매우 불편해진다.
- 두 번째는 매치한 의상의 색이 전체로 비슷하여 패션 스타일이 밋밋하다면 소재에 변화를 줄 수 있다. 블랙 컬러의 가죽 팬츠와 니트 스웨터의 조합이 여기에 해당한다. 다만 정장은 소재를 비슷하게 해야 한다. 전체적인 슈트와 구두의 광택감이 다르거나 슈트와 셔츠의 광택감이 다른 것도 매우 어색하다. 예를 들면 광택 없는 모소재의 재킷은 소프트한 니트류를 같이 연출하고 구두도 광택이 없는 가죽이나 스웨이드도 잘 어울린다.
- 세 번째는 피부 결에 따라 어울리는 소재가 있다. 대체로 피부결이 고운 사람은 소프트하고 광택이 있는 소재가 좋고 반대의 경우에는 와일드하고 질감이 살아있는 소재가 잘 어울린다.

질감이 살아있는 소재들

3. 배색에 따른 이미지

패션에서 색의 조합은 패션 이미지를 형성하는 데 적절한 효과를 주며, 배색은 여러 아이템을 사용한 세퍼레이츠 연출 전략을 통해 개인이 연출할 수도 있으며 한 가지 아이템에 적절한 배색을 사용된 의상을 선택할 수도 있다.

TIP 세퍼레이츠(Separates) 연출

실용적이고 기능적이면서도 세련된 패션스타일링 방법으로 재킷·블라우스·스커트·팬츠 등을 세퍼레이츠(분리)된 것이 전체적인 조화를 이루도록 한 벌로 연출하는 것을 말한다. 재킷을 결정하고 재킷과 다른 소재나 프린트로 되어 있는 하의나 상의를 조화롭게 연출하는 것이다.

(1) 대조 컬러 배색

색상의 차이를 강조한 배색, 명도차를 강조한 배색, 채도차를 강조한 배색, 톤이 모두 대조적인 배색으로 그 차이가 커짐에 따라 강조되는 효과가 있다.

일반적으로 화려하고 활동적인 이미지 배색이다.

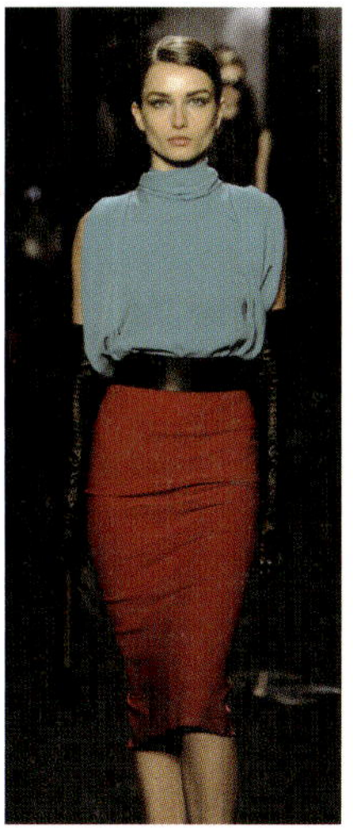

(2) 톤 인 톤(tone in tone) 컬러 배색

동일한 색(or 유사색)의 비슷한 톤끼리의 배색으로 명도차가 적다. 톤에 따라 다양한 이미지가 연출되는데 무채색이 배색되면 원숙하고 세련된 이미지를 나타내며 차분하다.

(3) 톤 온 톤(tone on tone) 컬러 배색

톤을 겹친다는 의미로 동일한 색(or 유사색)이 명도와 채도를 다르게 하여 배색하는 것이으로 특히 명도의 차이가 두드러진다. 리듬감이 있으며 톤의 차이가 클수록 다채로운 느낌이다.

(4) 액센트(accent) 배색

유사한 색상 or 유사한 톤의 단조로운 배색에 대조되는 색상이나 톤을 가진 색상을 넣어 전체 상태를 돋보이도록 하는 배색 기법이다. 액센트 컬러는 전체 배색에 비해 5~10%만을 사용하며 강조점이 된다.

액센트 배색은 평범한 배색에 인상적인 변화의 계기가 되고 시선을 집중시킬 수 있는 효과가 있다.

(5) 그라데이션(gradation) 배색

'서서히 변화하는 것, 단계적으로 변화의 뜻으로 점진적으로 변화하거나 이행하는 현상이다. 그라데이션의 단계는 색상, 명도, 채도, 톤(tone) 모두가 해당된다.

3가지 이상의 다색 배색에서 사용하고 연속적인 배열에 의해 시각적인 유동성을 준다. 차분하고 서정적인 이미지를 주고 단계로 인한 순서성이 나타나서 자연스러운 흐름과 리듬감이 생긴다.

(6) 세퍼레이션 배색(separation) 배색

'분리' 효과를 활용한 배색이다. 색의 대비가 강한 배색 or 유사 배색 사이에 분리색을 넣어 사이를 분리시켜 새로운 조화를 이룬다. 분리색은 주로 무채색을 사용하거나 기존 배색과 색상이나 톤이 전혀 다른 색을 사용한다.

세퍼레이션 배색은 안정감이 없던 기존의 배색을 조화롭게 하거나 밋밋한 배색을 세련되게 하고 활동적인 느낌으로 전환시켜 준다.

CHAPTER 11

패션 아이템 (Item)

패션 스타일링에서 체형과 배색, 상황, 감성을 고려한 V-zon, W-zon, F-zon의 아이템에 대해 이해하고 개인에게 적용하는 과정을 돕기 위해 먼저 패션 아이템과 그 특성에 대해 알아보록 한다.

1. 여성의 아이템(V존, W존, F존 아이템과 기본 스타일 제안)

(1) 슈트

슈트란 상의와 하의가 모두 같은 천, 원단으로 만들어진 것으로 매우 단정한 이미지의 의상이다.

오피스룩의 가장 기본적인 아이템으로 성숙하고 우아한 이미지를 나타내며 최근에는 부드럽고 둥근 라인을 살린 편안한 슈트도 많이 등장하고 있다.

테일러드 슈트(tailored suit)

직장 여성에게 가장 기본이 되는 아이템으로 정통적인 스타일이다. 테일러드 칼라가 달려있는 재킷과 같은 소재의 스커트로 싱글이나 더블 버튼이 일반적이다. 상의와 하의를 분리하여 다른 옷들과 매치를 할 수도 있고 하의는 A라인이나 H라인 뿐만 아니라 주름이 있는 스커트도 매치할 수 있다. 시작은 남성의 옷을 변형한 것이지만 이제는 일하는 여성의 옷이라는 범위에 확실히 자리잡은 아이템이다.

카디건 슈트(cardigan suit)

칼라가 없는 재킷과 스커트로 이루어진 것으로 이너웨어와 악세사리에 따라 다양한 분위기를 연출하는 것이 테일러드 슈트에 비하여 수월하다.

판탈롱 슈트(pantalon suit)

판탈롱은 프랑스어로 팬츠와 같은 뜻으로 판탈롱 슈트는 재킷과 바지가 같은 천으로 된 슈트로 '바지 정장'이다. 활동성이 좋으며 신체의 결점을 커버하고 여성스러운 느낌은 적지만 단정하고 세련된 이미지를 연출할 수 있다.

(2) 재킷

① 종류

과거 재킷이라 하면 정장의 이미지가 강했으나 최근에는 디자인과 착용법이 다양해짐에 따라 재킷이 주는 이미지도 변하고 있다. 반드시 격식을 갖추어야 할 자리가 아니더라도 재킷은 패션 스타일링 효과가 뛰어난 아이템으로 쉽게 유행을 타지 않는다.

재킷의 기본 스타일로는 칼라의 형태에 따라 테일러드 칼라 재킷, 라운드 네크라인 재킷 그리고 캐주얼 재킷으로 나뉘며 소재에 따라 모직 재킷, 진 재킷과 가죽 재킷 등이 있다.

테일러드 칼라 재킷(tailored collar jacket)

다양한 연출이 가능한 테일러드 칼라 재킷은 때와 장소와 격식에 관계없이 개인의 이미지를 연출하는 데 효과적으로 블랙 테일러드 재킷은 어떤 색상과 매치해도 세련된 느낌을 주며, 싱글 여밈은 유행을 타지 않고 어떤 체형이라도 무난하다.

라운드 네크라인 재킷(round neckline jacket)

네크라인이 라운드 형태의 재킷으로 라운드 네크라인으로 이루어진 재킷으로 여성스럽고 우아한 스타일을 연출하는 데 적합한 아이템이다. 일반적으로 스커트와 매치하여 단아한 느낌으로 연출하지만 팬츠를 입어 정돈되고 세련된 이미지를 나타내기도 한다.

모직 재킷(wool jacket)

양모, 캐시미어, 알파카, 모헤어 등의 소재를 사용하여 남성의 슈트 상의나 비즈니스 캐주얼 재킷과 유사한 용도로 주로 오피룩에 적합한 형태가 많다. 네크라인의 모양에 따라 라운드, 테일러드 자켓 등이 있다.

진 재킷(jeans jacket)

진(jeans) 재킷 or 데님(denim) 재킷은 질기고 튼튼한 면직물로 만들어진 캐주얼한 재킷으로 발랄한 이미지를 표현하는 데 적합한 아이템이다. 팬츠나 스커트 어디에나 잘 어울린다. 진 재킷만으로도 다양한 연출이 가능해 젊은 여성들이 즐겨 입는 활동성이 높은 아이템이다.

가죽 재킷(leather jacket)

- 광택처리가 된 가죽에서 내추럴한 스웨이드 소재까지 다양한 질감, 색상, 디자인의 제약 없이 꾸준하게 여성들의 사랑을 받고 있는 아이템이다.
- 때로는 우아하게, 때로는 스포티하고 와일드하게 감각적인 변신이 가능하다.

② 재킷의 패션스타일링

재킷은 하의를 고려하여 유사톤의 색상이나 유사색이 포함된 심플한 디자인을 선택하거나 하의의 소재와 동일한 소재의 재킷을 선택하는 것이 무난하다.

재킷의 길이는 전체적인 이미지를 결정하는 중요한 요인으로 체형을 고려하여 그 길이를 결정할 수 있으며 길이에 따른 패션 이미지에 따라 선정하기도 한다.

롱 재킷은 우아하고 여성적인 분위기가 있으며 짧은 타이트 스커트나 타이트 팬츠와 함께 착용하면 세련된 멋을 연출할 수 있다. 숏 재킷은 주로 발랄한 이미지로 원피스나, 통이 넓은 팬츠, 롱스커트와 매치하면 효과적이다.

또한 단추의 개수로 인해 형성되는 V존의 형태, 트임 등에 따라서 느낌이 달라지는데 버튼의 수가 적으면 일반적으로 V존이 깊어져 날씬하고 키가 커 보이며 시원한 느낌이 든다. 더블 버튼의 재킷은 디자인으로 인해 여밈선이 우측으로 이동되므로 부피감을 좀 더 줄 수 있다.

테일러드 칼라 재킷 + 셔츠 + 팬츠

재킷을 슈트로 입을 때는 재킷 안에 입는 셔츠에 따라 분위기가 달라진다. 화이트 셔츠를 입으면 단정한 분위기를, 화려한 프린트의 블라우스를 입으면 여성스러운 느낌을, 가슴을 강조하는 스판 티셔츠를 입으면 섹시한 느낌이다. 팬츠는 체형에 따라 통이 넓거나 좁은 것을 선택하는 것이 좋으며, 우아한 이미지는 통이 넓은 팬츠를, 활동적인 이미지는 스판 팬츠와 앵글 부츠를 매치시켜 본다. 세련된 이미지의 마무리는 심플하고 모던한 소품으로 한다.

라운드 네크라인 재킷 + 같은색 계열의 스커트/팬츠 + 하이 힐

라운드 네크라인의 롱(long) 재킷은 타이트한 스커트나 팬츠와 어울리는 반면 숏 재킷은 롱스커트나 와이드 팬츠와 잘 어울린다. 실크 소재의 우아한 분위기의 블라우스나 액세서리, 핸드백, 하이 힐 등을 매치시키면 더욱 여성스런 이미지를 표현할 수 있다.

모직 재킷 +같은색 계열의 스커트 / 대조색의 원피스

슬림한 라인의 모직 재킷은 같은 색 계열의 스커트 나 팬츠와 매치하면 점잖고 우아한 이미지를 나타낸다. 모 소재의 재킷 안에 재킷과 대조되는 색상의 원피스를 매치하면 여성스럽고 단아하다. 블랙 재킷 안에 베이지 계열의 원피스나 흰색을 매치하거나 화이트 재킷 안에 네이비 블루의 원피스를 입는 것으로 여성의 오피스룩으로도 적합하다.

재킷 + 데님 팬츠 + 구두 또는 운동화

데님 팬츠에 재킷 차림은 젊어 보이면서도 단정한 이미지를 전달하기에 좋다. 데님 팬츠는 매우 다양한 디자인과 색상이 있으며 자신의 체형에 맞는 것으로 선택하려면 입어보고 선택하는 것이 좋다. 길이가 긴 데님 팬츠를 착용하고 높은 굽의 구두를 신으면 다리가 길어 보인다. 재킷을 착용했지만 운동화를 신어 발랄하고 스포티한 감각을 연출하면 백(bag)도 스포티하게 연출하는 것이 좋다.

가죽 재킷 + 셔츠 + 데님 팬츠

가죽 재킷과 데님은 섹시함, 와일드한 매력, 독특한 개성을 모두 나타낼 수 있는 조합이다. 가죽 재킷은 니트 셔츠나 울 소재의 소프트한 질감과도 잘 어울린다. 롱 가죽 재킷은 타이트한 스커트나 팬츠와 어울린다.

③ 재킷의 명칭

볼레로(bolero)

스페인의 민족의상에서 떠온 것으로, 길이가 웨이스트보다 짧게 된 재킷의 총칭이다. 대개 여밈이 없다.

샤넬(chanel) **재킷**

허리 정도의 길이와 칼라가 없으며 가장자리는 일반적으로 브레이드(braid)로 된 재킷이다.

싱글 브레스티드(single-breasted) **재킷**

가슴 여밈에 싱글라인, 즉 한 줄로 단추가 달린 클래식한 재킷으로 대개 허리가 맞게 되어 있고 네모진 칼라에 긴 소매가 달린 것이 특징이다.

더블 브레스티드(single-breasted) **재킷**

앞여밈이 더블, 즉 두 줄로 된 것의 총칭이다. 일반적으로 그냥 더블이라 한다.

차이니즈(chiness) **재킷**

중국식의 깃을 세운 스탠드 칼라나 단추에 중국식 매듭단추 등으로 앞 여밈을 한 재킷을 말한다.

블레이저(blazer) **재킷**

가벼운 울로 만든 스포츠 재킷을 말하는데, 영국 대학의 유니폼처럼 강렬한 색채에 올이 굵은 줄무늬 복지로 된 것이 많다. 패치포켓을 달고 앞가슴에는 자수무늬를 달기도 한다.

사파리(safari) **재킷**

아프리카에서 사냥이나 여행을 할 때 입는 간편하고 투박한 재킷을 말한다. 기능적이며 포켓이 많고 벨트가 특징이다.

파카(parka) **재킷**

에스키모어에서 온 것으로 겨울철 패셔너블한 다운웨어로 널리 착용된다.

봄버(bomber) **재킷**

공군복의 의미로 미공군의 비행사들이 입는 허리길이의 짧은 상의에서 응용하여 디자인한 것으로, 양가죽이나 부드러운 털의 안감을 댄 가죽 재킷을 말한다.

아노락(anorak) **재킷**

등산이나 스키에 쓰이는 방풍, 방설을 위한 후드가 달린 상의이다. 천은 두텁고 울이 조밀한 것, 퀼팅(누빔)이 된 것, 안에 모피를 댄 것, 나일론을 댄 것 등이 있다.

스톨(stole) **재킷**

여성용 어깨덮개의 일종으로서 길고 폭이 비교적 좁은 것을 말한다.

판초(poncho) **재킷**

모포와 같은 천을 중앙에 구멍을 뚫고 거기에 목을 꿰어 입도록 된 덧옷으로, 원래는 남미의 민족복이다.

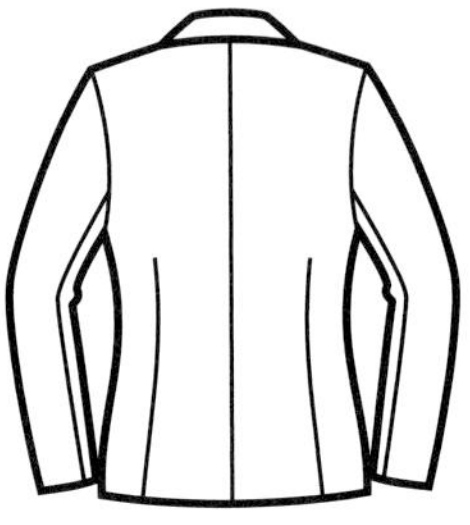

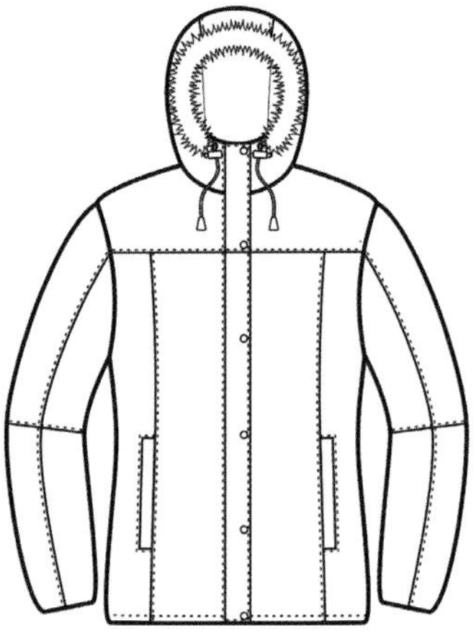

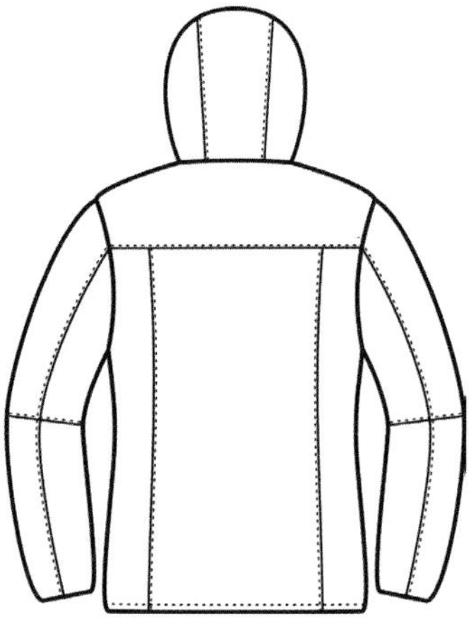

(3) 코트

케이프(cape)

소매가 없는 것으로 된 방한 의류란 뜻이다. 후드의 유무에 따라 망토와 구별하지만 현재는 그 구분도 불명확하다.

더플(duffle)

거친 모직으로 만들어진 군용 코트에서 생긴 것으로 후드가 달린 짧은 싱글 코트이다. 단추 대신에 끈으로 여미도록 된 것이 특징이다.

체스터필드(chesterfield)

너무 몸에 끼지 않게 허리를 약간 들어가게 한 남녀겸용의 클래식코트이다. 싱글이나 더블 여밈이며 검은 벨벳 칼라가 달려있다. 때로는 앞여밈 단이 이중으로 되어 있어서 그 사이로 단추를 끼워 안보이게 한다.

트렌치(trench)

제1차 세계 대전 때 영국병사가 입었던 것이 시초이다. 모양은 더블로 되어있는데 옷깃이 접힌 곳에 단추구멍을 내어 앞을 가릴수 있게 되어있다. 어깨에 덮개를 댄 것도 있으며 주머니가 많다.

텐트(tent)

텐트를 펼친 모양 같은 코트를 말한다. 어깨에서 플레어가 들어가 단으로 향할수록 퍼져 있다.

(4) 셔츠

누구나 부담 없이 즐겨 입을 수 있는 셔츠는 자칫하면 평범해 보이기 쉬운 아이템이지만 체형과 상황에 맞는 셔츠의 선택은 심플하고 꾸미지 않은 패션을 완성시킨다. 셔츠는 색상과 소재에 따른 기본 스타일로 화이트 셔츠와 컬러풀 셔츠, 데님 셔츠, 프린트 셔츠 등이 있다.

① 셔츠의 종류

화이트 셔츠(white shirts)

단정하고 도시적인 세련된 이미지를 주고 싶을 때 활용한다.

컬러풀 셔츠(colorful shirts)

컬러풀 셔츠는 은은한 파스텔에서 화려한 비비드(vivid) 컬러에 이르기까지 디자인보다는 그 색상만으로도 화려한 느낌을 주는 셔츠이다. 컬러풀한 셔츠는 장식이 적고 심플한 스타일이 좋다.

데님 셔츠(denim shirts)

오래되고 낡을수록 친근한 느낌이 드는 데님 셔츠는 전체적으로 활동적이고 발랄한 인상을 준다. 비교적 편안한 루즈한 핏의 디자인이 많지만 슬림한 셔츠의 경우에는 신축성이 있는 것을 선택해야 한다.

프린트 셔츠(printed shirts)

프린트 셔츠란 플라워, 옵티컬(opical), 체크, 스트라이프 등 다양하고 재미있는 모양이 프린트된 셔츠이다. 화려하기 때문에 프린트 셔츠에는 단색의 하의를 매치시키는 것이 바람직하며, 전체적으로 강렬하면서도 세련된 느낌을 준다.

② 셔츠의 패션 스타일링

화이트 셔츠 + 팬츠 / 스커트 + 소품

벨트 대신 스카프로 허리에 악센트를 주거나, 선글라스와 컬러풀한 벨트를 한다거나, 캐주얼 감각의 빅(big) 백을 매는 것으로 심플한 스타일링에 변화를 준다.

컬러풀 셔츠 + 팬츠 + 재킷

몸에 꼭 맞는 화려한 색상의 셔츠에 슬림 핏 팬츠를 입으면 여성스럽고 섹시한 분위기를 준다. 어두운 계열의 컬러풀 셔츠에 화이트 재킷을 입으면 느낌이 단정하다. 여성스런 분위기의 심플한 핸드백이나 가방, 구두를 매치하면 이미지가 한결 부드러워진다.

프린트 셔츠 + 니렝스 스커트 / 팬츠

프린트 셔츠에 무릎의 중간 정도 오는 길이의 니렝스(knee length) 스커트를 입고 작고 깜찍한 스타일의 액세서리를 매치시키면 사랑스런 느낌을 줄 수 있다. 세련되고 활동적인 느낌을 주고 싶다면 화려한 프린트는 피하고 스트라이프 셔츠에 팬츠를 입고 심플한 디자인의 가방이나 구두를 매치한다.

③ 셔츠와 블라우스의 명칭

버스티어(bustier)

어깨끈이 없이 다트가 있어 몸에 꼭 맞는 옷이다.

캐미솔(camisole)

가슴선이 수평으로 재단되어 슬립과 같이 끈으로 되어 있는 형태이다.

스먹(smock)

어린이, 부인, 화가 등이 옷이 더러워지는 것을 막기 위해 옷 위에 걸쳐 입는 덧옷을 말한다. 요크풍으로 이음선을 넣어 주름 장식을 한 헐렁하고 긴 상의이다.

페플럼(peplum)

블라우스나 재킷의 웨이스트 라인 아랫부분을 말하며 터그나 프릴을 모아 러플 또는 플라운스로 장식될 때가 많다. 퍼지는 라인으로 여성스럽다.

블루종(blouson)

등을 불룩하게 한 블라우스나 엉덩이까지 오는 점퍼와 같은 상의를 말한다.

셔츠 웨이스트(shirtswaist)

남자용 와이셔츠처럼 재단된 심플한 블라우스로서, 깃이 세워져 있는 셔츠 칼라에 커프스(cuffs-소맷부리)가 달린 것이 기본이다. 셔츠블라우스와 같다.

웨스턴(western)

미국 서부의 카우보이들이 즐겨 입었던 셔츠를 말한다. 데님 등으로 만들어진 실용적인 것으로 산 모양의 요크(yoke)가 특징이다.

탱크 탑(tank top)

소매가 없고 여밈이 따로 없는 형태의 겉옷을 말한다. 티셔츠 위에 겹쳐입거나 직접 맨살 위에 입는 것 1970년대 후반에 유행하였다.

폴로(polo)

셔츠 칼라에 앞이 트인 디자인으로 단추가 두세 개 나란히 달린 스포티한 셔츠이다.

(5) 티셔츠

티셔츠는 캐주얼하고 스포티한 감각을 즐기고 싶을 때 자주 이용되는 것으로, 재킷이나 베스트와 함께 매치해도 좋지만 티셔츠 하나만으로도 좋은 패션 스타일링 아이템으로 품이 넉넉한 디자인의 T셔츠, 몸에 꼭 맞는 디자인의 T셔츠 등을 선택할 수 있다.

대표적인 티셔츠의 스타일은 몸에 꼭 맞는 스타일의 스판 티셔츠와 모자가 달린 후드 티셔츠, 헐렁한 박스 티셔츠가 있다.

① T 셔츠의 종류

스판 티셔츠(span T-shirts)

몸에 꼭 맞는 스타일의 티셔츠로 재킷이나 베스트와 레이어드 하기에 좋은 아이템이다. 매치시키는 하의에 따라 활동적으로 보일 수도 있고 편안하거나 여성스러운 이미지도 연출할 수 있다.

후드 티셔츠(hood T-shirts)

모자가 달린 스타일로 스포티 룩에서 시작된 것으로 기본적으로는 활동적인 느낌이 있다. 박시한 재킷이나 라운드 티셔츠를 스타일링 하면 개성 있고 세련된 느낌을 준다. 진 팬츠가 가장 활동적으로 무난하며 스커트가 잘 어울리는 아이템이다. 디자인의 종류도 박시하거나 슬림한 스타일과 니트 소재 등으로 매우 다양하다.

박스 티셔츠(box T-shirts)

박스 티셔츠는 소매가 직각으로 붙어 있어 펼치면 T자형을 이루는 것이 특징이다. 몸을 풍성하게 감싸는 스타일이기 때문에 체형에 상관없이 어울리며, 주로 젊은 층에서 선호하는 아이템이다. 요즘에는 캐주얼한 감각으로 빅 사이즈의 팬츠와 함께 입는 경우도 많다.

② 티셔츠의 패션스타일링

스판 티셔츠 + 팬츠 / 스커트 + 소품

스판 티셔츠는 타이트 핏 팬츠와 입으면 섹시하지만 스커트와 매치시키면 여성스러운 느낌을 준다. 티셔츠 위에 베스트를 겹쳐 입으면 스포티하고 경쾌한 이미지를 준다. 스판 티셔츠를 입을 때는 소품 하나 하나에도 신경을 써서 자신의 감각을 표현하는 것이 바람직하다.

후드 티셔츠 + 팬츠 / 스커트 + 캐주얼한 소품

스포티한 느낌의 심플형 후드티셔츠는 무늬나 로고 없이 단색으로 디자인된 것이 깨끗한 이미지를 준다. 무난한 스타일링을 위해서는 스트라이프형 후드 티셔츠를 선택하는 것이 좋다.

박스 티셔츠(box T-shirts) **+ 진 팬츠 / 숏 팬츠**

박스 티셔츠는 너무 마르거나 살찐 체형이 입으면 단점이 드러날 수 있다. 박스 티셔츠에 빅 사이즈의 진 팬츠를 입어 캐주얼한 힙합 스타일을 연출하거나 캐주얼하고 스포티한 감각으로 입기에 무난하다. 숏팬츠를 매치하면 경쾌하고 발랄하다.

(6) 스웨터

주로 풍성하게 몸을 감싸고 소프트하게 흘러내려 자연스럽게 몸매의 곡선을 드러내는 디자인이다. 활동적이면서도 여성스럽고 우아한 세련미를 자아낸다. 주로 풀오버(pullover)나 카디건 스타일로 때로는 풍성하게, 때로는 우아하게 가을, 겨울철에 주로 입던 아이템이 이제는 계절에 상관없이 다양하게 사용된다.

스웨터의 기본 스타일로는 라운드 네크라인 스웨터와 터틀 네크라인 스웨터, 카디건 스웨터 등이 있다.

① 스웨터의 종류

라운드 네크라인 스웨터(round neckline sweater)

앞이나 뒤를 여밈이 없고 머리 위에서부터 뒤집어 입는 풀오버 스웨터(pullover sweater)의 일종으로, 라운드 네크라인으로 되어 있다. 소재에 따라 4계절 사용하고 겨울에는 보온성을 주기 위해 두툼한 털로 짠 스웨터가 많다.

터틀 네크라인 스웨터(tutle neckline sweater)

터틀 네크라인 스웨터는 거북이 목처럼 생겼다 해서 붙여진 이름으로, 네크라인이 목까지 올라 오기 때문에 보온성이 뛰어나 가을, 겨울에 주로 입는다. 코트나 재킷 안에 입는 경우가 많으며 이전에는 여성들이 주로 선호하는 스타일이었으나 최근에는 남성들도 오버핏 코트나 자켓 안에 자주 스타일링하는 아이템이다.

카디건 스웨터(cardigan sweater)

칼라 없이 단추가 앞 중심에 달려 여밀 수 있는 스웨터를 카디건 스웨터라 한다. 이를 셔츠나 블라우스, 원피스 등과 매치시켜 입으면 전체적으로 부드러우면서도 여성스런 이미지를 준다.

② 스웨터의 패션스타일링

라운드 네크라인 스웨터 + 진 팬츠

라운드 네크라인 스웨터에 진 팬츠를 입을 때는 특히 색상조화에 유의하도록 한다. 젊고 발랄한 감각을 원한다면 풍성한 디자인의 스웨터를, 경쾌하고 귀여운 느낌은 짧은 길이의 스웨터를 진 팬츠 위에 매치시키는 것이 좋다. 심플한 디자인의 구두를 신으면 전체적으로 단정해 보이지만, 스니커즈나 워커 부츠를 신으면 캐주얼하면서도 활동적으로 보일 수 있다.

터틀 네크라인 스웨터 + 재킷

몸에 밀착되는 스타일의 터틀 네크라인 스웨터는 재킷 안에 입으면 단정하면서도 심플하다. 재킷과 유사 색상으로 매치시키거나 무채색으로 검정 재킷 안에 흰색 터틀 네크라인 스웨터를 입으면 세련된 느낌을 줄 수 있다. 반면에 대조색으로 스타일링하면 눈에 띄기는 쉽지만 자칫 촌스런 인상을 줄 수 있으므로 주의해야 한다.

카디건 스웨터 + 스커트

터틀 네크라인 스웨터에 재킷 차림이 지적이면서도 활동적인 이미지를 준다면 카디건 스웨터에 스커트 차림은 여성스런 분위기를 연출한다. 카디건 트윈 세트(twin set)에 니트 스커트를 매치시킬 경우 우아한 스카프로 포인트를 주는 것이 좋고, 전체적으로 단순하게 느껴질 때는 액세서리로 변화를 주도록 한다.

(7) 스커트

현대사회에서는 여성의 전유물로 여성스러움과 발랄함을 동시에 표현하는 아이템이다. 타이트(tight) 스커트, 플리츠((pleats) 스커트, 플레어(flare) 스커트 등 종류가 다양하고 종류에 따라 어떤 스타일을 매치하는냐에 따라 여러 가지 변화가 가능하다.

스커트의 기본 스타일은 길이에 따라 미니 스커트, 니렝스 스커트, 롱 스커트 등이 있다.

① 스커트의 종류

미니 스커트(mini skirt)

무릎에서 10~20cm 올라간 짧은 길이의 스커트를 말하며, 젊고 발랄한 감각을 나타내는데 효과적인 아이템이다. 미니 스커트는 몸에 꼭 맞는 타이트한 디자인이나 아랫단이 퍼지는 A라인 디자인 등이 있다.

니렝스 스커트(knee length skirt)

무릎 길이의 스커트를 니렝스 스커트라 한다. 타이트, 플리츠, 플레어 등의 여러 가지 디자인에 따라 분위기가 결정된다. 주로 여성스런 이미지를 표현하므로 오피스룩에 많이 활용되는 편이다.

롱 스커트(long skirt)

발목까지 내려오는 긴 길이의 스커트로서 타이트한 롱 스커트는 도시적이고 세련된 이미지를, 내추럴하게 주름진 롱 스커트는 부드러운 이미지를, 규칙적인 주름이 들어간 롱 스커트는 보수적이고 단정한 느낌을 준다.

② 스커트의 패션 스타일링

미니 스커트 + 셔츠

미니 스커트는 상의를 대조 배색하면 신선한 느낌을 줄 수 있고, 오버 셔츠(over shirt)와 매치하면 복고적 이미지가 연출된다. 몸에 슬림하게 붙는 미니 스커트에 재킷 스타일의 셔츠를 입을 경우 깔끔한 이미지를 준다.

미니 스커트 + 티셔츠 + 운동화

엉덩이 부분에 살짝 여유가 있는 A라인의 미니 스커트와 골반에 걸쳐 입는 스타일의 미니 스커트는 날씬해 보이는 것이 특징이다. 엉덩이와 허벅지에 달라붙는 것 보다는 약간 여유가 있는 것이 날씬해 보인다. 이러한 스타일은 무릎에서 약 15cm 정도 올라간 길이가 적당하고, 전체적으로 귀엽고 스포티한 감각이 연출된다.

니렝스 스커트 + 티셔츠 / 니트 + 벨트

니렝스 스커트는 부드럽고 여성스런 이미지를 표현하는 대표적인 아이템으로 니렝스 스커트에 몸에 달라붙는 티셔츠나 니트를 밖으로 내려 입고 가느다란 벨트로 악센트를 주면 여성스러우면서도 단정한 느낌을 줄 수 있다. 좁고 긴 트임이 들어간 니렝스 스커트는 오피스룩으로도 적합하며 세련미와 함께 섹시한 분위기를 낸다.

니렝스 스커트 + 같은색 계열의 상의

주름이 있는 니렝스 스커트는 귀엽지만 뚱뚱해 보일수 있는 단점이 있다. 블랙 컬러의 차분한 플리츠 스커트나 타이트한 니랭스 스커트는 비교적 날씬해 보이는 아이템으로 유사색 상의를 입으면 키가 커 보이는 효과를 준다.

롱 스커트 + 셔츠 + 재킷

롱 스커트에 타이트한 짧은 상의를 매치시키면 전체적으로 날씬하고 하체가 길어 보인다.심플한 검정 스트레이트형 롱 스커트는 패션리더의 필수 아이템으로 화이트 셔츠나 베이직한 검정 재킷과 함께 입으면 세련된 분위기를 낼 수 있다. 키가 작거나 뚱뚱한 체형이라면 플레어 롱 스커트나 플리츠 롱 스커트 등의 퍼지는 스타일의 스커트는 피한다. 깊은 네크라인 상의에 트임이 깊게 들어간 롱 스커트를 입으면 섹시한 이미지를 줄 수 있다.

③ 스커트 길이에 맞춘 구두 연출

스커트 길이에 따라 어울리는 신발이 있다. 예를 들어, 슬림 룩을 연출해야 할 니렝스 스커트에 투박한 통굽 사보(sabot)를 신으면 어딘지 모르게 어울리지 않는다는 느낌을 준다. 반면 가느다란 스트랩 샌들(strap sandal)을 신으면 전체적으로 균형 있게 보이게 된다.

미니 스커트 + 펌프스 / 롱 부츠

A라인 미니 스커트에 복고적인 느낌의 통굽 펌프스(pumps)를 매치시키면 스쿨 걸 분위기의 귀엽고 깜찍한 느낌이 연출된다. 펌프스의 앞 코가 뾰족한 것보다는 동그란 모양이 더 귀여운 느낌을 준다. 또한 굽 높은 스니커즈에 흰색 루즈 삭스(loose sacks)를 매치시키면 발랄하고 어려보인다.겨울에는 미니스커트와 롱 부츠 차림이 가장 기본적이면서도 멋진 스타일이다.

니렝스 스커트 + 펌프스 / 스트랩 샌들

재킷과 니렝스 스커트의 매치는 출근복으로 적합한 차림이다. 타이트한 니렝스 스커트에 잘 어울리는 구두는 기본형 펌프스로서, 단순한 디자인이 깔끔해 보이고 보통 6~7cm의 굽이 적당하다. 레이스로 된 니렝스 스커트는 로맨틱한 분위기를 내는 데 효과적인 아이템으로, 여기에 T자형 스트랩 샌들을 신으면 섹시한 이미지를 줄 수 있다.

롱 스커트 + 앵글 부츠

롱 스커트는 앵글 부츠와 잘 어울려 세련된 분위기를 연출한다. 스커트와 부츠의 색상은 한가지로 통일하거나 부츠를 어둡게 선택하는 것이 좋다. 앵글 부츠는 미니 스커트와도 잘 어울리는 아이템으로 스커트를 즐겨 입는다면 장만하면 좋은 아이템이다. 봄, 여름에는 롱 스커트에 뮬(mule)을 신으면 시원하고 여성스런 느낌을 준다.

④ 스커트의 명칭

스트레이트(straight)

엉덩이 라인에서 끝단에 걸친 윤곽이 직선으로 된 스커트이다.

개더드(gathered)

스커트의 허리에 잔주름을 잡은 스커트이다. 직선으로 재단한 것과 플레어로 재단한 것이 있다.

벨(bell)

종처럼 생긴 스커트이다. 홀쭉한 허리에서 다트나 심 혹은 패티코트(petticoat)로 부풀게 하고, 다시 끝단을 향해 펼쳐지게 한 것이다.

버블(bubble)

풍선모양의 벌룬 스커트와 비슷한데, 허리부분이 벌룬 스커트보다도 풍성한 느낌이다.

벌룬(balloon)

풍선처럼 부푼 스커트로서, 허리와 끝단에 주름을 자아 가운데를 부풀여서 둥그스런 맛을 낸 우아한 스커트이다.

플레어드(flared)

체형성에 따르지 않고 허리에서 도련에 걸쳐 나팔꽃 모양으로 벌어진 여유있는 스커트의 총칭이다.

서큘러(circular)

도련을 폈을 때 완전한 원을 그리는 스커트이다. 입었을 때 허리에서 도련을 향해 아름다운 여러가닥의 너플거림이 생기므로 주로 파티 드레스로써 쓰인다.

고어드(gored)

플레어 스커트의 일종으로, 고어(삼각형이나 사다리꼴로 이어붙인 천)를 몇 장 덧대어 만든 스커트이다. 고어의 숫자에 따라 부를 때가 있다.

티어드(tiered)

2단이나 혹은 그 이상을 수평으로 잘라서 개더, 터크, 플레어, 블라우스 등으로 장식한 것을 말한다. 실루엣 전체가 아래로 내려감에 따라 퍼진 것도 있고, 반대로 된 것도 있다.

랩(wrap)

한 폭으로 된 천을 휘감아서 입게 된 스커트이다.

드레이프(draped)

차분하고 드레시한 것이 많으며, 주름이 잡혀 예쁘게 드리워진 스커트를 말한다.

(8) 팬츠

팬츠는 활동적이고 편할 뿐 아니라 체형 커버에도 좋은 아이템으로 특히 자신 없는 다리를 감추거나 키를 커 보이게 하는데 효과적이다.

팬츠의 기본 스타일로 스트레이트 팬츠와 카프리 팬츠, 진 팬츠 등을 들 수 있다.

① 종류

스트레이트 팬츠(staright pants)

엉덩이 부분에서 아래로 일직선으로 내려운 형태로 바지 밑단의 넓이가 45cm 미만이며, 일명 일자 바지라고 한다. 입는 방법과 소재에 따라 캐주얼하거나 세련된 이미지, 단정한 이미지 등을 다양하게 연출된다.

카프리 팬츠(Capri pants)

전체적으로 몸에 꼭 붙으며 발목에서 약간 올라간 길이로 7부, 8부 길이의 팬츠 등이 여기에 속한다. 따뜻한 계절에 즐겨 입는 아이템으로 매치시키는 상의나 액세서리, 패션 소품 등에 따라 분위기가 달라진다.

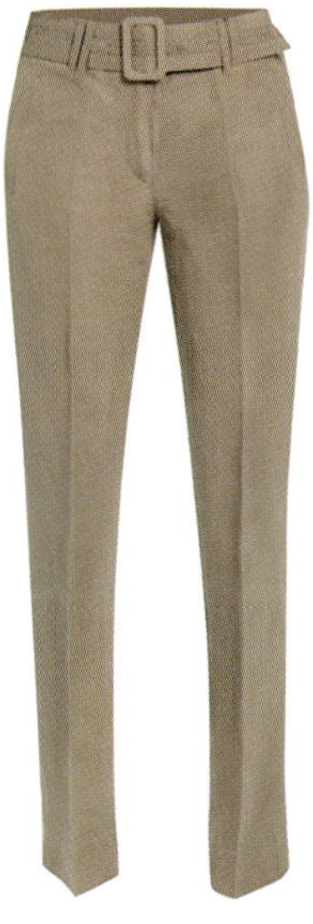

진 팬츠(jeans pants)

탄탄한 조직으로 짠 면직물로 만든 바지로서 튼튼하며 스포티하거나 캐주얼한 감각을 표현하는 데 적합하다.

② 팬츠의 패션스타일링

최근에는 진 팬츠의 디자인과 색상, 연출법 등이 매

우 다양해지고 그 흐름도 빨라지면서 여러 개의 진 팬츠를 소유하고 있는 경우가 대부분이며 무엇을 입어야 할지, 자신에게 맞는 스타일이 무엇인지를 생각해야 할 만큼 진 팬츠가 유행 아이템으로 자리잡았다.

체형에 따른 진 팬츠 연출법

다리가 전체적으로 굵고 힙이 큰 체형은 너무 딱 맞는 스트레이트 진은 피하고 세미 힙본 스타일이나 판탈롱 스타일을 선택하도록 한다. 허리가 길다면 밑 위 길이가 긴 클래식 스타일이 무난하다. 키가 작을 경우에는 진 팬츠의 길이를 길게 입고 굽이 높은 구두를 매치하고 밑위가 짧고 슬림한 형태는 피하도록 한다.

진 팬츠 + 박시한 T셔츠 + 머플러

진 팬츠 위에 헐렁한 티셔츠를 입으면 발랄하고 스포티해 보이지만 추가적으로 화려한 색상의 머플러나 소품으로 포인트를 주면 패셔너블하고 세련된 이미지를 연출할 수 있다.

진 팬츠 + 재킷 / 박시한 T셔츠

진 팬츠로 멋스럽고 고급스런 분위기를 연출해 주면 나이가 들어서도 충분히 소화해 낼 수 있는 아이템이다. 진 팬츠을 고급스런 재킷과 매치시켜 입거나 품위 있는 디자인의 소품을 활용하면 진 팬츠의 이미지가 활동적인 것에서 우아하게 달라진다. 진 팬츠와 블라우스를 입으면 성숙해보이지만 헐렁한 티셔츠를 멋스럽게 겹쳐 입으면 한결 젊어 보인다.

③ 팬츠의 명칭

스트레치(stretch)

신축성 있는 소재를 사용하여 몸에 밀착되는 스포티한 바지로 끈이 달려있기도 하다.

테이퍼드(tapered)

끝단을 향해 차차 가늘어지는 팬츠를 말한다.

배기(baggies)

백(자루)처럼 넉넉하고 폭이 넓은 바지인데, 넓적다리 위가 특히 넓다. 1970년대에 여성용 바지로 유행하였다.

스트레이트(straight)

엉덩이에서 끝단까지 직선적인 실루엣을 특징으로 하는 바지를 말한다.

팔라초(palazzo)

팔라초는 궁전이라는 뜻이다. 스커트와 같이 단 폭이 넓은 플레어가 들어간 팬츠이다.

벨 보텀스(bell bottoms)

1970년경부터 유행한 바지로 무릎 부분에서 밑으로 향해서 플레어가 들어간 모양이다. 실루엣이 벨형인데서 붙여진 이름이다.

빕 빕탑(bib bib-top)

어린이의 턱받이 라는 뜻으로 가슴부분에 요크를 대고 멜빵이 달려있는 것이 특징이다. 용도에 따라 포켓의 위치나 크기 등이 다양하다. 오버롤즈(overalls), 서스펜더(suspender), 페인터스(painter's)라고도 부른다.

할렘(harem)

터키 여성용 의복과 비슷한 팬츠를 말한다. 유연하게 부풀리고 허리와 단에 개더를 넣은 드레시한 팬츠로, 1910년경에 유행하였다.

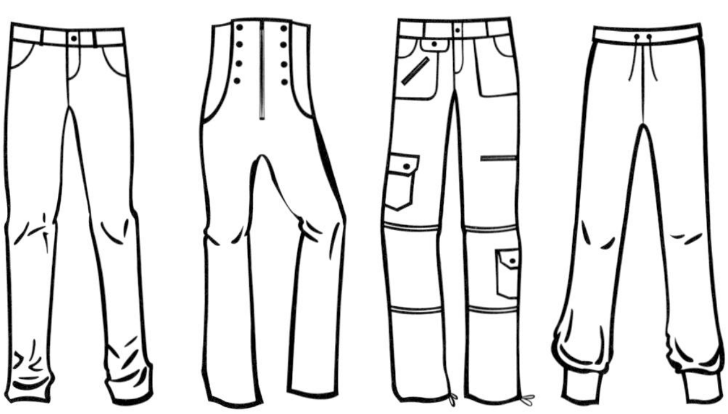

진즈(jeans)

진즈 트윌이라 블리는 무명의 능직으로 짠 튼튼한 천으로 만든 바지인데 블루진이라고도 부른다.

(9) 원피스, 드레스

드레스는 '성장한, 격식을 차린'이란 의미로 속옷과 오버코트를 제외한 겉옷을 가리키는 말이며 일반적으로 원피스 드레스를 지칭한다.

원피스는 단품으로 입거나 다른 옷과 매치시켜 여성스러움을 그대로 드러낼 수 있는 대표적인 아이템이다. 원피스는 우선 V존을 고려하며 가슴부분의 액세서리나 스카프의 사용에 유의하고 매치하는 패션 소품의 디자인에도 신경을 써야 한다.

원피스의 기본 스타일에는 슬리브리스 원피스와 셔츠 원피스, 슈미즈 원피스 등이 있다.

① 종류

슬리브리스 원피스(sleeveless one-piece)

소매 없는 디자인으로, 여성스러움을 표현하기에 아주 좋은 아이템이다. 여름에는 슬리브리스 원피스 하나만 입을 수 있으며 봄, 가을에는 재킷이나 카디건을 덧입어 다양하게 연출할 수 있다.

셔츠 원피스(shirts one-piece)

셔츠 원피스는 칼라와 소매의 여밈이 셔츠 스타일로 된 원피스로서 여성적인 느낌과 스포티한 느낌을 동시에 주는 것이 특징이다.

슈미즈 원피스(chemise one-piece)

슈미즈 원피스는 허리에 이음선 없이 일직선으로 내려온 디자인으로 슈미즈 형태의 속옷이 겉옷화되어 유행한 것이다. 슈미즈 원피스 하나만 입으면 섹시한 느낌이지만, 다른 아이템과 매치시키면 캐주얼하게 연출할 수도 있다.

② 원피스의 패션스타일링

같은 소재, 같은 색상의 원피스 드레스라도 네크라인의 모양에 따라 다른 느낌을 가지므로 자신의 얼굴형과 이미지에 맞는 네크라인을 선택해야 하며 칼라의 유무에 따른 이미지도 고려해야 한다.

슬리브리스 원피스 + 카디건 / 재킷

소매가 없는 슬리브리스 원피스는 재킷이나 카디건, 티셔츠와 겹쳐 입기에 좋다.

심플한 디자인일수록 섹시한 느낌이 들고, 셔링(shirring)이나 주름 등의 장식이 잡혀 있는 스타일은 귀엽고 여성스러워 보인다.

셔츠 원피스 + 소품

화이트 셔츠원피스에 밝은 색상의 소품을 매치시키면 깔끔하고 세련된 이미지이다. 스트라이프 셔츠원피스는 발랄함을 강조한다. 미니스트라이프 원피스에는 복고 스타일의 작은 손가방을 매치시키면 세련되어 보인다. 모노톤 스트라이프 원피스 차림에는 컬러풀한 스카프를 매거나 가방을 들어주면 생동감이 생긴다.

③ 명칭

슈미즈(chemise)

통형의 직선적인 웨이스트의 심플한 드레스를 말한다.

A-라인(A-line)

슈미즈 드레스와 거의 같은데, 허리선에 이음선이 없다. 직선적이고 심플한 드레스이며 시프트(shift)라고도 부른다.

트라페즈(trapeze)

트라페즈는 프랑스어로 사다리꼴이란 뜻이다. 어깨에서 스커트 끝단까지의 벌어짐이 사다리꼴로 된 실루엣이다.

프린세스(princess)

프린세스 스타일의 드레스로, 허리선에 이음선이 없고 상체부분에서 스커트까지 이어져 재단되어 있다. 윗부분은 몸에 꼭 맞고 스커트는 팽팽하게 당겨져 단에서 넓어진 실루엣으로 벨트없이 착용한다.

엠파이어(empire)

19세기 초의 엠파이어 실루엣을 응용한 스타일인데, 하이 웨이스트에서 가볍게 조여 도련을 향해서 스트레이트된 엠파이어 실루엣 드레스를 말한다.

점퍼(jumper)

칼라가 없고 소매가 없는 원피스 스타일의 드레스이다. 보통 안에 스웨터나 블라우스를 받쳐 입는다. 어깨끈을 길게 하고 몸통부분을 없애면 서스펜더 스커트가 된다.

드레이프트(draped)

느슨하게 늘어뜨린 천의 주름을 특징으로 한 드레스이다.

랩(wrap)

랩은 싸다, 감싸다 란 뜻으로, 몸에 감는 것처럼 디자인된 드레스이다.

(10) 구두

발을 감싸는 신발의 총칭으로 발의 보호와 장식을 겸해서 여러 가지 모양이 있다.

여성 구두는 가장 기본적인 기능에 따라 크게 3가지로 구분할 수 있는데 기본적으로 끈이나 잠금장치 없이 신는 슈즈와 발등이 드러나고 끈이나 밴드로 여미는 샌들, 발목 위로 길게 올라오는 부츠로 나뉜다.

레이스 업 부츠(lace-up boots)

레이스 업이란 끈으로 묶는 것의 총칭으로 앞이나 옆에서 끈으로 다리에 꼭 맞게 묶도록 된 부츠이다.

몽크 스트랩 슈즈(monk strap shose)

갑피 부분에 버클과 벨트가 달린 구두로 몽크는 유럽의 수도승을 말한다.

바스켓 슈즈(basket ball shoes)

농구화라고도 한다. 농구선수가 신는 스포츠 슈즈를 말한다. 캔버스나 부드러운 가죽으로 만들어지고 밑창에는 미끄럼 방지의 모양이 배합되어 있다.

사보(sabot)

네덜란드 민속복에 맞춰 신는 나막신에서 유래한 것으로 사보는 프랑스어로 나막신을 말한다. 전체가 목재인 것과 가죽으로 만든 것, 코르크로 바닥을 댄 높은 신발이다.

샤넬 펌프스(chanel pumps)

일반적으로 샤넬 슈즈로 알려진 검소한 디자인의 여성화로 앞부리 부분에서 배색한 일자 장식이 특징이다. 대표적인 것은 검정과 베이지로 배색된 것으로서, 앞부리에 포인트를 둔 모던한 디자인으로 되어 있다. 또한 구두의 앞쪽에 시접이 있으며, 등 부분은 사람의 피부색에 가깝기 때문에 발이 길어 보인다.

플랫(flat)

구두 굽의 높이가 2cm 정도되는 단화이다. 일반적으로 앞 모양이 부드럽고 굽이 거의 없는 신발을 말한다.

웰링톤 부츠(wellington boots)

군용 승마 부츠로 19세기 영국군의 영웅인 웰링톤의 이름을 따서 명명하였다.

웨스턴 부츠(western boots)

미국 서부 해안 개척 시대의 복장에서 볼 수 있는 롱부츠 스타일이다. 독특한 장식과 더불어 승마용의 기능도 충분히 고려하여 만들어졌다. 카우보이 부츠라고도 한다.

인디언 모카신(indian moccasin)

원래 모카신은 인디언이 신고 있었던 것으로서, 모카신을 손으로 만든 것처럼 소박한 인디언 룩으로 디자인 된 것을 말한다.

캔버스 슈즈(canvas shoes)

등 부분을 캔버스 천으로 만든 운동화의 총칭이다. 스니커즈와 같다.

태슬 슈즈(tassel shoes)

신발 등에 술 장식을 단 신발의 총칭으로 신는 입구가 얕은 슬립온에서 많이 볼 수 있으며, 종종 태슬 슬립온 이라든가 태슬 모카신이라고 한다. 원래는 궁정 내에서 신었던 실내화의 일종으로, 현재는 턱시도 등과 합쳐지는 매우 드레시한 것부터 캐주얼한 것까지 많은 종류가 있다.

토우 슈즈(toe shoes)

새틴이나 부드러운 천으로 만들어진 발레용 신발이다. 발끝으로 설 수 있도록 특수하게 만들어졌으며, 끈으로 발목을 감아서 매도록 되어 있다.

햅번 샌들(hepburn sandal)

영화 사브리나에서 오드리 햅번이 신었던 샌들이다. 앞과 뒤가 트여 있고 심플한 것이 특징이다.

(11) 디테일

디테일이란 실루엣 속에 사용된 세부장식으로, 실루엣 속에 적절히 배치되어 아름다운 장식 효과를 나타낸다.

디테일은 봉제 과정에서 제작되는 것으로, 디테일의 종류에는 칼라(collar), 소매(sleeve), 커프스(cuffs), 포켓(pocket) 등이 있다.

① 칼라(collar)

베이직(basic)

네크라인에서 목을 따라 서있는 것의 총칭으로, 너비나 목의 정도에 여러 가지 명칭이 있다. 스탠드 칼라, 스탠드 어웨이 칼라, 차이니즈 칼라, 맨더린 칼라 등이 있다.

보우(bow)

스카프 칼라와 같은 것인데 앞에서 보로 묶는다. 슈트 속에 입는 블라우스나 디키 등에서 흔히 볼 수 있다.

크루(crew)

목 둘레에 꼭 맞는 편물로 된 둥근 네크라인이다. 선원들의 스웨터에서 흔히 볼 수 있는 칼라이어서 이렇게 불리게 되었다.

터틀넥(turtleneck)

거북의 목처럼 생긴 네크라인을 말한다. 목 둘레를 겉으로 접어넘긴 것도 있으며 풀오버에 많이 쓰인다. 요즘에는 블라우스 등에도 이용되고 있다.

컨버터블(convertible)

셔츠 칼라 등에서 볼 수 있듯이 제일 위의 단추를 여미거나 풀어서 두 가지로 입을 수 있는 칼라이다.

셔츠(shirt)

와이셔츠 칼라와 비슷한 칼라로 스포티한 느낌을 준다. 받침 칼라가 있는 것과 없는 것이 있으며 칼라 끝은 보통 둥글게 파였거나 뾰족하게 되어 있다.

버튼 다운(button-down)

셔츠 칼라의 끝을 단추로 길게 붙인 칼라로서, 스포티한 느낌을 주는 칼라이다.

세일러(sailor)

여학생의 세일러복에 쓰이고 있는 칼라로, 앞이 V자형으로 트여 있다. 앞에서 이어져 어깨에서 등으로 넘어가면 뒤쪽이 네모진 패널형으로 된 칼라를 말한다.

② 소매

셋인(set-in)

원형대로 소매 붙임선에 붙여진 소매의 총칭으로, 보통 소매를 말한다.

셔츠(shirt)

와이셔츠 소매와 같이 소매산이 낮고 직선적인 여유가 있는 소매이다. 대개 커프스가 붙는다.

벨(bell)

매달린 종처럼 소매의 실루엣이 소맷부리에 이르러 넓어지는 것이다.

비숍(bishop)

긴 소매의 소맷부리에 개더를 잡아 커프스로 조인 것이다.

퍼프(puff)

소매 붙임선과 소맷부리에 주름을 잡아 가운데를 귀엽게 부풀린 소매이다. 멜론 슬리브라고도 한다.

벌룬(balloon)

벌룬(풍선)과 같이 크게 부풀린 팔꿈치까지의 소매를 말한다. 퍼프 슬리브의 일종으로 길이가 긴 형태를 말한다.

래글란(raglan)

목둘레에서 겨드랑이 쪽으로 이음선이 있는 소매이다. 디자인에 따라 많은 변형이 있는데, 소매의 폭도 한 폭, 두 폭, 세 폭 등 여러 가지가 있다

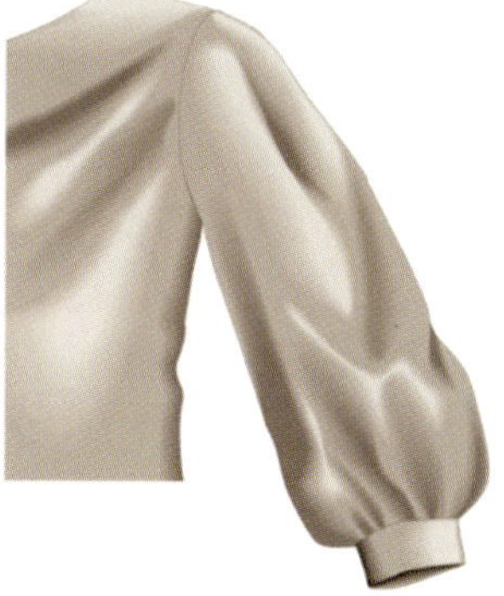

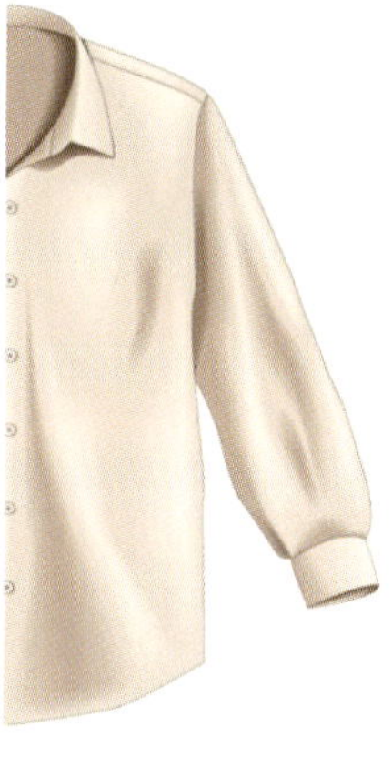

③ 커프스

롤 업(roll-up)

롤업은 '걷어올린다'는 뜻으로, 소매 끝을 걷어올린 것이다. 커프스처럼 보이기 때문에 이런 명칭이 붙었다.

니트(knit)

편물로 만든 커프스로 소맷부리에 붙이고, 주로 점퍼 등에서 많이 볼 수 있다.

밴드(band)

소맷부리가 폭이 좁은 밴드로 처리된 커프스를 말한다. 커프스의 밴드 부분을 고리형으로 하거나 단추나 스냅으로 여민 것 등 여러 가지이며, 주로 소매 끝에 개더를 모아서 밴드를 단다.

베럴(barrel)

셔츠 커프스의 일종이다. 프렌치 커프스에 대하여 쓰이는 말로서, 한 장으로 된 커프스를 말하며, 싱글 커프스라고도 한다.

프렌치(french)

두 겹으로 접어 넘긴 커프스로서, 개더를 잡은 소맷부리에 붙어있는 것이 많다. 더블 커프스와 같다.

2. 남성의 아이템(V 존, W 존, F존 아이템, 아이템별 패션스타일링)

남성의 패션은 크게 정장 패션 아이템과 캐주얼 패션 아이템으로 구분할 수 있다. 라이프 스타일과 취향, 체형, 상황에 따라 구분하여 선택할 수 있고, 엄격한 비즈니스 패션과 활동적이고 편안한 캐주얼 패션의 구분이 여성에 비하여 명확한 편이다.

2-1. 정장 패션 아이템

정장은 직장 생활을 하거나 격식을 갖추어야 할 때 필요한 아이템이다. 기본적인 구성으로는 같은 원단으로 된 상하의 한 벌로 된 슈트와 재킷, 팬츠이며 조끼, 셔츠 및 넥타이 등이 포함된다. 셔츠와 넥타이 등의 정장용 액세서리와 패션 소품으로 변화를 줄 수 있다.

정장은 흐트러짐이 없이 반듯한 패션으로 경직되고 딱딱한 스타일이 대부분이었지만 최근에는 이와 같은 흐름을 벗어나 자연스런 분위기를 추구하는 캐주얼 정장이 많이 나오고 있다.

(1) 슈트(suit)

남성 정장으로 슈트는 가장 기본이 되는 옷으로 상·하의가 동일한 색상과 소재로 만들어진 한 벌의 옷을 말한다.

재킷과 바지가 기본적인 한 벌의 구성으로 슈트용 상의에 바지를 별개의 것과 입는 것은 이상적인 스타일링 방법은 아니다. 상의와 바지는 하나의 라인을 형성하며 구성된 것이기 때문에 다른 아이템과는 다소 다를 수 있으므로 한 벌의 슈트는 한 벌로만 입는 것이 가장 이상적이다.

슈트는 회사 신입사원에서 고위층에 이르기까지 다양한 계층에서 착용할 수 있다. 유행에 민감하지 않아 한번 장만하면 오래 입을 수 있는 아이템이므로 슈트를 처음 구입할 때는 신중을 기하도록 한다.

슈트는 실루엣에 따라 아메리칸 스타일, 유러피안 스타일, 브리티시 스타일, 이탈리안 스타일로 구분된다.

① 슈트 스타일의 구분

아메리칸 스타일 슈트(American style suit)

아메리칸 스타일은 미국인들의 실용주의가 살아있는 슈트의 형태이다. 활동성과 기능성을 강조한 박스 형태의 디자인으로 감각과 멋이 살아 있으며 보통 재킷의 뒷부분에 트임이 있다. 정장을 입고 큰 활동성이 필요하거나 너무 뚱뚱하거나 마른 체형일 경우 아메리칸 스타일을 입으면 결점을 감추는 데 좋다.

아메리칸 스타일

유러피안 스타일 슈트(European style suit)

유러피안 스타일은 각이 진 어깨와 좁은 소매, 두 개의 앞여밈 단추로 되어 있으며 아메리칸 스타일과 달리 뒤트임이 없는 것이 특징이다. 몸에 꼭 맞는 모양으로 격식에 엄격한 유럽인의 기호를 잘 나타내며 공식적이고 예의를 갖추는 자리에서 입혀지는 스타일이다.

몸의 곡선을 유연하게 살려주지만 아메리칸 스타일보다 다소 경직된 느낌을 준다.

유러피안 스타일

브리티시 스타일 슈트(British style suit)

브리티시 스타일은 현대 기성복의 기본형으로 아메리칸 슈트와 몸에 딱 맞도록 잘록하게 허리가 들어간 유러피안 슈트의 중간 단계이다. 슈트를 기본적인 비즈니스 스타일으로 인정하고 발전을 이끌어 온 것은 사실 영국이다. 영국의 양복점 거리인 세빌로의 이름으로 붙여져 세빌로 스타일이라고도 한다.

패드를 넣지 않은 자연스럽게 각이 진 어깨와 두 개의 앞여밈 단추, 하나의 뒤트임으로 이루어져 맞춤 양복으로도 인기가 높다.

브리티시 스타일

이탈리안 스타일 슈트(Italian style suit)

이탈리안 스타일은 미국의 넉넉함과 유럽의 곡선미, 세빌로의 균형미를 창조해낸 가장 최근의 스타일이다. 약간 넓은 어깨에 조금 들어간 허리선, 곡선 처리된 아랫단 등이 특징이며, 착용감이 편하고 외형적으로는 세련된 느낌을 준다. 최근 이탈리아 패션이 세계적으로 인정받으면서 널리 착용되고 있으며, 캐주얼 라인까지 폭넓게 응용되고 있다.

이탈리안 스타일

② 슈트 연출을 위한 재킷의 스타일링

슈트에서의 재킷의 스타일은 슈트 전체라고 해도 과언이 아닐 만큼 어떤 재킷을 입을 것인가는 슈트 연출에 있어 매우 중요한 일이다. 또한 재킷의 실루엣과 라인에 따라 팬츠의 디자인도 영향을 받게 된다.

슈트의 재킷은 겉옷의 개념이 아닌 독립적인 개념의 하나의 의상으로 특히 포멀한 자리에서는 재킷을 벗지 않으며 단추도 다 채우는 것이 예의를 갖추는 것이다.

재킷은 단추의 여밈 방식과 버튼 수, 버튼 홀 개수에 따라 크게 싱글 브레스티드 재킷과 더블 브레스티드 재킷으로 구분할 수 있으며 기본적인 구성에 베스트가 들어있는 경우에는 스리피스 재킷으로 구분된다.

싱글 브레스티드는 재킷이나 코트 등의 앞 여밈이 한 줄로 내려오는 싱글로 된 것을 말하며, 더블 브레스티드 슈트는 재킷의 앞여밈을 깊게 하여 앞부분이 겹치고 두 줄의 단추를 아래로 달아 여미는 슈트를 말한다. 여미는 단추의 갯수에 따라서는 원 버튼 재킷, 투버튼 재킷 등으로 나눌 수 있다.

싱글 브레스티드 투버튼 재킷(single breasted two-button jacket)

가장 일반적이고 무난한 디자인으로 남성들이 많이 입는 비즈니스 스타일의 재킷이다. 싱글 브레스티트 투버튼은 앞여밈에 2개의 단추가 한 줄로 내려오는 스타일로 균형 잡힌 실루엣을 연출하기 위해서는 위 단추만 채우고 아래 단추는 반쯤 보이도록 입는다. 상의와 하의의 색상을 동일하게 하여 입고 셔츠나 넥타이의 색상으로 변화를 주면 샤프하면서 젊은 감각의 다양한 이미지 전환이 가능하다.

더블 브레스티드 재킷(doble breasted jacket)

흔히 더블이라고 불리며, 싱글 타입에 비해서는 드레시한 멋이 풍기는 우아한 형태의 재킷이다. 더블 브레스티드 재킷은 앞 여밈의 단추가 두 줄로 내려오는 스타일로 여밈이 싱글 재킷처럼 가슴 중앙에 있는 것이 아니라 가슴의 반 정도를 더 덮는 형태의 자켓이다. 단추가 두 줄로 내려오기 때문에 투 버튼, 포어 버튼으로 부르며 위 단추나 아래 단추 중 하나만 채우는 것이 좋지만, 겹쳐진 속단추까지 채워야 몸의 실루엣을 살려줄 수 있다. 이 재킷은 바디의 실루엣을 잘 잡아주기 때문에 배가 나온 체형이나 체격이 왜소한 사람의 단점을 보완해 주는 스타일로도 활용도가 있다. 아래 단추를 채우면 라펠의 선이 길어 보여 키가 커 보이는 효과가 있으며 깔끔하고 심플한 디자인에 고급스런 소재로 만든 것을 입고 단정한 느낌의 패션 소품을 조화시키면 세련되고 클래식한 연출에 효과적이다.

스리 피스 재킷(three-piece jacket)

슈트의 구성에 같은 원단으로 된 베스트가 포함되어 완벽한 조화를 이루는 슈트 형식이다. 스리 피스 재킷은 슈트의 재킷을 벗어도 품위를 유지할 수 있는 것이 장점이다. 우리나라에서는 주로 결혼식 등의 예복으로 연출되는 경우가 많으며 스리 피스 슈트를 입으면 최고의 예를 갖춘 것으로 여겨지므로 손님을 접대하거나 중요한 일이 있을 때 많이 착용한다. 고급스런 소재에 심플한 디자인이 좋으며, 베스트 안에 입은 드레스 셔츠가 잘 드러나지 않으므로 넥타이에 포인트를 준다.

③ 슈트의 선택 방법

슈트는 한번 구입하면 오래 착용하는 경우가 많다. 유행의 흐름에 민감하지 않고 활동성이 많은 옷은 아니기 때문에 훼손되지 않고 어떤 경우에는 슈트의 스타일보다도 신체의 스타일이 먼저 변하는 경우도 있다.

자신에게 이상적이며 적합한 슈트스타일을 실패없이 멋있고 깨끗하게 입고 싶다면 무엇보다도 슈트 선택과 보관에 주의를 기울여야 한다. 특히 올바른 슈트를 고르기 위해서는 다음 사항을 고려하도록 한다.

자신에게 필요한 아이템을 확인한다.

슈트를 구입하기 전에는 원하는 스타일이나 아이템, 색상, 패턴, 직물, 소재 등을 미리 확인한다. 자신의 사이즈를 미리 알아두는 것이 좋고, 경제적인 여건을 고려하여 구입하려는 가격대를 결정하는 등 필요 아이템에 대한 정보를 미리 알아두도록 한다.

입을 용도를 염두에 둔다.

예복, 출근복, 면접용, 특정한 모임이나 행사용인지에 따라 선택해야 하는 슈트의 스타일이 전혀 달라질 수 있다.

아이템별로 체크 사항을 미리 알아둔다.

첫째, 재킷의 품과 칼라 체크하기

특별히 아메리칸 스타일을 선호하거나 필요한 것이 아니라면 슈트는 재킷의 품이 몸에 적당히 맞을 때 단정하고 깨끗한 인상을 줄 수 있다. 주먹 하나를 상의 안쪽에 집어넣을 수 있을 정도의 사이즈가 적당하다. 품이 작은 재킷은 라펠 부분의 V존이 보기 싫게 벌어지는 반면, 품이 너무 큰 경우에는 셔츠와 재킷 사이가 뜨게 되어 움직일 때는 그 사이가 더 벌어진다. 깔끔하게 V자 모양이 만들어지며 셔츠와 자연스럽게 밀착이 되는 재킷의 상태가 이상적이다. 재킷의 칼라는 뒤에서 보았을 때 드레스 셔츠의 칼라가 보이도록 드레스 셔츠의 칼라보다 2cm 정도 낮은 것이 좋다.

둘째, 재킷의 길이 체크하기

단추는 벨트보다 위쪽에 위치해야 한다. 재킷의 단추를 채웠을 때 X자 모양으로 주름이 진다면 재킷이 몸에 꽉 끼는 것이다. 재킷의 길이는 엉덩이 위선을 덮을 정도로 긴 것이 좋으며, 팔을 편히 내린 상태에서 엄지손가락이 재킷의 끝을 약간 스치는 정도가 적당하다.

셋째, 어깨 폭 확인하기

어깨 폭이 잘 맞지 않고 옷이 작을 때는 가로 방향의 주름이 생기고, 옷이 클 경우에는 세로 방향의 주름이 생긴다.

넷째, 소매길이 확인하기

재킷의 소매길이는 소맷부리가 손가락 끝에 약간 잡히는 정도가 적당하다. 재킷과 셔츠의 소매가 균형을 이루도록 셔츠의 커프스가 재킷의 소매 밖으로 1~1.5cm 정도 나오는 상태가 바람직하다.

다섯째, 베스트(vest) 선택

조끼를 입고 난 후 곧바로 재킷을 걸치지 말고 조끼만 입은 상태에서 몇 발자국 걸어본다. 단추 부분이 너무 팽팽하게 당겨지거나 주름이 생길 만큼 헐렁하다면 맞지 않는 것이다. 베스트는 몸에 적당히 맞으면서 겨드랑이 부분에 충분히 여유분이 있어 활동에 불편하지 않아야 한다. 조끼가 몸에 맞지 않으면 재킷의 스타일에도 영향을 준다.

여섯째, 바지 허리품과 바짓단, 길이 확인하고 결정하기

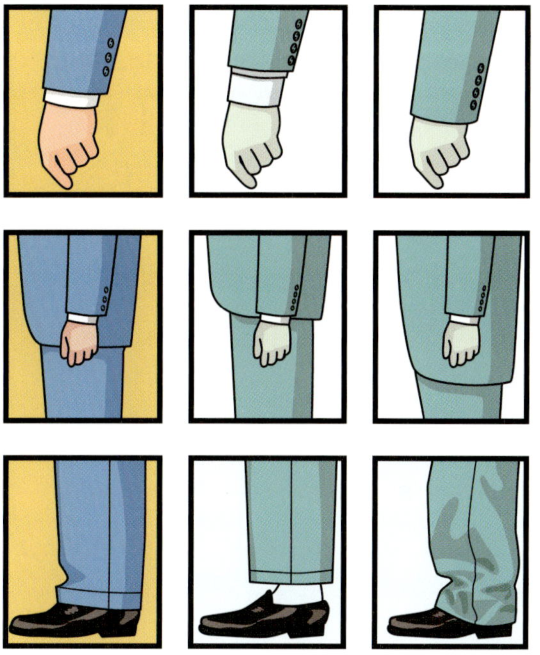

바지허리의 품은 너무 크면 벨트를 조여도 허리둘레에 주름이 생기기 때문에 좋지 않다. 손가락이 두세개 들어갈 정도의 여유 있는 것이 적당하다. 바지길이는 구두의 2/3 정도로 내려서 덮어지며, 구두 아래로 2~2.5cm 내려와서 가만히 서있을 때 양말이 보이지 않을 정도여야 한다. 단을 접은 바지는 밑단이 한 번 접힐 정도의 여유가 있는 길이를 선택한다.

(2) 팬츠(pants)

슈트를 완성할 때 팬츠는 슈트의 일부로서 체형에 맞고 용도에 적합한 것을 선택해야 한다. 팬츠는 허리에 주름이 있는 것과 없는 것, 단을 접어 입거나 그렇지 않은 디자인이 있다.

팬츠에는 투플리츠 팬츠와 롤업 팬츠가 있다.

투 턱 팬츠(two-tucks pants), **투 플리츠 팬츠**(two-pleats pants)

슈트를 입을 때 활용도가 높은 심플한 디자인의 팬츠로 허리에 주름이 두 개 이상 있는 것을 말한다. 바지의 통이 넓어지면서 주름이 생겨난 것으로서 주름이 있는 디자인이 없는 것보다 세련되고 우아해 보인다.

롤업 팬츠(roll-up pants)

밑단을 접어서 입는 정장용 팬츠로 구두의 등을 살짝 덮는 정도의 길이가 적당하다. 바짓단을 접음으로써 수평효과를 줄 수 있기 때문에 키가 작은 체형은 피하는 것이 좋다.

(3) 재킷(jacket)

일반적으로 그냥 재킷이라고 하는 것은 공식석상에 입는 슈트와는 달리 개별 코디네이션이 가능한 인포멀(informal)한 재킷으로 비즈니스나 공식적인 업무는 아니지만 친구를 만날 때나 가족끼리의 외출, 가벼운 식사 초대 등에 응할 때 꼭 필요한 아이템이다.

남자의 재킷은 모두 정장으로 여기거나 팬츠에 따라 완벽한 정장으로 응용할 수 있다고 많은 사람들이 여기지만 재킷은 군복, 사냥용 등의 스포츠 재킷에서 유래한 것으로 엄격하게 말하면 캐주얼에 가깝다.

재킷은 너무 격이 없는 옷도 아니며 격을 너무 갖춘 옷도 아닌 것으로, 재킷의 다양한 디자인과 스타일에 따라 어느 정도 격을 갖춘 옷으로도 활용이 가능하고 가벼운 캐주얼웨어도 될 수 있는 아이템이다.

즉 스타일링에 따라 비즈니스 업무에서도 입을 수 있는 블레이저 재킷에서부터 여가시간에 활용하는 스포츠 재킷까지 모두 재킷의 종류에 해당한다.

재킷의 기본 스타일로 스포츠 재킷과 블레이저 재킷, 가죽 재킷 등을 들 수 있다.

① 재킷의 종류

스포츠 재킷(sports jacket)

그냥 재킷이라고 부르는 형태가 대부분 스포츠 재킷에 해당한다. 싱글 브레스티드 형태로 여름에는 천연 섬유인 마소재의 린넨이나 겨울에는 트위드 소재가 가장 많이 사용된다. 스포츠 재킷은 활동적인 캐주얼 바지와 매치시켜 주말의 시티 웨어로 입거나, 정장 바지와 입어 가벼운 일정이 있는 날의 출근복으로 활용하는 등 다양한 방법으로 연출할 수 있다.

블레이저 재킷(blazer jacket)

블레이저 재킷은 캐주얼 웨어는 물론 비즈니스 웨어, 포멀 웨어까지 폭넓게 입혀지는 아이템으로 재킷 중에서는 가장 포멀한 재킷에 속한다. 전통적인 블레이져 자켓은 더블 브레스티드 형태로 여미게 되어 있으며 금색의 장식단추와 자수로 된 엠블렘 장식이 블레이져의 특징적인 디테일이다. 현대적인 블레이져는 남고생 교복의 재킷을 연상하면 되는데 원래의 블레이져도 영국 대학의 유니폼에서 시작된 것이다. 색상은 금장 단추와 대비를 이루는 네이비 블루나 검정 등이 주를 이루고 회색이나 베이지 컬러의 바지와 잘 어울리며 다양한 무늬의 셔츠나 넥타이와도 매치가 가능하다.

가죽 재킷(leather jacket)

가죽 재킷은 남성미와 세련미를 동시에 줄 수 있는 아이템으로, 연출 방식에 따라 다양한 이미지를 낼 수 있다. 남자의 가죽 자켓은 브랜드에서도 상당히 고가의 아이템이다. 가죽은 원피가 좋아야 하고 무두질과 염색이 잘 되어 있어야 오랫동안 변함없이 오래 입을 수 있다.

② 정장을 위한 재킷의 패션스타일링

재킷은 다른 아이템과의 조화에 따라 다양한 분위기를 연출한다. 활동적인 팬츠와 입을 경우 캐주얼한 느낌을 주지만, 정장용 팬츠와 매치시키면 비즈니스 캐주얼 정장으로도 손색이 없다. 또한 함께 입는 셔츠나 티셔츠, 니트 등에 따라 전체적인 분위기가 달라질 수 있다.

스포츠 재킷 + 동일 색상의 팬츠 + 셔츠 + 넥타이 + 구두

스포츠 재킷을 캐주얼 정장으로 활용하려면 상·하의를 한 벌로 입는 것이 좋다. 세퍼레이션 스타일링이 아직 능숙하지 못하다면 처음에는 상의와 하의의 색상을 비슷한 색상을 입도록 한다. 상·하의를 동일 색상으로 입고 구두나 가방 등을 단순한 디자인으로 함께 매치하면 단정하고 예의를 갖추는 모습으로 보일 수 있다. 겨울에는 재킷 안에 셔츠와 넥타이 대신 단색의 터틀넥 스웨터를 입으면 세련되며 스웨터나 니트류는 한결 편안한 이미지를 준다.

밝은 색의 스포츠 재킷 + 어두운 색 팬츠 + 셔츠 + 구두

상·하의를 한 벌로 입는 것보다 콤비로 입는 것이 젊어 보이기 때문에 사회 초년생이거나 아직 낮은 연령일 경우에는 상·하의 색상을 다르게 입어보는 것도 좋다. 밝은 옅은 계열의 재킷을 입고 재킷 안의 상의와 하의를 어둡게 입는 것으로 구두, 가방은 재킷의 색상이나 하의와 비슷하게 매치하여 통일감을 주도록 한다.

블레이저 재킷 + 동일 색상의 팬츠

드레스 셔츠 위에 블레이저 재킷과 같은 색의 팬츠를 조화시키면 비즈니스 웨어로도 가능하며 전체적으로 단정하고 깔끔한 이미지를 준다. 넥타이 색상을 재킷과 비슷하면 무난하고 다르게 매치하면 단조로워지기 쉬운 옷차림에 활력을 주기도 한다.

가죽 재킷 + 밝은 색상의 팬츠 + 머플러

질감이 부드러운 가죽 재킷에 밝은 컬러 팬츠를 매치하고 팬츠와 유사한 밝은 컬러의 머플러를 하면 세련된 분위기가 연출된다. 가죽 재킷의 디자인은 심플하면 세련되고 지적으로 보이고 장식이 많으면 화려한 이미지가 나타난다.

(4) 베스트(vest)

팬츠 위에 입는 베스트는 허리의 군살을 가려주고 겨울에는 방한용으로 효과적이며, 비즈니스에서는 슈트 안에 베스트를 매치하면 신뢰감을 주는 격식이 있는 아이템이다.

베스트의 기본 스타일로 V 네크라인 베스트와 니트 베스트 등이 있다.

V 네크라인 베스트(V neckline vest)

V 네크라인 베스트는 스리피스 슈트의 기본 구성이며 짙은 색 스트라이프 패턴의 슈트나 블루 및 그레이 컬러의 슈트와 함께 입는 경우가 많다. 등 부분에 있는 벨트 장식은 단순히 장식 기능만 있는 것이 아니고 체형 변화가 생기면 체형에 맞게 조절해서 입을 수 있도록 디자인된 것이다.

니트 조끼(knit vest)

니트 조직으로 만들어진 베스트로 캐주얼한 차림에 많이 입으며, 니트 베스트는 신축성이 좋아 활동성이 좋고 주로 겨울에 방한을 목적으로 슈트 안에 입는다.

(5) 셔츠와 넥타이(shirts & necktie)

셔츠와 넥타이는 정장 연출시 가장 크게 변화를 나타낼 수 있는 부분이다.

슈트를 입었을 때 의상의 전면이 모두 평면이라면 셔츠와 넥타이가 슈트 사이로 보이는 V존만이 입체인 것으로 셔츠와 넥타이의 연출 방법에 따라 이미지 전달이 매우 빠르고 강하다.

셔츠와 넥타이의 조화 조건

- 셔츠 칼라의 넓이와 모양
- 넥타이의 매듭 크기 및 모양
- 넥타이 컬러

셔츠의 선택에 있어 고려해야 할 원칙

소재, 컬러(color), 칼라(collar), 사이즈(size)

셔츠는 본래 속옷이였고, 아직도 속옷이기 때문에 그 선택에 신중해야 한다.

① 셔츠의 종류

포멀 셔츠(formal shirts)

포멀 셔츠에는 예복용 드레스 셔츠(dress shirts)로 모닝 코트(morning coat)나 연미복과 함께 입는 윙 칼라 셔츠(wing colla shirts), 플리스(pleats)와 프릴(frill)로 장식한 턱시도(tuxedo)용 셔츠 등이 포함된다. 주로 격식을 차리는 경우에 포멀 셔츠를 입으며, 거의 흰색을 많이 사용한다.

비즈니스 셔츠(business shirts)

슈트 등과 함께 입는 드레시한 셔츠의 총칭으로 슈트의 기본이 되는 넥타이를 매는 모든 종류의 셔츠를 말한다. 화이트 셔츠를 기본으로 컬러 셔츠, 패턴 셔츠 등의 종류가 다양하며 와이셔츠(Y-shirts), 드레스 셔츠(dress shirts)라고도 한다.

타운 셔츠(town shirts)

비즈니스 셔츠와 유사하지만 패턴과 색상면에서 훨씬 다양하고 자유로운 것으로 캐주얼 정장과 크게 격식에 구애받지 않을 경우에 많이 사용된다.

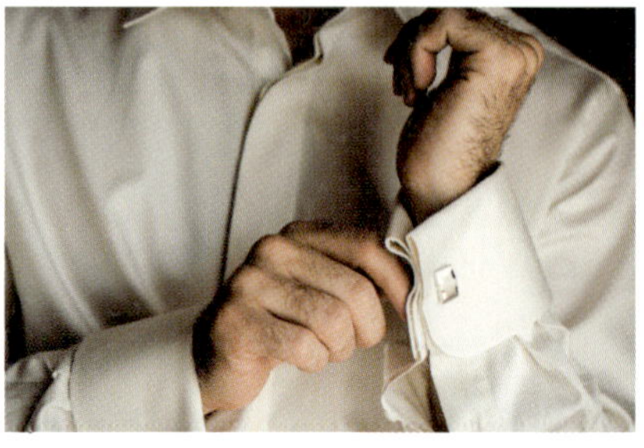

② 셔츠와 넥타이의 스타일링

슈트와 셔츠, 넥타이를 비슷한 색상으로 입으면 가장 무난하면서도 세련된 느낌을 주지만, 적절한 컬러를 매치하고 서로 색상을 다르게 하면 더욱 감각적으로 보일 수 있다.

차분한 색상의 슈트 + 흰색 셔츠 + 무늬 있는 넥타이

슈트의 가장 기본이 되는 컬러 매치이다. 출근복, 가벼운 모임 등의 용도로 활용할 수 있는 스타일링으로 넥타이의 색상과 무늬가 슈트와 비슷하며 안정적이다. 반면 넥타이의 컬러를 옐로나 레드 계열로 포인트를 주면 주목성이 높아지고 환한 인상을 주게 된다.

짙은 색상의 슈트 + 청색 계열의 비즈니스 셔츠 + 넥타이

같은색의 슈트일지라도 셔츠의 색상을 달리하면 이미지가 달라지는데 짙은 청색 계열의 슈트에 화이트 셔츠를 매치할 때와 청색 계열의 비즈니스 셔츠를 입었을 때는 다른 인상을 주게 된다. 화이트 셔츠는 깔끔한 인상을, 청색 셔츠는 차분하면서도 세련된 이미지를 주며 비즈니스 웨어로도 적합하다.

단색 셔츠 + 무늬 있는 넥타이

넥타이에 포함되어 있는 색의 셔츠를 입거나 좀 더 연한 색으로 선택한다.

줄무늬 셔츠 + 물방울무늬 넥타이

셔츠의 줄무늬 색이 넥타이 무늬 or 넥타이 바탕색과 같게 연출하면 세련되어 보인다.

단색셔츠 + 단색(같은색) 넥타이

톤 온 톤 배색으로 타이가 짙으면 안정감이 있다.

줄무늬 셔츠 + 줄무늬 넥타이

셔츠와 타이의 스프라이프 방향이 다른 것이 좋다. 같은 색의 줄무늬라면 굵기가 다르고 무늬의 색상이나 타이의 바탕색이 재킷과 동일해도 편안하다.

③ 셔츠와 넥타이 선택 방법

자신의 사이즈에 맞는 셔츠를 구입한다. 셔츠의 적당한 목둘레는 실제 목둘레 치수 2cm를 더한 사이즈이다. 검지 손가락을 넣을 수 있을 정도로의 목둘레 여유분이 있는 것이다. 소매 길이는 팔을 완전히 내린 상태에서 손목으로부터 1cm 밑에 커프스의 끝이 오는 것으로 고른다.

V 존의 색상 대비에 세심한 주의를 기울인다.

넥타이에 비해 셔츠가 너무 많이 보이면 산만한 인상을 준다. 특히 흰색 셔츠는 더욱 주의를 기울인다. 셔츠의 칼라가 벌어진 정도에 따라 넥타이의 매듭 크기를 조절한다.

아직 넥타이 결정에 망설여진다면 솔리드(solid) 타이가 무난하다.

셔츠 칼라의 크기에 따라 넥타이의 매듭법을 다르게 한다.

타이의 매듭이 너무 커서 칼라 앞부분이 벌어지거나 너무 작아서 넥타이가 쉽게 움직이지 않도록 한다.

재킷의 라펠(lapel)에 넥타이의 폭을 맞춘다.

재킷 라펠의 폭에 비해 넥타이의 폭이 너무 좁거나 넓으면 어색하다. 넥타이를 선택할 때는 라펠의 최대 폭과 넥타이의 폭을 서로 맞추어야 한다.

넥타이의 끝은 벨트를 넘지 말아야 한다.

보기 좋은 넥타이란 벨트를 넘지 않는 정도의 길이를 말한다. 넥타이가 너무 길 때는 윈저 노트(winsor knot), 짧은 때는 플레인 노트(plain knot)를 매서 길이를 조절해 주도록 한다.

넥타이 매듭 종류

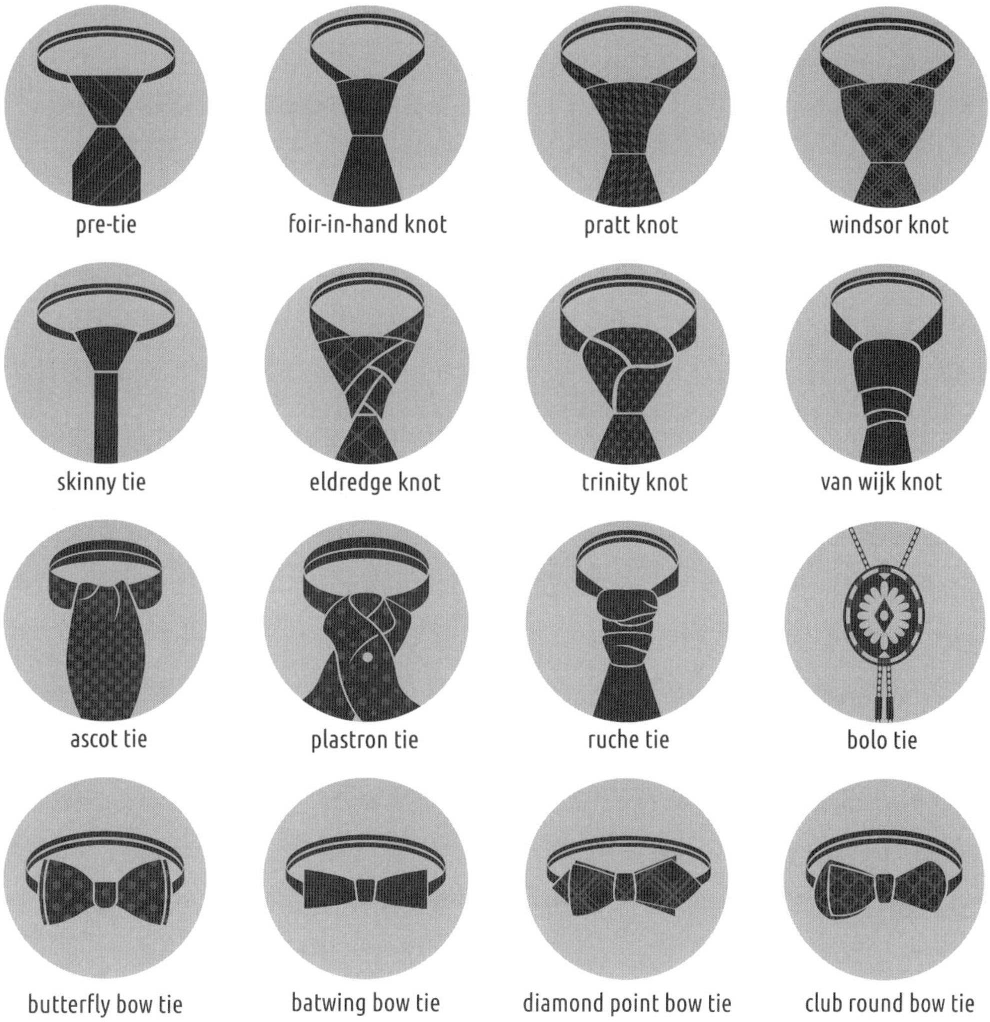

(6) 코트(coat)

코트는 추위를 막아주는 실용적인 기능과 함께 옷차림의 품위와 예의를 나타내는 역할을 하며 방한목적을 뛰어넘어 격식을 상징하는 수단이기도 하다.

정장에 어울리는 코트는 모직이나 캐시미어 같은 소재를 사용한다. 체스터필드 코트와 발마칸 코트, 트렌치 코트 등이 있다.

① 코트의 종류

체스터필드 코트(chesterfield coat)

클래식하고 격조 높은 정장용 코트이다. 종류로는 앞단추가 외줄인 싱글 브레스트와 두 줄인 더블 브레스트가 있으며, 싱글의 경우 칼라에 벨벳을 덧댄 것이 특징이다. 비즈니스 슈트, 턱시도, 짙은 색의 슈트 등에 잘 어울린다. 검정이나 회색, 카멜 브라운 등의 색상을 선택하면 클래식한 느낌을 준다. 소재는 모, 캐시미어 등을 주로 사용한다.

발마칸 코트(balmacan coat)

발마칸 코트는 싱클 브레스트로서 심플한 형태이다. 면 개버딘의 방수 코트로 정장이나 캐주얼 모두 잘 어울리는 아이템으로 주로 짙은 색상을 입는 경우가 많다.

트렌치 코트(trench coat)

흔히 바바리라고 부르는 트렌치 코트는 개버딘으로 만든 더블 브레스트 코트이다. 슈트나 재킷, 블레이저 정장류와 함께 입는 것이 좋으며, 레인 코트(rain coat)로 입을 경우에는 베이지색이 무난하다.

(7) 구두

슈트 스타일에는 반드시 끈을 매는 레이스업(lace up)의 옥스퍼드 스타일이 원칙이며 끈을 묶는 것이 어렵다면 끈 장식만 있고 슬립 온처럼 발을 넣을 수 있는 더비 슈즈를 신는다.

끈을 묶는 옥스퍼드 스타일에도 구두 앞 코의 장식에 따라 가장 정통 스타일인 윙 팁 슈즈를 비롯해 여러 종류가 있다.

① 슈즈의 색상

트레디셔널의 영국적 스타일의 원칙은 슈즈 색상은 "브라운(brown)"이어야 한다. 브라운 슈즈는 차콜 그레이나 그외 어느 색상의 슈트와도 잘 매치된다. 미국식의 전통적인 원칙에서는 브라운과 블랙을 허용하고 있다. 물론 격식 차린 비즈니스 블랙 슈트나 예복(턱시도)에는 블랙 슈즈가 적합하다. 구두가 어떠한 컬러라도 슈트보다 어두운 톤(tone 색조)이나 동일한 톤을 신는다.

② 슈즈의 종류

① 윙 팁 슈즈(Wing-tip Shoes)

구두 옆에 달린 장식이 날개를 펼친 새를 닮았다고 하여 붙여진 이름이다. 가장 정통한 스타일로 정장 뿐 아니라 스포티한 재킷에도 잘 어울린다.

② 플레인 토 슈즈(Plain-toe Shoes)

구두코에 아무 장식도 없는 디자인이다. 기본적인 형태의 구두로 울소재의 정장용 슈트와 잘 어울리며 스포티한 재킷에도 무난하다.

③ **몽크 스트랩슈즈**(Monk-strap Shoes)

여자의 몽크와 같다. 스포티한 감각으로 사회 초년생에게 적합한 스타일이다.

④ **로퍼**(Loafer)

모카신의 변형으로 스포티하고 캐주얼하기 때문에 정장과 매치할 때는 블랙 컬러에 국한하여 매치할 수 있다.

TIP **정장용 양말**

정장용 양말은 목이 무릎 아래까지 올 정도로 길어야 한다. 원래 양말이 바지 기능을 했고 다리를 꼬았을 때 피부가 보이지 않은 것이 예의이기 때문이다. 여자의 스타킹처럼 발이랑 발목에 짝 붙는다

2-2. 캐주얼 패션 아이템(Casual Fashion Item)

요즘에는 남성의 패션에도 자기만의 개성과 감각이 넘치고 있다. 성공적인 패션 스타일링이 어렵다고 느끼는 남성들도 많이 있지만 패션아이템 하나라도 소홀히 하지 않는다면 충분히 세련된 옷차림의 스타일링을 할 수 있다. 옷차림의 기본은 아이템(item)이고, 각각의 아이템을 조화시켜 원하는 스타일을 표현하면 되는 것이다.

여가 시간이 늘어나고 남성들도 자기만의 스타일을 만들고자 하는 욕구가 증가하면서 슈트를 착용하는 것 외에 캐주얼 패션스타일링도 다양해지고 세분화되었으며 젊고 세련된 연출법으로 패션 감각을 익히는 것은 개인의 만족과 대인관계에도 중요한 요소가 되었다.

캐주얼 패션 스타일링 연출을 위한 기본적인 아이템은 캐주얼한 분위기의 점퍼와 팬츠, 셔츠, 티셔츠, 스웨터 및 카디건 등이 포함되며, 액세서리나 패션 소품을 잘 활용하면 캐주얼한 느낌을 강조할 수 있다.

(1) 점퍼(jumper)

점퍼는 티셔츠, 스웨터 등과 함께 입어 방한용으로 좋은 아이템인 동시에 옷차림을 완성하는 겉옷으로 인식되고 있다. 점퍼를 멋지게 입으려면 하의와 점퍼 안의 상의와의 조화도 고려해야 하며 때로는 활동적이고, 감각적으로 연출할 수 있는 점퍼로 캐주얼 스타일을 완성할 수 있다.

점퍼의 기본 스타일은 형태나 소재 등에 따라 스타디움 점퍼, 아노락 점퍼, 스포츠 점퍼, 이지 점퍼, 가죽 점퍼 등이 있다.

① 점퍼의 종류

스타디움 점퍼(stadium jumper)

스타디움 점퍼는 야구선수의 유니폼에서 일상적인 웨어로 발전한 것으로 몸판과 팔의 소재와 색상이 다르다. 활동성을 강조하여 심플하게 스타일링하고 버튼다운 셔츠나 스웨터를 매치하면 깔끔한 스타일링이 된다.

아노락 점퍼(anorak jumper)

모자가 달린 아노락 점퍼는 야외 활동에 적합하도록 기능성을 강조한 디자인이 많으며 눈에 띄는 색상, 다양한 포켓, 지퍼 장식 등의 화려한 디자인이 많다. 등산, 스키 등 야외에서 활동하는 데 적합하기 때문에 기능성이나 보온성을 강조한 것이 많다. 그러나 변형된 스타일이 많이 나오면서부터 스포츠 캐주얼이나 힙합 스타일을 연출할 때 활용되고 있다.

스포츠 점퍼(sports jumper)

원래 고급 소재로 된 가벼운 야외 스포츠용 점퍼로 요즘에는 장소에 구애받지 않고 입을 수 있는 캐주얼 점퍼로 보편화되었다. 디자인은 단순하지만 뛰어난 기능성을 갖춘 것이 장점이다.

이지 점퍼(easy jumper)

이지 점퍼는 캐주얼은 물론 정장으로도 활용할 수 있는 점퍼이다. 어떤 하의와 입는가에 따라 다양한 스타일을 표현할 수 있으며, 시대나 계절에 따라 디자인, 색상, 소재 등의 유행 변화가 크다.

가죽 점퍼(leahter jumper)

가죽 점퍼는 연령층의 구분 없이 누구나 입을 수 있는 아이템으로 보온성이 뛰어난 것이 장점이며, 가볍고 부드러운 가죽으로 된 것이 입기에 좋다. 가죽 재킷에 비해 장식성이 높고 와일드한 매력이 있다.

② 점퍼의 패션스타일링

점퍼는 언제, 어디서 입어도 편안하고 세련된 느낌을 준다. 주로 심플한 디자인에 활동성을 강조하거나 기능적인 목적에 맞도록 선택하는 것이 활용도가 높다.

스타디움 점퍼 + 팬츠 + 캐주얼 가방

스타디움 점퍼는 밝고 경쾌한 감각으로 점퍼의 색상이 화려할 경우 팬츠, 가방 등 패션 소품의 색상은 어두운 색이 좋다. 팬츠와 가방의 색상을 통일하면 안정된 느낌을 주며, 점퍼 외에 다른 아이템은 심플한 디자인으로 스타일링한다.

스포츠 점퍼 + 팬츠 + 캐주얼 소품

험렁한 팬츠와 운동화를 매치하면 점퍼의 활동성이 좋은 세련된 이미지가 연출되고 원색의 점퍼에는 무채색의 팬츠로, 상의의 색상을 운동화의 포인트 색상으로 사용하면 잘 어울린다.

(2) 팬츠

캐주얼 팬츠는 남성복 연출에 있어 꼭 필요한 아이템이다. 점퍼나 코트, 티셔츠, 스웨터 등 매치하고 활동성과 함께 기능성, 패션성을 동시에 소화하는 디자인이 많다.

팬츠의 기본 스타일에는 소재에 따라 데님, 치노 팬츠, 가죽 팬츠 등이 있다.

① 종류

데님 팬츠(denim pants)

데님은 능사로 짠 능직물로 된 팬츠이다. 데님 팬츠에는 캐주얼한 분위기의 면바지나 블루진이 속하는데, 폴로 셔츠나 티셔츠 등 어떤 아이템과도 잘 어울리는 편이다. 기본적인 색상으로 베이지, 카키색, 검정, 블루 등이 있으며 같은 색이라 해도 톤에 따라 다른 분위기가 연출된다.

치노 팬츠(chinos pants)

대표적인 캐주얼 아이템으로, 최근에는 구김이 가지 않는 제품도 선보이고 있다. 연령이나 체형에 상관없이 누구에게나 잘 어울리며, 밝은 베이지색이나 카키색의 치노 팬츠는 어떤 상의와도 무난하게 조화를 이루는 것이 특징이다.

② 팬츠의 스타일링

팬츠는 상의와의 조화를 고려하면서 체형에 맞는 것으로 선택해야 한다.

셔츠 + V넥 스웨터 + 블루진

셔츠와 V넥 스웨터, 블루진 차림은 활동적인 이미지를 연출한다. 상의는 밝게, 하의는 어둡게 입는 것이 키가 커 보이고, 몸에 꼭 맞게 입기보다는 루즈한 핏도 좋다. 전체적으로 발랄한 분위기를 주고 싶다면 스웨터의 색상을 원색으로 입는다.

셔츠 + 티셔츠 + 치노 팬츠 + 캐주얼 구두

치노 팬츠에 셔츠와 티셔츠를 겹쳐 입어 캐주얼한 감각을 나타낼 수 있다. 치노 팬츠는 티셔츠나 점퍼, 스웨터 등 어떤 상의와도 잘 어울리므로 색상 조화에만 신중하면 스타일링이 무난하다.

가죽 재킷 + 블루진 + 운동화

가죽 재킷에 블루진 차림은 와일드한 남성미를 느끼게 한다. 심플한 디자인의 패션 소품이나 액세서리가 어울린다.

(4) 셔츠와 티셔츠

셔츠와 티셔츠는 카디건이나 재킷과 매치하거나 단독적인 아이템으로도 응용이 가능하며 다른 아이템과 조화시키면 한층 세련되어 보인다. 세련된 연출을 위한 셔츠를 고를 때는 목둘레가 들뜨지 않고 딱 맞는 것을 고르는 것이 좋다.

폴로 셔츠 또는 박스 티셔츠 + 팬츠 + 운동화

폴로 셔츠 안에 라운드 넥 티셔츠를 입고 밝은 색상의 팬츠를 입으면 경쾌하고 주목성 있는 스타일링이 완성된다. 팬츠와 안에 입은 라운드 넥 티셔츠를 비슷한 색상으로 입고 폴로 셔츠와 운동화의 색상을 통일하면 세련되어 보인다.

티셔츠 + 셔츠 + 치노 팬츠 + 운동화

컬러풀한 셔츠 안에 흰색 티셔츠를 겹쳐 입으면 신선하고 깔끔한 이미지를 줄 수 있다. 밝고 큰 체크무늬 셔츠는 밝아 보이지만 체격이 커보인다.

(5) 스웨터(sweater) & 카디건

캐주얼 웨어의 필수 아이템은 스웨터와 카디건으로 네크라인에 따라 크게 라운드와 V네크라인, 터들넥 스웨터로 구분할 수 있다. 얼굴형과 이미지에 따라 감성적이고 부드러운 라운드 네크라인과 지적인 V네크라인 등을 선정해서 입을 수 있다.

스웨터는 보통 풀오버타입이지만 카디건은 앞이 오픈된 형태로 되어 있으며 입는 방식에 따라 단정하거나 캐주얼한 분위기를 연출할 수도 있다. 카디건 안에 옷을 매치할 때는 부드럽고 몸에 밀착되는 타입을 결정해서 입어야 카디건의 디자인이 변형되지 않는다.

기본 스타일의 스웨터는 크루 넥, V 넥, 터틀 넥, 카디건 등이 있다.

① 종류

크루 넥 스웨터(crew neck sweater)

목 부분이 둥근 형태를 이루는 크루 넥 스웨터는 셔츠와 겹쳐 입거나 코트, 점퍼 안에 입기에 좋다. 단색의 크루 넥 스웨터는 깨끗한 이미지를 주지만, 무늬가 있는 것은 포인트로 활용되기도 한다.

V 넥 스웨터(V-neck sweater)

목 부분이 V자형을 이루고 있는 스웨터로서 얼굴을 강조하는 효과가 있기 때문에 얼굴이 작은 사람에게 잘 어울린다. 둥근 얼굴형을 보완하고 싶다면 V 넥 스웨터를 착용하는 것이 좋지만, 얼굴형이 길거나 뾰족한 사람은 V 넥 스웨터는 피하는 것이 좋다. 어떤 스타일의 팬츠와도 잘 어울린다.

터틀 넥 스웨터(tutle neck sweater)

터틀 넥 스웨터는 일반적으로 목이 긴 사람에게 어울리는 아이템이다. 밧줄(cable) 무늬로 꼬아서 두텁게 짠 진한 색상의 터틀 넥 스웨터는 겨울철 보온이나 방한용으로 적당하며 체격을 커보이게 하기 때문에 뚱뚱한 사람에게는 적합하지 않다.

계절에 영향을 받는 아이템으로 겨울철의 코트나 재킷, 블레이저에도 잘 어울린다.

카디건 스웨터(cardigan sweater)

카디건 스웨터는 나이에 상관없이 편하게 입을 수 있는 아이템으로, 재킷처럼 단추가 달려 있고 캐주얼, 정장 등 어디에든 잘 어울린다.

(6) 코트(coat)

코트는 방한용으로 적합한 실용적인 아이템이다. 코트는 되도록 좋은 소재를 선택해야 하고, 기본적으로 검정, 짙은 회색, 갈색, 브라운 등의 채도가 낮은 컬러가 무난하다.

코트의 기본 스타일로는 폴로 코트와 더블 코트 등을 들 수 있다.

폴로 코트(polo coat)

캐주얼 웨어에 적합한 정통 스타일의 폴로 코트는 직선 형태의 실루엣에 노치드 칼라의 코트로서, 벨트를 여며 입거나 벨트 없이 입기도 하며 앞여밈은 단추가 없이 제 천으로 된 끈이나 벨트로 매도록 되어 있다. 싱글 또는 더블 형태가 있는데, 대체로 체격이 큰 사람에게 어울린다.

더플 코트(duffle coat)

더플 코트는 가장 대표적인 캐주얼 코트 중의 하나로 모자가 달려 있고 나무로 된 토글 단추와 마직 혹은 가죽끈으로 만든 단추 고리가 특징적이다. 남녀노소, 체형에 관계없이 누구나 즐겨 입는 코트이다.

(7) 패션 소품

캐주얼 스타일에 적합한 패션 소품은 가방, 신발, 모자 및 머플러 등이 있다.

① 종류

가방(bags)

대표적인 캐주얼 가방으로는 등 뒤에 매는 배낭 형태의 백팩(backpack)과 원통형의 손잡이가 달린 스포츠 백(sports bag), 어깨에 매는 숄더 백(shoulder bag) 등을 들 수 있다. 가방은 나일론, 가죽, 데님, 폴리 플리스, 방수 기능 등 다양한 소재에 색상도 여러 가지이므로 선택의 폭이 넓은 패션 소품이다. 가방은 평소 즐겨 입는 패션과 조화를 이루는 것으로 선택하고, 어떤 차림에도 잘 어울리는 배낭 형태는 하나쯤 갖고 있는 것이 좋다.

신발(shoes)

일반적으로 캐주얼한 차림에는 옥스퍼드 슈즈(Oxford shoes)나 단화, 스니커즈(sneakers) 등이 있으며 착화감이 편하고 캐주얼한 신발이 적합하다. 정장용 구두와 캐주얼화는 디자인에 있어 차이가 나며, 신발은 옷차림과 너무 동떨어지지 않는 스타일로 신는 것이 바람직하다.

모자와 머플러(caps & muffler)

캐주얼용 모자는 활동적인 스타일로 누구나 부담 없이 착용할 수 있는 모자를 말한다. 옷차림을 완성하는 소품으로서 개성을 나타내는 수단이 된다. 머플러 역시 패션스타일링을 위한 소품이며, 최근 들어 다양한 디자인이나 소재, 색상으로 된 머플러가 많이 나오고 있다.

② 패션 소품의 조화

소품을 잘 활용하면 의상이 심플하고 종류가 많지 않아도 항상 다른 스타일처럼 연출할 수 있으며 전체적으로 패션스타일링의 완성도를 높일 수 있다.

모든 소품은 먼저 아이템과의 조화를 고려하면서 연출해야 한다.

셔츠 + 팬츠 + 모자 + 가방

티셔츠와 팬츠로 연출한 심플한 캐주얼 스타일에는 소품도 화려하지 않은 단순한 소품이 적합하다. 소품의 색상은 상·하의 중 한 가지와 통일하면 안정된 느낌을 줄 수 있으므로 자신이 소장한 기본 아이템 중에서 비중이 많은 컬러를 소품으로 구입하는 것이 좋다. 또한 어느 컬러에나 무난하게 어울리는 검정 색상은 하나쯤 갖고 있는 것이 바람직하다. 상·하의를 베이직하고 무난한 색상으로 입을 경우에는 모자를 원색으로 착용하여 포인트를 주는 것도 경쾌한 캐주얼 패션 스타일링 방법이다.

점퍼 + 팬츠 + 모자 또는 머플러 + 단화

모자 혹은 머플러의 색상이 옷의 색상과 비슷하면 무난하고 세련된 느낌을 주지만, 반대되는 색상으로 착용할 경우 개성을 표현할 할 수 있다.

CHAPTER 12
패션 이미지

1. 신체적 특성에 따른 패션 이미지

현대의 많은 사람들이 아름답다고 느끼는 체형은 이전의 미의 기준이 되었던 아름다운 조각상 비너스와는 전혀 다른 형태이다. 아름다운 체형에 대한 관념 또한 유행의 시류를 타는 것으로 각 시대나 문화권에 따라 아름답다고 여겨지는 이상적인 체형이 있는 것이다.

각 시대 사람들의 체형에 대한 취향은 곧 그 시대의 정치 성향을 알 수 있는 기준이 된다고도 한다. 보수적인 정치 성향이 강할 때는 풍만한 몸매의 배우와 모델이 각광을 받고, 진보적인 시대에는 깡마른 몸매에 사람들이 각광을 받는다. 시대 변천사를 보면 각 시대나 문화권 모두에게 적용되는 완벽한 체형은 없고 시대에 따른 유행이 있었다.

현대 사회의 이상적인 체형은 키는 크고 비교적 마른 체형이라고 할 수 있다. 그 많은 다이어트에 관한 책과 이론들, 그리고 수도 없이 많은 보조 식품들의 홍수가 이 시대의 체형이 어떠해야 한다는 것을 말해주고 있다. 하지만 현실적으로 이상적인 체형은 그리 많지도 않고 대부분의 사람들은 자신의 체형에 만족하지 못하고 있으며 정확하게 자신에 대해 알고 있지 못하는 경우도 많다.

현실적인 체형이 만족스럽진 않을지라도 계획된 안정적인 패션스타일링이 자신의 체형상의 결점을 감출 수 있으며 이상적인 비주얼 이미지로 변화시킬 수 있다면 충분히 투자할 가치가 있다. 이것은 자신의 체형과 신체적인 특성을 분석하는 것에서부터 시작되어야 그 목적을 이룰 수 있다.

스스로 체형의 결점을 패션스타일링으로 커버하기 위해서는 신체의 장단점등의 개인의 신체적 특성을 세밀하게 알아야 한다. 우리가 흔히 말하는 뚱뚱하다 또는 날씬하다고 하는 일반적인 애매한 표현으로는 부족하다. 객관적으로 자신의 체형을 바라보고, 몸의 굵은 부분과 가는 부분, 균형을 깨는 부분을 살펴보고 신체 비율도 알아둔다.

특히 여성의 신체구조는 남성들보다 더 많은 결점을 드러내게 되어 있고 남성 또한 두신 지수를 비롯한 기본적인 몸의 비율과 몸무게에 별 무리가 없다고 하더라고 부분적인 결점(목, 가슴, 팔, 다리)을 커버하지 못하면 멋진 연출은 불가능할 수 있다. 따라서 개인의 신체적 특성을 잘 살펴보고 이상적인 디자인과 패션스타일을 선택하여 이미지를 연출하는 것은 매우 중요한 일이다.

① 키가 작고 통통하다.

키가 작고 통통한 여성은 귀엽고 명랑한 이미지이다. 기본적으로 Y라인형 등의 수직적인 착시를 일으키는 아이템들을 선택하는 것이 키가 크고 날씬해 보인다.

남성의 경우에는 부드러운 이미지로서 키가 커 보이는 연출에 중점을 두도록 한다.

- 앞부분에 V네크라인이나 단추를 길게 연결하는 등의 수직선을 사용한다.
- 줄무늬를 수직으로 사용한다.
- 상, 하의 패션을 가능하다면 동일색을 사용하여 시선을 수직으로 길게 유도할 수 있도록 한다.
- 모든 시선의 중심으로 상체나 얼굴 쪽으로 뒤로 가도록 한다.
- 신발도 가능한 유사색을 사용하여 다리를 길어 보이게 한다.
- 구두굽이 높은 것도 효과적으로 여성의 구두는 슬림한 롱부츠나 하이힐을 신는다.

- 소재의 광택이 없고 몸매가 약간 드러나는 정도의 질감 소재를 선택하는 것이 좋다.
- 여성의 스커트는 유연성이 좋은 소재의 스커트로 자연스런 주름이 형성되면서 수직선의 느낌을 갖게 한다.
- 스트레이트 형의 팬츠를 착용한다.
- 남성의 경우 폴로 넥 셔츠보다는 차분하고 짙은 색상의 니트가 좋다.

주의가 필요한 스타일

- 요크나 바지의 커프스 처리, 재킷이나 스커트 단의 장식으로 수평을 강조하지 않는다.
- 소재가 몸매가 그대로 드러나는 스타일은 피한다.
- 하이넥의 아이템은 착용을 피한다.
- 강한 프린트나 장식이 많은 하의는 될 수 있으면 피한다.
- 화려하고 큰 무늬의 넥타이는 사용하지 않는다.
- 지나치게 밝은 톤의 컬러는 피하고 체크무늬는 피한다.
- 박시한 상의, 루즈한 핏의 캐주얼 웨어, 겹쳐입는 것은 피한다.

② 키가 작고 왜소하다.

키가 작고 왜소한 여성은 대체로 귀엽고 여성스러운 이미지이다. 남성의 경우에는 차분하고 지적으로 보이기도 하지만 빈약하고 약해보이는 인상을 줄 수 있다.

여성은 상체에 우아하고 힘있는 소재와 프릴, 리본 등의 장식을 사용하고 남성도 상의에는 패턴을 사용하여 전체적으로 상체로 시선이 가도록 하며, 다리가 길어보이도록 연출하는 것이 좋다.

- 상의와 하의를 같은 색으로 하거나 상의에 포인트를 둔다.
- 여성의 투피스는 재킷은 짧고, 스커트는 길게 한다.
- 긴 상의에 베스트를 입고 하의도 길게 입거나 셔츠와 니트를 겹쳐 입는 스타일도 잘 어울린다.
- 악세사리는 상반신에 하여 시선을 위로 향하게 한다.
- 여성은 프린세스 라인, 플레어 라인을 이용하여 키가 커 보이게 하고 마른 체형을 커버한다.
- 허리에 다트가 들어간 여성의 짧은 재킷과 같은 색의 롱 스커트가 잘 어울린다.
- 시선을 자연스럽게 이어주는 톤 온 톤(tone on tone) 컬러 배색으로 키가 커보이게 할 수 있다.

- 어둡고 딱딱한 소재보다는 파스텔 톤이나 밝은 원색의 풍성한 소재를 선택한다.
- 유행과 상관없이 어깨선을 살려주는 재킷을 입는 것이 좋다.

주의가 필요한 스타일

- 몸이 왜소하므로 의복이 지나치게 붙는 형태는 피한다.
- 크기가 큰 액세서리나 큰 단추, 모자 등은 피하는 것이 좋다.
- V네크라인의 니트는 상체를 빈약하게 보이게 할 수 있다.
- 수직효과가 나타나는 세로 방향의 대비가 강한 줄무늬나 디테일은 피해서 선정한다.
- 너무 끈이 길거나 사이즈가 큰 백(bag)은 피한다.

③ 키가 크고 통통하다.

체형이 커 보이는 스타일로 화려하지 않은 심플하고 깔끔한 형태를 선택하여 과장되지 않은 고급스럽고 정돈된 이미지를 연출한다.

- 여성은 가능하면 여성적인 몸매를 나타내는 스타일의 옷을 선택하는 것이 좋다.
- 소재는 부피감이 적은 부드러운 소재가 좋다.
- 상의의 컬러는 짙고 어두운 계열에서 선정한다.
- 스트라이프를 살린 샤프한 이미지의 슈트를 선정한다.
- 답답한 네크라인보다는 깊은 네크라인이 좋다.
- 직선적인 느낌의 상의와 셔츠가 잘 어울린다.
- 소재는 매끈하고 광택이나 트위드 등의 질감 처리가 없는 것이 좋다.

- 키가 너무 커서 작게 보이고 싶은 경우라면 요크를 사용하거나 바지 커프스를 가능한 넓게 하고 라펠(lapel) 폭도 넓게 하여 수평을 강조한다.
- 상의와 하의 의복의 색을 서로 다른 색으로 매치하면 시선이 수직적으로 유도되는 것을 막을 수 있다.
- 디테일이나 트리밍 장식의 크기를 크거나 중간 정도로 하여 수평을 강조하도록 한다.
- 여성의 경우에는 비대칭 원피스와 A라인이 잘 어울린다.
- 남성의 슈트는 싱글 여밈으로 V존은 길고 좁아 보이는 스타일이 좋다.
- 팬츠는 스트레이트 형이나 아래로 갈수록 폭이 좁아지는 스타일이 잘 어울린다.

주의해야 할 스타일

- 박스형 원피스를 입거나 거기에 큰 문양이나 대담한 줄무늬 체크 등의 박스형 원피스는 큰 몸집을 더욱 강조하기 때문에 이러한 체형에는 어울리지 않는다.
- 화려한 프린트나 체크는 피하는 것이 좋다.
- 몸에 너무 꼭 끼는 의상들은 더 통통해 보일 수 있다.
- 주름장식, 레이스, 크기가 큰 디테일은 몸을 더 커보이게 한다.
- 보색 또는 화려한 색상매치는 하지 않는다.

④ 상체가 통통하다.

키와는 관계없이 전체적인 체형에서 상체가 다른 부위보다 크거나 가슴이 큰 사람이다.

- 니트류는 피하고 약간 여유분이 있는 셔츠가 어울린다.
- 니트류를 입을 경우는 스웨터를 입고 그 위에 단추로 여미지 않는 베스트나 스카프, 볼레로를 착용하면 시선이 분산된다.
- 상반신에 디테일로 포인트를 주는 것은 가급적 피해야 한다.
- 어깨가 크고 라인이 없는 박스재킷은 상대적으로 가슴이 작아 보이게 하므로 효과적이다.
- 네크라인은 V형이 좋으며 칼라도 단을 만들어주면 잘 어울린다.
- 포인트는 허리아래에 둔다.
- 바지는 단 부분이 약간 플레어가 있거나, 대담한 체크 스커트도 효과적이다.
- 상의의 컬러는 어두운 계열로 하고 부드럽고 유연한 재질을 사용한다.
- 밝고 문양 있는 직물은 하반신에 사용하는 것은 좋다.

⑤ 허리가 굵고 상체가 길다.

허리가 굵으면 허리선이 명확하지 않아 전체적으로 실루엣이 좋지 않다. 또한 상반신이 긴 체형은 대체로 허리가 길고 엉덩이가 쳐져 있으며 다리가 짧아 보이는 체형으로 다리가 길어 보이는 옷들과 허리가 부각되지 않는 스타일로 스타일링한다.

- 허리가 꼭 끼지 않고 헐렁한 스타일의 직선적인 실루엣을 연출한다.
- 허리라인 부분에 자연스러운 주름장식을 선택한다.
- 하이 웨이스트의 엠파이어(Empire) 스타일은 굵은 허리와 긴 상체를 감출 수 있어서 잘 어울린다.
- 엉덩이 중간 정도의 길이에 긴 상의를 착용하는 것이 좋다.
- 티셔츠 중앙에 큰 프린트가 있거나 상의 중간에 장식이 있는 스타일 등을 선택해서 가능한 디자인의 포인트를 위로 주어 시선을 위로 이동시켜 준다.
- 바지는 길이는 딱 맞게 입는 것보다 길게 입는 것이 좋다.

⑥ 엉덩이가 크다.

엉덩이가 큰 경우는 둔한 인상이 될 수도 있으며 남성의 경우 특히 스타일링에 주의를 필요로 한다.

- 허리선이 끊어지지 않는 자연스러운 실루엣을 이루는 원피스가 좋다.
- 허리선이 명확하게 구분되면 큰 엉덩이를 강조하게 된다.
- 허리선을 내리거나 엉덩이에 걸쳐지는 스타일의 바지나 스커트를 착용한다.
- 상의를 슬림한 바지 안에 넣어 입지 않는다.
- 헐렁한 오버 셔츠를 착용하고 그 위에 짧은 조끼를 곁들어 입는 것도 효과적이다.

- 재킷은 길게 착용한다.
- 여성의 경우 플레어가 있는 스커트는 금물이며 A라인 스커트도 피하는 것이 좋다.
- 바지를 입을 때는 약간 여유가 있는 세미 타이트 스타일을 선택한다.
- 직선적인 느낌의 박스형 재킷이 어울린다.
- 밝고 환한 파스텔 계열의 상의에 진한색 계열의 하의를 입으면 자신의 체형에 대한 결점을 감출 수 있다.

⑦ 엉덩이가 작고 납작하다.

주로 여성이 엉덩이가 작고 납작한 특징이 있는 경우 스타일링이 더욱 어려울 수 있지만 스커트는 볼륨이 적은 엉덩이를 커버하는데 효과적인 아이템이다.

- 엉덩이가 빈약한 체형은 엉덩이 부분에 잔잔한 주름을 잡아 볼륨을 주도록 한다.
- 상의를 스커트나 바지 속으로 넣어 입고 벨트로 조여서 허리를 강조하게 되면 시선을 엉덩이 부위에서 분산시키고 상대적으로 엉덩이를 크게 보일 수 있다.
- 스커트를 착용할 경우는 개더나 플레어 스커트, A라인 실루엣의 스커트가 효과적이다.
- 상의에 볼륨을 강조하면 상대적으로 엉덩이는 더욱 작아진다.
- 하의의 소재로 볼륨감 있는 소재, 즉 트위드(tweed)나 플란넬(flannel)과 같은 옷감을 사용한다.
- 팬츠는 약간 여유가 있으면서 주름이 잡힌 것이 좋다.
- 하의에 패턴이 없는 것보다는 프린트나 체크, 스트라이프와 같은 무늬가 있는 것이 좋다.

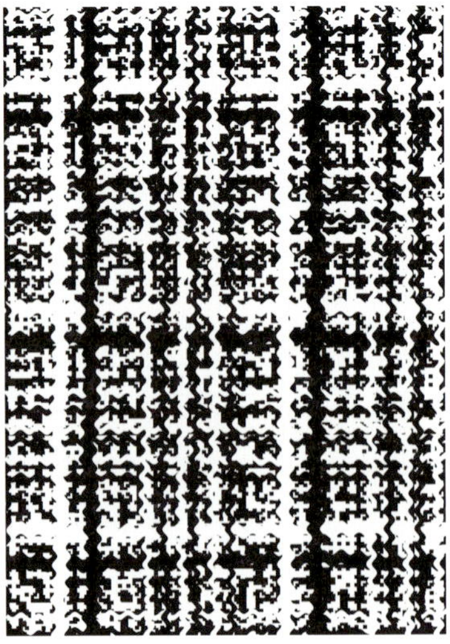

⑧ 다리가 굵다.

신체 비율이 지나치게 어색할 정도로 다리가 굵지 않다면 남자에게는 크게 문제가 되지는 않는다. 다리가 굵은 체형은 신체 전체의 체형 분류에서 삼각형 체형과 정사각형 체형에에 속하는데 키가 큰 사람보다 작은 사람이 상대적으로 다리가 굵어 보이는 경향이 있다. 그러므로 키를 커보이게 연출하거나 직접적으로 다리가 드러나는 스타일은 피하도록 한다.

- 여성의 스커트는 굵어 보이는 다리를 감추기 위해 A라인이나 플레어와 같은 긴 스커트가 가장 이상적이다.
- 타이트 하거나 미니 스커트는 다리를 드러내게 하기 때문에 피하는 것이 좋다.
- 바지는 너무 통이 넓으면 다리가 더 굵어보인다.
- 바지의 아래 부분이 달라붙는 스타일을 특히 피한다.
- 적당한 여유의 슬림한 바지가 다리를 가늘어 보이게 한다.
- 종아리가 굵은 사람은 스커트의 길이가 종아리의 가장 굵은 부분에 오지 않도록 유의해야 한다.
- 남성의 경우에는 어깨의 각을 살리고 여성은 상의를 강조하여 다리에 시선을 주지 않고 다리가 상대적으로 강조되어 드러나지 않도록 한다.

⑨ 어깨가 넓다.

어깨가 굵고 넓은 신체적인 특성은 전반적으로 역삼각형의 체형의 특성과 유사하다. 어깨 패드가 없는 옷을 입거나 래글런(raglan) 소매, 돌먼(dolman) 소매의 옷을 착용하여 어깨 곡선이 부드러워 보이도록 한다.

- V형이나 U형의 네크라인이 어울린다.
- 칼라는 만다린 칼라나 숄칼라, 타이 칼라 등이 좋으며 가능한 앞트임 처리가 된 것이 어울린다.

- 넓은 사각이나 둥근 목둘레선, 세일러 칼라나 러플 칼라 등은 어깨를 더 넓어 보이게 하므로 피하는 것이 좋다.
- 주로 곡선의 형태를 띄는 블라우스 보다는 셔츠가 어울린다.
- 진한 색의 셔츠가 어울리고 그 위에 타이를 곁들이면 세련미를 더할 수 있다.
- 액세서리는 길게 늘어지는 목걸이나 화려한 브로치를 착용한다.
- 머플러나 스카프를 이용하여 코디함으로서 새로운 이미지 연출과 함께 넓은 어깨에 대한 결점을 감출 수 있다.

⑩ 어깨가 처져 있다.

어깨가 처진 체형은 여유 있는 스타일이지만 자칫하면 빈약해 보일 수 있고, 구부정하거나 신경질적인 이미지를 줄 수 있으므로 부드럽고 반듯해 보일 수 있도록 연출해 주는 것이 중요하다.

- 어깨의 패드로 경사진 어깨를 조절하도록 한다.
- 여성의 경우 여성스러운 이미지를 부각하는 윙 칼라(wing collar), 세일러 칼라가 어울린다.
- 박스형 재킷이나 코트, 그리고 의복을 겹쳐 입는 스타일로 착용하게 되면 경사진 어깨를 감출 수 있다.
- 어깨선이 불분명한 카디건이나 상의는 착용하지 않는다.
- 슈트의 경우에는 어깨가 넓고 올라가도록 디자인 된 것이 좋고 라펠은 너무 넓지 않도록 한다.

TIP 2

스타일의 기본 원칙 10가지

옷은 많지만 똑같은 취향과 색상의 비슷비슷한 옷들로만 가득 차 있거나 충동 구매로 인해 어울리지 않는 옷이 많은 경우에도 옷이 없는 것처럼 느껴진다.
신체적 특성에도 적합하고 활기차게 변화 있는 스타일을 연출하기 위해서는 자신이 가지고 있는 옷의 아이템과 부족한 아이템, 그리고 앞으로 구매해야 할 아이템이 무엇인지를 분석할 필요가 있다.
또한 분석 내용을 의상에 실제로 활용하고 효과적으로 매치하기 위해서는 사전에 철저히 준비한 쇼핑계획을 갖도록 한다.

1. 자기가 좋아하는 것과 자기에게 어울리는 아이템만을 편집하여 구매한다.
2. 베이직 아이템은 제대로 산다.
3. 나만의 고유한 스타일을 살려줄 수 있는 독특한 아이템은 과감하게 구매한다.
4. 발을 편하게 해주면서도 스타일리시하고 품질이 좋은 신발에는 아낌없이 투자한다.
5. 패션에 포인트를 주는 액세서리를 갖춘다.
6. 자신의 체형이나 취향에 맞게 리폼(reform)하여 입는다.
7. 무조건적으로 유행을 따라하지 않는다.
8. 값싼 아이템도 충분히 스타일을 연출할 수 있다.
9. 안 어울릴 것 같은 아이템이 의외로 더 잘 어울릴 수 있다. 믹스 앤 매치(mix & match)를 통해 변화를 추구한다.
10. 항상 완벽한 스타일을 보여줄 필요는 없다. 가끔은 기존의 옷 입기 법칙을 깨고 새로운 방법을 시도한다.

실기 1 옷장정리 나의 옷장에 있는 아이템을 분석하시오.

분류	아이템	디자인/컬러	수량	계획(보유/폐기/수선)
슈트	재킷 & 팬츠			
상의	코트			
	재킷			
	점퍼			
	셔츠/티셔츠			
	니트/ 스웨터			
	블라우스			
	원피스			
	베스트			
하의	스커트			
	팬츠			
패션 액세서리	가방			
	신발			
	스카프			
	벨트/서스펜더			
	양말/스타킹			
	넥타이			
	선글라스			
	기타			

분석결과	

실기 2 신체적 특성에 따른 나의 스타일링 하기(이미지 부착하기)

나의 체형과 신체적 특성에 대해 진단한다.

체형과 특성에 적합한 스타일 분석

현재 나의 스타일링

2. 감성에 따른 테마별 패션 이미지

감성 패션이미지는 의복을 입고 보는 패션스타일링의 모든 과정에서 전달되는 전반적인 느낌을 말하여, 의복이라는 시각적 자극물에 대한 개인의 주관적인 해석이다.

패션에서의 이미지는 디자인 요소에서 의해서 표출되는 느낌을 여러 가지로 조합함으로써 다양한 이미지를 창출할 수 있는데 이미지 형성에 영향을 미치는 여러 요인들은 주로 의복과 관련된 디자인 요소들이다.

디자인 요소는 F존, H존, V존, W존, F존의 신체 부위의 모양과 형태, 색에 따른 비주얼 이미지와 밀접한 관련이 있다, 또한 원활하게 이미지 변화를 하기 위해서는 우리의 구체적인 '감성'이 큰 영향이 있는데 패션에서의 감성 이미지는 시각적인 것을 보고 마음으로 느껴지는 것으로 단지 예쁘다, 아니다 로 그치는 것이 아니라 좀 더 구체적이고 상세하다.

개인의 라이프 스타일과 취향에 따라 패션의 감성은 선택될 수 있고, 신체적인 특징과 현실을 감안하여 적용할 수도 있다.

매일 입었던 옷들이 어느날 갑자기 입기 싫어지거나 너무 독특해서 거부감이 있었던 스타일에 도전 해보고 싶은 마음이 생긴다면 그것은 개인의 감성도 일시적으로 혹은 영구히 변화한 것이라고 할 수 있겠다.

어떤 아이템을 선정하고 의상의 색, 디자인, 실루엣, 세부적인 장식과 악세사리 등의 매치를 어떻게 하느냐에 따라 사람이 느끼는 감성은 매우 다양하다.

현대 대인관계에서 다른 사람에게 좋은 이미지를 다가가는 대표적인 감성에 따른 테마별 이미지는 트래디셔널(Traditional image), 스포티(Sporty), 로맨틱(Romantic), 엘레강스(Elegance) , 드라마틱(Dramatic), 모던((Modern) 등이 있다.

(1) 트래디셔널(Traditional image)

원래는 '고전의, 고풍스러운'이라는 뜻으로 보수적인 성향이 강한 스타일이며 넓은 범주에서 클래식과 유사한 이미지이다. 여성복에서는 직선적인 의상이 대부분으로 여성스러움보다는 지적인 이미지를 나타낸다.

세련된 도회적인 감각이 가미된 패션으로 기본적인 옷차

림을 중요시하며 표현은 심플하다.

대표적으로는 사회적으로 성공한 이미지를 나타낸다.

비즈니스 사회, 특히 금융 및 증권 관련 직종에 적합한 이미지로 대체로 보수 성향이 강한 이미지를 풍긴다. 단조롭지만 품위가 있고 세련된 느낌이며 유행에 민감하지 않아 오랫동안 선호되는 스타일이다.

여성의 트래디셔널한 이미지는 장식적인 편이 극히 적고 단순하여 남성복 느낌이 강하다.

남성의 경우에도 일반적인 업무 복장 보다는 어느 정도 품위와 복식 규정이 존재하는 성공한 비즈니스맨의 이미지를 연출하고자 할 경우에 효과적이며 편안한 차림이지만 고급스럽고 지적이다.

어리고 젊은 층보다는 비즈니스가 활동적일 수 있는 연령에 적합하며 정치적 활동이나 비즈니스 등에 적합하다.

대표적인 브랜드

랄프로렌, 앤 클라인, 아르마니, 버버리, 캘빈 클라인, 막스마라, 닥스 등

타이트하지 않고 약간은 여유 있게 몸에 붙는 테일러드 슈트와 테일러드 자켓이 주가 되는 아이템이다. 활동이 편하지만 변형되지 않은 기본형의 재킷과 코트가 있다. 흐르는 듯한 디자인은 거의 찾아볼 수 없는 라인이 분명한 스커트와 바지로 구성되고 캐주얼한 스웨터는 대부분 차분한 컬러로 보통 몸에 맞게 입는다.

섬세하고 고급스러운 소재가 주로 사용되고 광택은 없는 자연적인 천연소재가 많다.

남성을 상징하는 네이비 컬러와 회색 계열, 브라운 계열의 너무 어둡지 않은 중간 계열이 많이 사용되고 울(wool)이 가장 많이 사용된다.

(2) 스포티(Sporty)

스포츠 웨어에서 영향을 받은 것으로 일상적인 의상을 자유롭고 편하게 연출하는 것이다. 또한 자유로운 스타일로 젊고 이국적인 감성을 표현한다. 보기에 편안하며 입기에도 활동적인 스타일로 좀 더 자유로운 전문직 분야의 복장이라고도 할 수 있다.

기능이 없는 장식은 없거나 최소화되어 있고 몸을 구속하지 않는 편안한 실루엣으로 허리라인과 어깨에는 신축성이 있어 활동하기에 편안하며 주로 지퍼로 여닫는다.

대표적인 브랜드

베네통, 켈빈 클라인, 갭(gap), DKNY, 엘렌 트레이시, 에스프리, 게스 등이 여기에 해당된다.

신축성과 기능이 좋은 소재를 몸에 맞게 입거나 오버사이즈, 헐렁하고 느슨한 스타일을 추구하는 활동적인 패션이며 의상의 패턴도 비교적 자유롭다. 대담한 로고의 T셔츠, 스니커즈, 후드점퍼, 진팬츠, 백팩 등이 주된 아이템이며 스트라이프와 체크, 단순하지만 반복적인 패턴 등이 선호된다.

데님, 면, 린넨 등의 식물성 섬유와 니트, 스웨이드, 플란넬과 같은 광택이 없고 소프트한 질감의 섬유가 많이 쓰이고 폴리우레탄 같은 신축성 소재가 함유된다.

액센트 컬러로 원색에 가까운 비비드 톤을 사용하거나 파스텔 계열, 밝은 톤의 여러 색을 배색할 수도 있으며 주로 옐로와 그린, 핑크 계열의 중간 톤을 사용하여 젊고 자유로운 표현으로 연출한다.

(3) 로맨틱(Romantic)

사랑스러움, 여성스러움을 상징하는 대표적인 이미지이다. 소녀의 감성으로 순수하고 귀엽다. 남성에게 적용되면 감성을 자극하는 은은한 향기와 온화하고 부드러운 이미지이다. 섬세한 표현이 많으며 부드러운 디자인이 중심이 된다.

여성의 곡선을 살리는 흐르는 실루엣이나 허리선을 강조하고 부드러운 어깨부분과 하의에도 레이스나 프릴, 리본, 주름장식 등의 세부적인 장식이 많다.

남성은 정형화 되지 않은 실루엣에 곡선을 사용하며 가벼운 소재의 스카프나 비즈, 자수로 장식하기도 한다.

대표적인 브랜드

지아니베르사체, 엠마누엘 웅가로, 발렌티노 등이 해당된다.

도트 프린트, 선명하고 반복되는 패턴, 플라워 프린트 등이 사용된다.

두껍거나 딱딱한 소재는 거의 사용되지 않으며 소프트하고 감싸는 듯한 레이온이나 벨벳, 캐시미어, 실크, 쉬폰, 얇은 면, 광택이 과하지 않은 섬유가 주로 사용된다. 건조하고 매트한 질감보다는 샤이니하고 촉촉한 느낌이 어울린다.

로맨틱 이미지는 꿈을 꾸는 듯한 공상적인 분위기를 연출하는 패션경향으로서, 기능성보다는 장식성이 더 강조된다.

색상은 주로 밝은 컬러로 화이트, 아이보리와 함께 옐로우, 핑크, 블루, 오렌지, 퍼플 등의 파스텔 톤은 거의 사용된다. 또한 엘로, 그린, 블루 계열의 페일톤은 로맨틱 이미지의 대표적인 컬러이다.

(4) 엘레강스(Elegance)

우아함, 단정함, 고상함 등을 나타내는 것으로 성숙한 여성의 이미지를 말한다. 품위 있고 세련되며 고급스럽다.

엘레강스한 남성의 이미지는 고전적이고 전통적이며 부드럽지만 틈이 없이 완벽하게 연출한 정장스타일을 의미하기도 한다.

허리라인은 강조하지만 인위적이지 않으며 어깨라인과 스커트로 흐르는 라인까지 부드럽고 과장됨이 없어야 한다. 또한 장식이 강조된 로맨틱 이미지와는 대조적으로 최소한의 장식을 사용하고 디자인의 흐름이 과장되지 않으며 절제된 느낌으로 호화스러움은 배제된다.

대표적인 브랜드

샤넬, 크리스찬 디올, 구찌, 지방시 등이 해당된다.

다양한 아이템을 매치하기보다는 슈트, 원피스 드레스와 같이 머리에서 발끝까지 전체가 하나의 통일된 이미지로 연출하는 스타일이 비교적 적합하다.

시선을 끄는 프린트나 화려한 패턴은 사용하지 않으며 브랜드명을 디자인한 패턴이 사용된다. 부드럽고 우아한 실크는 대표적인 소재이다.

엘레강스의 컬러는 주로 부드러운 색조로 대개 라이트 그레이쉬, 그레이쉬, 다크그레이쉬 톤에 해당하며 고상함을 나타내기 위해 색상의 대조를 약하게 하여 섬세하고 우아한 느낌으로 표현한다.

(5) 드라마틱(Dramatic)

주인공 위치에 해당하는 연출이다. 세련되고 당당하게 극적인 연출을 하는 것이다. 완성도 높은 드라마틱한 패션은 강렬한 인상을 줄 수 있다. 확실하지 않은 라인이나 실루엣, 보편적인 감각과 고전적인 요소는 배제한다.

곡선보다는 직선을 주로 사용하고 신체의 일부분을 과장하는 인위적인 디자인도 사용한다. 세부적인 장식은 거의 사용하지 않으며 신체 라인보다는 조형된 구조적인 라인으로 완성되어 극단적인 효과를 만들어낸다.

대표적인 브랜드

크리스챤 디올, 도나카렌, 타하리, 이브 생 로랑, 에스카다 등이 해당된다.

규칙적이지 않고 추상적이거나 기하학적인 패턴을 주로 사용하며 독특하고 인위적인 디자인 형태를 지탱할 수 있는 소재가 좋다.

인위적으로 아주 딱딱하게 가공한 다양한 천이나 촘촘하게 짠 직물, 심한 광택을 가진 옷감, 실크, 가죽, 울이나 개버딘이 가장 일반적으로 사용된다.

컬러는 대비가 강한 배색이 주로 사용되며 중명도와 중채도를 제외한 무채색, 블루, 레드, 퍼플 등의 선명한 톤이 드라마틱한 이미지를 나타낸다.

(6) 모던((Modern)

'근대적', '현대적'이라는 의미이며 현대적이고 도시적인 이미지로 진취적인 감각을 아우르는 것으로 그 범위가 넓고 깊다.

간결하며 깔끔한 디자인과 다소 차가우면서도 장식성이 배제된 간결미를 추구한다. 베이직 티셔츠, 언밸런스 원피스, 화이트 블라우스, 와이드 팬츠 등의 아이템들을 배치하면 모던한 이미지를 연출할 수 있고 현대의 오피스룩은 대부분 모던한 패션 이미지를 지향하고 있다.

디자인은 간결하게 개성을 나타내며 단순한 라인과 직선적인 패턴이 선호된다. 모던 이미지의 컬러는 주로 무채색이며 시원하고 샤프한 감각, 단순하지만 반복적인 패턴, 명암의 대비가 나타나는 컬러를 배색하기도 한다. 또한 모노톤의 컬러배색에 산뜻한 한색 계열의 악센트 컬러를 주는 것도 모던 이미지 색채배색 방법이다.

실기 3 테마별 패션 이미지 스크랩하기(트래디셔널, 스포티, 로맨틱, 엘레강스, 드라마틱, 모던)

트래디셔널
특징
이미지
아이템

스포티
특징
이미지
아이템

로맨틱
특징
이미지
아이템

엘레강스
특징
이미지
아이템

드라마틱
특징
이미지
아이템

모던
특징
이미지
아이템

PART 5.

비주얼 이미지 메이킹

CHAPTER 13

비주얼 이미지 메이킹

현대의 사회생활에서 사람들이 만나고 서로에게 영향을 주는 시간들을 구분해보면, 직업에 관련한 업무를 하는 시간과 개인적인 여가활동이나 좋아하는 사람을 만나는 시간이 있다. 또한 사회적인 교류를 위해서 기념행사 등의 주목 받는 자리나 결혼식과 기타 경조사를 챙기는 장소에도 가야 한다. 정리하면 크게 공적인 관계, 사회적인 관계의 자리, 개인적인 시간의 활용으로 구분할 수 있으며 개인의 비주얼 이미지는 이와 같이 시간을 어떻게, 어느 장소에서 보내느냐에 따라 다르게 변화할 수 있어야 한다.

개인의 비주얼 이미지를 결정하고 변화시키기 위해서는 Face 존의 이미지 연출과, hair 존의 스타일 결정과 손질법, 체형과 옷의 특징, 퍼스널 컬러에 대한 진단 등이 서로 연계성을 가지고 매우 중요한 요인으로 작용한다. 각각의 요인을 개인의 상황에 맞도록 실제로 적용하면 성공적인 비주얼 이미지가 완성되며 적용된 비주얼 이미지와 함께 상황에 따른 기본적인 예의와 매너에 대해서도 알아두고 지켜준다면 현대인의 대표적인 경쟁력을 모두 갖춘 셈이 된다.

1. 효과적인 자기 이미지연출

자기에게 어울리는 스타일을 연출하는 방법은 무엇이며, 가장 효과적으로 자기 이미지를 연출하기 위해서는 어떻게 해야 하는지 기본 요령을 알아보자.

① 자신에게 어울리는 스타일을 찾는다.

키가 크고 체격이 큰 여성이 귀엽고 깜찍한 스타일을 추구할 경우 다른 사람에게 잘 어울린다는 인상을 주기는 쉽지 않다. 분명 개인마다 어울리는 스타일과 그렇지 않은 스타일이 있기 마련이며, 안정적인 비주얼 이미지란 자신에게 어울리는 스타일을 적절히 연출할 수 있는 능력이다. 특히 유행의 흐름이 계속 바뀌어가고 자신의 사회적 지위도 달라지는데 언제까지나 똑같은 모습으로 있는 것은 바람직하지 못하다.

전체적으로 조화를 이룬 비주얼 이미지는 자신의 이미지를 결정짓는 중요한 요소로서 여러 가지 스타일을 개성에 맞게 다양하게 시도해 보려는 노력에 의해 형성된다. 과감하게 자기를 변화시키지 못하는 소극적인 사람이 자신에게 어울리는 스타일을 찾기란 매우 힘들기 때문에 작은 것에서부터 변화를 시도하려는 용기가 필요하다. 또한 개인의 라이프 스타일과 시간과 장소에 맞는 개성이 있는 감각으로 자기만의 스타일을 만들어 가는 것으로 이러한 감각은 지속적으로 전체 스타일링에 관한 정보에 자신을 노출하고 변화를 시도하는 해야 발전할 수 있다.

② 나의 신체적인 특성을 정확히 파악한다.

'모델이 입으면 저렇게 멋진데 왜 내게는 어울리지 않지?', 또는 '비슷하게 눈썹을 그렸는데 나는 왜 안 어울릴까!'라는 생각이 들거나 같은 사이즈의 옷을 구입했는데도 어떤 것은 잘 맞고 어떤 디자인은 불편하며 혹은 너무 헐렁한데도 그 이유를 모르고 있다면 매우 난처한 상황이 된다. 요즘은 실제로 뚱뚱하던지 그렇지 않던 간에 상관없이 더 날씬해지고 싶은 욕구를 가진 사람들이 늘어가고 있으며 다이어트에 열중하는 사람들도 늘고 있지만 짧은 시간 내에 살을 빼거나 타고난 체형을 바꾸는 데는 한계가 있다. 만약 자신의 체형과 얼굴형을 정확히 파악하고 있다면 자신에게 어떤 눈썹이 잘 어울리는지, 입체적으로 보이는 헤어스타일이 어떤 건지, 날씬해 보이는 팬츠는 어떤 형태인지를 찾아서 연출하는 것이 훨씬 쉬워질 것이다.

예를 들면 전반적으로 슬림한 체형이지만 신체의 V존 영역이 넓고 팔이 두꺼운 사람은 옷의 팔 부분이 어떤 형태인지에 따라 뚱뚱해 보일 수도 있고 어떤 옷의 경우는 그 사람을 날씬하게 만들 수도 있다는 것이다. 또한 얼굴이 크다고 스스로를 생각하는 사람은 자신의 눈썹이나 앞머리가 본인의 얼굴을 크게 보이게 한다는 사실을 모르고 있는 경우도 많다.

얼굴형이나 어깨의 형태, 가슴, 허리, 힙 사이즈 등으로 세분화하기 위해서는 거울 앞에서 자신을 객관화 시킬 줄 아는 노력이 요구된다. 자신을 정확히 알고 난 후에는 어떻게 하는 것이 자신의 신체적인 특성의 장점을 살릴 수 있는지를 고려하면서 효과적으로 자신의 센스와 다양한 스타일링 정보를 동원해야 한다.

③ 자신만의 매력 포인트를 찾는다.

유명 스타들의 사생활이나 옷차림, 패션 센스 등이 자연스럽게 노출됨으로써 그들을 닮고자 하는 일반 대중들의 욕구는 점점 늘어가고 있다. 다른 사람의 스타일을 그대로 따라하는 것은 비개성적인 사람으로 보일 우려가 있지만, 특정인을 이미지 모델로 하여 비슷해지기 위해 노력하다 보면 자신의 매력 포인트를 찾기가 쉬워진다.

즉, 자신의 이미지와 유사한 모델을 선정하여 그와 비슷해지려고 시도하다보면 자기 이미지 연출이 훨씬 수월해질 수 있다.

④ 콤플렉스를 개성으로 살린다.

세상에 완벽한 미인은 없다. 누구에게나 인정받는 미인일지라도 자신만이 가지고 있는 콤플렉스가 있으며, 신체의 결점을 보완하려고 노력하다 보면 자기 이미지를 효과적으로 나타낼 수 있다. 열등감이 자신을 개발하는 노력의 원동력이 된다는 것과 같은 맥락이다.

콤플렉스를 개성으로 살리기 위해서는 먼저 자신의 결점을 잘 파악하고 이것을 보완해 나갈 때 균형감 있고 멋진 이미지를 연출할 수 있다.

⑤ 구체적인 아이템과 스타일링 방법을 현실화 한다.

요즈음 같은 개성 시대에는 무조건 유행에 민감하기보다 자기에게 어울리는 스타일을 찾고자 하는 노력이 이미지 연출에 더 효과적이다.

허리가 굵은 사람이 몸에 끼는 재킷이 유행이라고 해서 입을 경우 굵은 허리를 더욱 강조하기 때문에 바람직한 옷차림이라고 할 수 없다. 자신에게 어울리지 않는 스타일이라는 판단이 서는 순간 과감하게 그 스타일에서 벗어날 수 있는 용기가 필요하다. 이러한 경우는 약간 여유가 있는 재킷을 입으면서 액세서리를 잘 활용하여 유행에 뒤떨어지지 않는 자신만의 멋을 추구하는 것이 더 센스있는 사람인 것이다.

모든 스타일링 방법은 이론으로만 그치지 않고 자신에게 응용해야 발전해 나갈 수 있다. 즉 허리가 굵은 사람은 과감하게 유행하는 재킷을 버리고 여유 있는 재킷을 선택해서 자기만의스타일을 현실화 해나가도록 해야 하는 것이다.

2. 상황별 이미지 메이킹

① 공식적인 자리에 적합한 비주얼 이미지(official)

면접, 비즈니스를 위한 회의, 발표, 정치인의 연설

공적인 관계의 사람들과 만나고 직장에서 회의를 하며 업무에 따라서는 발표를 하는 등 모든 비즈니스와 관련한 경우에 적합한 비주얼 이미지이다.

공식적인 자리에 적합한 비주얼 이미지의 공통점은 다른 사람에 대한 최대한의 예의를 갖추는 외모와 차림이여야 한다는 것이며 완성된 비주얼 이미지는 세련되고 당당해야 한다. 감성에 따른 테마 이미지로는 트래디셔널 이미지와 모던 이미지 등이 해당되며 메이크업과 헤어 스타일, 패션은 모두 같은 감성 이미지를 추구해야 한다.

공식적인 자리에서 여성이 가장 주의할 점은 단정하고 세련된 느낌은 주지만 지나치게 여성스럽지 않도록 하는 것이며 남성은 느슨하고 풀어진 느낌이 없도록 하는 것이다.

㉠ **hair zone**

도시적이고 세련된 이미지, 트래디셔널한 이미지를 나타내기 위한 대표적인 여성의 헤어스타일은 웨이브가 없는 중간 길이의 단발머리이다. 두상과 얼굴형에 어울리도록 적절한 부위에 볼륨을 주고 트리트먼트를 생활화하며 스타일이 흐트러지지 않고 유지될 수 있도록 한다.

긴 머리의 경우에는 흘러내리는 머리가 없도록 묶거나 올려준다. 업무상의 공간에서나 면접에서 여성의 긴 머리는 그냥 풀어두지 않는다. 단정해보이지 않을 뿐만 아니라 늘어뜨린 긴 머리는 여성스러움을 표현하는 것으로 공적인 자리에는 어울리지 않는다.

또한 업스타일을 할 때는 심플한 형태로 올려주고 장식적인 웨이브 컬이나 화려한 스타일은 피하도록 한다. 보편적인 스타일로는 머리의 묶은 위치가 아래로 내려오도록 하고 빠져나오는 머리카락이 없도록 망으로 싸서 고정하는 것이다. 머리를 모두 올려주는 스타일이 부담스럽다면 머리의 윗부분과 옆머리만을 뒤로 빗어 머리의 뒷면에서 묶어주는 반올림 스타일로 연출한다.

남성의 모던하고 깔끔한 hair 존의 이미지를 위해서는 짧은 길이나 중간 길이의 스타일이 적합하며 적절한 스타일의 결정은 앞 장에서 설명한 얼굴형에 따른 헤어스타일을 참조하도록 한다. 깔끔한 마무리를 위해 헤어 셋팅 제품을 바르고 향이 강한 제품은 피하도록 한다.

헤어 컬러링이 보편적인 요즘에 많은 사람들이 염색을 하지만 시간이 지나면서 밝게 탈색된 머리는 얼굴을 거칠어 보이게 하고 단정해 보이지 않으므로 염색의 시기와 관리에 주의한다.

직장 내에서 업무 발표를 하거나 취업을 위한 면접, 중요한 비즈니스를 위한 헤어이미지는 사실 큰 차이는 없다. 다만 취업면접을 위한 경우에는 대부분 처음 대면하는 것이므로 단순히 이미지를 바꾸기 위한 스타일링이 아니라 자신의 모습을 최상으로 보일 수 있는 헤어 디자인을 선택해야 한다.

ⓛ face zone

공적인 자리에서 여성의 face 존에 문제가 될 수 있는 경우는 메이크업을 하지 않은 노-메이크업의 상태이다. 여성이 업무와 관련한 여러 자리에서 예의를 갖추는 것은 반드시 메이크업을 하는 것이며 이것은 미모와는 전혀 다른 별개의 내용이다.

가장 무난한 여성의 face존 연출은 메이크업에서 최대한 Red를 제외하되 밝은 이미지를 연출하도록 하는 것이다.

눈썹, 아이라인, 입술라인 등을 깔끔하게 처리하고 피부 톤과 잡티 커버는 확실하지만 너무 두껍지 않아 보는 사람이 거부감이 들지 않도록 한다.

그레이, 중간 톤의 핑크베이지 계열, 로즈브라운, 라이트 브라운, 베이지나 투명한 컬러를 사용하여 face 존 내에 너무 많은 컬러가 동시에 표현되지 않도록 주의하며 인조 속눈썹이 필요한 경우에는 낱개속눈썹으로 자연스럽게 메이크업한다.

좀 더 개성을 표현하고 싶다면 유행 감각과 절제된 느낌을 살린 원(one)포인트 메이크업을 할 수 있다. 피부는 가볍게 연출하고 아이메이크업은 최소한의 컬러를 사용한 후 비교적 선명한 립 컬러를 발라준다. 이 때는 컬러가 너무 밝거나 붉지 않도록 하고 자신의 퍼스널 컬러에 해당하는 색을 선정해야 한다.

남성의 메이크업은 이제 보편적인 일이지만 아직은 남성이 메이크업 한 것처럼 보이는 것은 좋은 인상과 전혀 거리가 멀다. 최대한 자연스럽게 결점을 커버하는 메이크업 위주로 연출한다.

일상적으로 매일 메이크업하는 남성이 있다면 대부분은 피부 연출이 필요하기 때문이다.

파운데이션이 머리와 옷깃에 묻지 않도록 주의하고 남녀 모두 눈썹 꼬리가 아래로 내려오면 똑똑하지 못한 인상을 줄 수 있으니 특별히 신경쓰도록 한다. 피지분비가 많은 남성은 일정이 긴 스케줄이 잡혀있다면 투명파우더를 조금 덜어 눌러주면 메이크업의 유지력을 훨씬 높일 수 있다.

안경을 선택할 때는 옷에 부착된 단추나 기타 악세사리와 어울리는지 확인하고 평상시에는 가벼운 질감의 안경테를 사용한다고 해도 특별한 미팅이나 면접을 위해서 금속소재를 사용하면 좀 더 지적인 분위기를 연출할 수도 있다.

ⓒ V zone

남성과 마찬가지로 비즈니스와 공적인 자리에서 여성을 세련되게 하는 의상은 슈트이다.

슈트 재킷의 라인이 자신의 체형과 얼마나 어울리는가는 남녀 모두에게 중요한 일이다. 여기에 남성이 V존의 셔츠와 넥타이로 슈트의 인상을 결정한다면 여성은 칼라의 형태와 블라우스의 매치가 얼마나 잘 되는지에 달려있다.

여성의 네크라인을 결정하는 블라우스는 세부장식이 많지 않고 소재가 두껍지 않아 재킷의 실루엣을 방해하지 않는 것을 입는다. 모던한 이미지를 위해서는 블라우스와 재킷의 컬러가 너무 대조되지 않도록 하고 트래디셔널한 이미지를 위해 니트 카디건 등을 매치할 경우에는 너무 루즈하지 않고 비교적 몸에 붙는 의상을 선정한다.

비즈니스를 위한 슈트는 대부분 어두운 계열이 무난하지만 구체적인 컬러의 선정은 개인을 4계절 컬러 이미지 진단을 바탕으로 한 최상의 퍼스널 컬러를 기준으로 한다.

남성의 슈트 재킷은 조금은 보수적인 스타일로 정석으로 입도록 한다. 비즈니스 캐주얼 정장은 일반적인 업무나 출근 복장으로는 가능하지만 비즈니스 회의나 취업 면접 등에는 적합하지 않다. 만약 슈트를 입는 것이 익숙하지 않고, 컬러 배색에 자신이 없을 때는 흰색 셔츠가 가장 무난하고 넥타이는 디자인이 심플한 것이 좋다. 너무 눈에 띄는 패턴이나 최근 유행하는 반짝이는 스톤 장식 등은 피하도록 한다.

남성의 V존은 남성의 비주얼 이미지에서 가장 포인트가 될 수 있는 곳으로 회사 내에서 발표를 하거나 정치인이 연설을 하는 등의 주목성이 필요한 상황에서는 컬러의 대비나 과감한 컬러를 사용하는 것도 좋은 방법이다. 계절, 만나는 대상, 노출되는 시간, 퍼스널 컬러 등을 고려하여 컬러를 선정한다.

㉣ W zone & F zone

슈트 재킷과 매치되는 하의를 결정해야 하지만 여성의 경우 일반적으로 스커트를 선정하면 보수적인 회의나, 면접 등에도 폭넓게 활용이 가능하다.

비즈니스를 위한 자리나 면접을 위해서 입어야 하는 스커트는 플레어나 A라인보다는 스트레이트형이 적합하며 무릎 길이의 니랭스 스커트를 입는다. 스킨 컬러 혹은 블랙 컬러의 스타킹을 신고 신발은 펌프스가 가장 무난하다. 발등을 많지 덮지 않는 구두는 다리를 길어 보이게 하고 좀 더 경쾌해 보인다.

남성도 당연히 구두를 신어야 한다. 슈트와 어울리는 색상을 선택하며 슈트보다는 어둡거나 같은 색을 신는다. 양말은 검정색이나 슈트와 같은 색을 고르고 소재가 너무 두껍지 않고 투박하지 않은 것으로 신는다.

㉤ 그 외 이미지

에티켓은 사회생활에 있어 대인관계를 원만히 하기 위한 기초 행동양식으로 비즈니스에서 글로벌 매너와 함께 개인의 역량으로 평가되는 중요한 요소이다.

세련된 매너는 자기보호 및 안전이며, 각자 저마다 개성이 다른 인간관계에서 상대방을 이해하고 배려함으로써 원활한 인간관계를 유지해 나갈 수 있는 기초가 되는 것이므로 공적인 모든 자리와 상황은 좋은 매너와 에티켓을 기본으로 한다.

매우 간단한 매너와 에티켓은 시간을 시키는 일이다. 약속 시간을 지키는 것은 업무와 회의를 시작하는 의미를 벗어나서 개인의 성실성과 인격을 표현하는 것이므로 무리하게 시간을 정하거나 모호한 약속은 처음부터 하지 않도록 한다.

'예의가 바르다'는 말은 우리나라에서 어린 아이가 인사를 하는 것을 보고 어른들이 가장 많이 하는 표현이다. 면접을 보기 위해 처음 대면하는 관계이던지, 어제와 오늘도 보는 사이던지 상관없이 인사를 잘하는 사람을 보면 기분이 좋아지고 왠지 성실하다는 신뢰를 하게 된다. 비즈니스를 위한 관계에서 예의를 갖춘 인사 예절은 다음과 같은 내용이며 조금만 주의한다면 실천할 수 있는 것들로서 예의바른 인사로 형성되는 좋은 이미지는 그다지 어렵지 않다.

인사의 시기

㉠ 일반적으로 30보 이내에서 마주칠 경우 인사한다.

㉡ 가장 좋 은 시기는 6보 앞에서 시선을 마주하는 거리에서 인사한다.

ⓒ 갑자기 만나거나 의외의 상황에서는 즉시 인사한다.

ⓔ 이동 중에 인사해야 할 경우 빠르게 상대방의 앞으로 가서 정중히 인사한다.

ⓜ 계단에서 마주친 경우 상대와 같은 위치로 빠르게 이동하여 정중하게 인사한다.

인사할 때의 유의 사항

㉠ 인사는 가능한 한 자리에서 일어서서 한다.

㉡ 상대방과 시선을 맞추지 않고 하는 인사는 하지 않도록 한다.

㉢ 망설이다 하는 인사는 좋지 않은 인상을 줄 수 있으니 하지 않도록 한다.

② 사회적인 행사에 적합한 비주얼 이미지(Social)

결혼식 참석, 모임, 파티, 사회 단체의 행사

인생의 최대의 예식인 결혼식, 돌잔치, 연말 모임이나 동창회, 사회 단체의 여러 행사에 참여하거나 주최하는 경우에 적합한 비주얼 이미지이다.

공식적인 행사에는 반드시 예복을 입어야 하지만 최근에 성격이 다양한 행사에는 저마다 해당하는 주제가 있으므로 비주얼 이미지도 각 특성을 고려하여 스타일링하는 것이 필요하다. 또한 평상시에 크게 격식에 얽매이지 않는 스타일을 즐긴다고 하여 노-메이크업과 일상복으로 사회적인 행사에 참석하는 것은 대인관계를 고려하는 사람이라면 반드시 삼가는 것이 좋다.

비교적 늦은 시간대에 진행하는 결혼식에 참석한 중년의 남성이 있다고 가정해 보자. 이 남성은 오전 시간을 활용해서 가벼운 산책으로 등산을 다녀왔는데 의상이나 헤어스타일도 전혀 바꾸지 않은 등산복을 입은 상태로 결혼식에 참석을 한 것이었다. 이유인즉 옷을 갈아입을 시간이 없었으며 특별히 등산복이 검은 색이고 비싼 것이기 때문이었다. 나름의 이유는 있었지만 누가 보아도 이 남성은 결례를 한 것이다.

모임이나 행사에 참석할 때 좋은 비주얼 이미지를 위해 스타일링하는 것은 주최자와 다른 참가자에 대해 예의를 갖추는 것이다. 자신만의 스타일을 고집하고 참석에 대한 기본적인 예의를 갖추지 않는 것은 사회적인 관계의 중요성을 인식하지 못하는 것으로 사실 참석 그 자체도 큰 의미가 없는 것이라고 할 수 있다.

사회적인 행사에 적합한 비주얼 이미지에서 중요한 점은 각 모임이나 행사의 특성을 파악하여 각각의 특성에 적합한 스타일링이 필요하다는 것이다. 전반적인 스타일링의 기본 감성은 주목받는 이미지를 연출하는 드라마틱한 이미지와 우아하고 세련된 엘레강스 이미지가 해당된다.

TIP

파티의 종류

디너파티(Dinner Party) : 저녁 식사 시간에 풀 코스(Full Course)의 요리로 만찬을 하는 파티로 가장 정중한 형식이다.

리셉션(Reception) : 특정한 인물이나 기념할만한 중요한 사건을 축하하거나 기념하기 위해 열리는 공식적인 모임을 가리킨다.

칵테일 파티(Cacktail Party) : 칵테일 파티는 가벼운 파티이며, 개최 시작 전에 가능한 맞춰서 도착하는 것이 좋지만 개인에 따라 자유로운 이동이 가능한 파티이다.

가든파티(Garden Party) : 정원 등의 야외에서 진행하는 파티이다.

포트럭 디너(Pot Luck Dinner) : 주최자 뿐만이 아니라 참석자들도 자신의 요리를 한 가지씩 가져 와서 음식을 나누고 얘기를 나누는 친한 사이의 파티이다.

티파티(Tea Party) : 주로 오후 시간에 진행하는 것으로 차 종류와 케이크, 샌드위치 등 가벼운 음식을 준비해 보통 오후 3시에서 5시경에 열리는 파티이다.

샤워파티(Shower Party) : 가까운 사람들끼리 축하를 받을 사람을 중심으로 이야기와 음식을 나누는 파티이다.

㉠ hair zone

우아하고 기품이 있는 이미지, 편안하고 여성적인 이미지를 나타내기 위한 대표적인 헤어 이미지는 부드럽고 건강한 머릿결과 굵은 웨이브이며 머리를 올린 업스타일은 우아함을 더해준다.

업스타일은 결혼식에 참석하기 위해 한복을 입거나 여성스러운 정장을 입을 경우에도 어울리며 우아한 드레스를 입을 경우에도 적합한 헤어스타일로 볼륨있는 연출을 하기 위해 백콤(backcomb)처리를 하거나 열기구를 사용한다.

전반적인 컨셉에 따라 장식적인 처리를 많이 해야 하는 경우도 있고 심플하게 연출해야 하는 경우도 있다.

연말 모임이나 화려함을 추구하는 파티에서 주목받고 싶다면 좀 더 드라마틱하게 스타일을 연출해도 좋다. 헤어 악세사리로 티아라나 밴드를 사용하는 것도 좋으며 극단적인 가르마나 글리터 등을 이용해서 hair 존을 화려하게 스타일링 할 수 있다.

남성의 경우에도 행사의 성격에 영향을 받지만 가장 기본적인 것은 반드시 헤어 셋팅 제품을 발라 은은한 광택을 주고 단정하게 하는 것이다. 컷트는 행사일보다 일주일 정도 미리 여유 있게 하는 것이 좋으며 새로운 스타일을 급격히 시도하는 것보다는 본래의 스타일을 기본적으로 유지한 상태에서 손질하는 것이 사회적인 행사를 앞두고 비교적 안정적으로 여겨진다.

새로운 스타일로 변화를 계획하고 있다면 행사 일정과 겹치지 않고 사전에 미리 진행하는 것이 좋다. 남성의 중간 길이나 긴 머리도 사회적인 행사를 위한 비주얼 이미지로 연출할 수 있으며 활동적이고 거친 느낌의 너무 짧은 머리는 가능하다면 피하도록 한다.

㉡ face 존

여성이 연회나 공식적인 파티에 참여하여 한 듯 안한 듯한 메이크업으로 face 존을 연출한다면 주목을 받기는 어렵다. 맨 뒷줄에 앉아 잠시 얼굴만 보이고 올 것이 아니라면 조금은 강렬하고 적극적인 메이크업을 연출해볼 수 있다.

일명 파티메이크업이라고 하는 것에 제일 많이 사용되는 컬러는 퍼플과 와인이다. 지나치게 선명한 퍼플과 와인 톤은 피해야 하지만 펄, 글리터, 화이트컬러 등과 함께 포인트 부위에 사용하면 필요한 음영을 얻을 수도 있고 화사한 이미지도 나타나게 된다. 좀 더 드라마틱한 표현을 위해서는 블랙이나 레드를 첨가할 수 있으며 구체적인 컬러는 이상적인 퍼스널 컬러를 바탕으로 진행해야 한다.

눈썹, 아이라인과 입술의 윤곽은 또렷하게 하여 이목구비를 분명하게 연출한다. 인조 속눈썹은 사용해주는 것이 좋으며 본인의 눈 길이보다 조금 짧게 붙이고 자신의 속눈썹과 분리되어 연출되지 않도록 주의한다.

전통의상을 입는 경우에는 아이 메이크업보다는 주로 립 컬러에 포인트를 주고 저고리나 치마의 색과 매치하여 컬러를 선정한다.

행사가 진행되는 장소도 메이크업 연출에 중요한 영향을 준다. 펄감이나 은은한 광택으로 처리한 피부 톤은 야외에서는 빛을 발할 수 없으며, 조명이 강한 실내에서 매트하고 톤이 낮은 컬러를 사용한 메이크업은 사람이 지쳐 보이고 활력이 없어 보일 수 있으므로 주의할 필요가 있다.

사회적인 행사를 위한 남성의 메이크업은 이제 매우 보편적인 것으로 특히 조명이 강한 호텔이나 예식 장소에서 행사가 진행된다면 조금 더 가려주고, 조금 더 눈썹을 표현해도 무방하다. 붉은 갈색으로 남자의 눈썹을 그리지 않도록 주의하고 파운데이션이 남성의 머리카락이나 옷에 묻지 않도록 스스로도 조심해야 한다. 건조해지거나 메이크업이 매트하다면 미스트를 사용하여 촉촉하게 유지해주도록 한다.

남성의 입술이 흐릿하면 입술선이나 입술에 은은한 표현을 해줄 수 있는데 반드시 묻어나지 않고 광택이 없는 매트한 타입이나 컬러가 없는 립 보호 제품을 사용해야 한다.

ⓒ V존 & W존 & F존

사회적인 행사에서 여성들이 주로 입는 의상은 한복, 드레스, 슈트 등이다. 대부분 상하의 한 벌로 입는 의상으로 평소에 자신의 체형과 피부색을 잘 알고 있어야 이상적인 선택이 가능한 옷차림이다.

결혼식에 참석하는 가족들이나 모임에 참석하는 많은 여성들이 한복을 즐겨 입는다. 최근에는 전통적인 한복이 개량되어 편리한 기능성을 강조하며 널리 사용되고 있지만 그 색감이나 디자인에서 나오는 화사함은 전통적인 한복에서 연출되는 것으로 한복은 주로 밝고 강한 톤이 많다.

얼굴의 피부색이 어두운 경우에는 옥색, 엘로 등의 밝은 색 계열을 피해야 하며 밝고 창백한 여름 타입은 어두운 빨간 저고리는 피하는 것이 좋다.

드레스는 연회에 적합한 의상으로 체형과 피부색을 고려해서 반드시 입어보고 결정한다. 주로 실크 소재로 되었으며 은은한 광택이 있다. 이외의 모임이나 행사에는 바지 정장이나 블라우스에 스커트 차림도 무방하고 가벼운 모임을 주최하고 초대한 경우에는 조금은 화사한 배색과 디자인을 선택하도록 한다.

디너파티 등의 공식적인 모임에 초대받은 경우 남자는 드레스 셔츠에 정장차림이 좋고 다소 가벼운 모임에는 남방셔츠나 티셔츠에 캐주얼 재킷도 가능하다. 하지만 행사의 주최자라면 예복을 입어야 한다.

남자의 예복은 정장 예복과 준정장 예복, 약식 예복으로 구분할 수 있다. 디자인이나 디테일, 액세서리까지 엄격히 규정되어 있는 정장 예복(most formal wear)에는 모닝 코트, 이브닝 드레스 코트 등이 속한다. 준정장 예복(semi formal wear)은 정장 예복보다 가벼운 턱시도를 말하며, 약식 예복(informal wear)은 일반적인 정장으로도 많이 입는 블랙 슈트 등이 포함된다. 우리 나라에서는 주로 결혼식에서 예복으로 많이 착용되고 있으며 행사와 모임의 성격에 따라 선정한다. 남성이 예복을 입는 경우에 여성은 대부분 드레스를 착용하고 남성과 여성의 의상도 조화롭도록 연출하는 것이 좋다.

간혹의 파티나 모임의 성격을 잘 못 이해하여 적절하지 못한 옷을 입은 경우, 예를 들면 힙합스타일, 청바지, 반바지, 발가락이 보이는 샌들, 후드 달린 티셔츠, 무늬가 들어간 셔츠 등을 입으면 입장이 거부당할 수도 있으니 모임의 특징이나 출입해야 하는 장소에 대한 사전 정보는 반드시 미리 챙겨두도록 한다.

㉣ 그 외 이미지

사교적인 모임과 여러 행사에서는 새로운 사람과의 만남이 잦다. 인간관계의 형성에 있어 상대방의 인상과 느낌은 오랫동안 영향을 미치는데, 첫 만남에서 다른 이들을 소개하고 소개받는 형식과 예의는 매우 중요한 부분으로 모임이나 행사를 주최한 경우에는 서로를 소개해야 하는 경우도 종종 발생하게 된다.

상황에 맞는 적절한 대응으로 모든 사람이 편안한 분위기가 되도록 해야 하며 소개를 받는 경우에도 기본적인 예의를 지켜 좋은 인상을 주도록 해야 한다. 소개를 진행할 경우에는 상대방을 소개하기 전에 미리 소개할 내용과 정확한 이름을 확인하여 실수하지 않도록 하고 소개 받는 사람이나 소개가 되는 사람이 모두 일어서는 것이 원칙이다. 소개가 끝나면 먼저 소개를 받은 사람이 상대방에게 인사를 청하는 것이 보편적이고 지나치게 장황한 인사말이나 칭찬은 거북할 수 있으므로 간단한 문구를 활용하도록 한다. 소개를 받은 초면의 주제로 정치, 종교, 지역색, 금전에 관련한 화제는 상식적인 금기사항으로 가벼운 소재로 기분이 좋은 문구를 활용하여 대화하도록 한다.

소개하는 순서

㉠ 여성에게 남성을 먼저 소개한다.

㉡ 손윗사람에게 손아랫사람을 먼저 소개한다.

ⓐ 지위가 높은 사람에게 낮은 사람을 먼저 소개한다.

ⓑ 선배에게 후배를 먼저 소개한다.

ⓒ 나이가 많은 사람에게 나이가 적은 사람을 먼저 소개한다.

㉢ 손님에게 집안사람을 먼저 소개한다.

㉣ 고객에게 회사사람을 먼저 소개한다.

㉤ 기혼여성에게 남성을 소개하는 것이 원칙적이나 대통령, 왕족, 성직자 등은 예외이다.

㉥ 다수에게 개인을 먼저 소개한다.

③ 개인적인 시간을 위한 비주얼 이미지(private)

여행, 맞선, 공연관람 등의 여가 시간

업무적인 관계와 사회적인 관계를 제외한 극히 사적인 시간으로 문화 공간에 있거나 스포츠를 즐기고 여행을 하게 된다면 그 상황에 적합한 스타일링이 있으므로 개인은 필요에 따른 비주얼 이미지를 선택적으로 연출하게 된다. 예를 들면 공연이나 발표회와 같이 격식을 갖추어야 하는 경우에는 알맞은 스타일링으로 예의를 갖춰야 하고 많이 걸어야 하는 여행이라면 발이 편한 스포티한 신발을 신게 되는 것이다.

최근 개인적인 이미지 스타일링에 남녀의 데이트를 위한 스타일링이 새로운 분류로서 하나의 장르를 형성할 만큼 발전하였고 일명 '소개팅 메이크업'이라는 스타일링 테크닉도 제시되곤 한다. 여성은 여성스럽게, 남성은 남자답게 연출하는 것이 기본이며 자신의 개성을 표현하고 연출할 수 있어 다양한 스타일을 찾아 볼 수도 있다.

개인적인 시간을 위한 비주얼 이미지를 위한 감성은 로맨틱 이미지와 스포티 이미지, 내추럴한 이미지를 대표적으로 볼 수 있다.

ㄱ hair zone

남성에게 어필되는 여성의 hair 존의 이미지는 긴 머리 형태로 웨이브가 없거나 자연스러운 웨이브가 있는 헤어스타일이다. 굵은 웨이브가 있는 긴 머리는 맞선이나 데이트를 위한 스타일로도 적합하며 가볍게 묶어주면 스포티한 이미지도 연출될 수 있다. 스포티한 이미지는 발랄한 숏트 헤어나 너무 길지 않은 스트레이트형의 머리가 찰랑거리는 경우에도 느껴진다.

로맨틱하고 활동적인 여성의 헤어스타일은 머리를 나눠 땋거나 하나로 묶는 포니테일이 있다. 포니테일은 묶는 위치에 따라 다른 분위기를 낼 수 있는데 아래로 위치하면 여성스러움을 나타내고 묶는 위치가 위로 올라가면 발랄해지며 개인의 얼굴형에 따라서도 아름답게 묶는 위치가 달라진다.

로맨틱한 이미지의 또 다른 대표적인 헤어스타일에는 중간 길이의 단발머리에 가벼운 웨이브 스타일이 있는데 귀엽고 어려 보이며 머리를 작게 잡아 꼬거나 땋아 올린 머리나 일자형의 뱅 헤어도 로맨틱한 소녀의 이미지를 표현하기에 적합하다. 굵고 늘어진 웨이브로는 내추럴한 이미지를 전달할 수 있고 흘러내리는 업스타일도 자연스러우며 여성스럽다.

사적인 시간이라고 해서 변화할 수 있는 남성의 헤어스타일은 디자인적인 면에서는 크게 없지만 활동적인 짧은 머리는 남성의 스포티한 이미지를 부각할 수 있으며 중간 길이나 긴 머리도 모자를 쓰면 더욱 활동적으로 보일 수 있다.

야외 활동을 할 때는 머리에 자외선 차단제를 뿌려 모발을 보호해주고 움직임이 많은 활동 후에는 올바른 샴푸 방법으로 피지와 땀을 제거하여 청결을 유지하고 건강한 두피와 모발을 유지하도록 한다.

ⓛ face zone

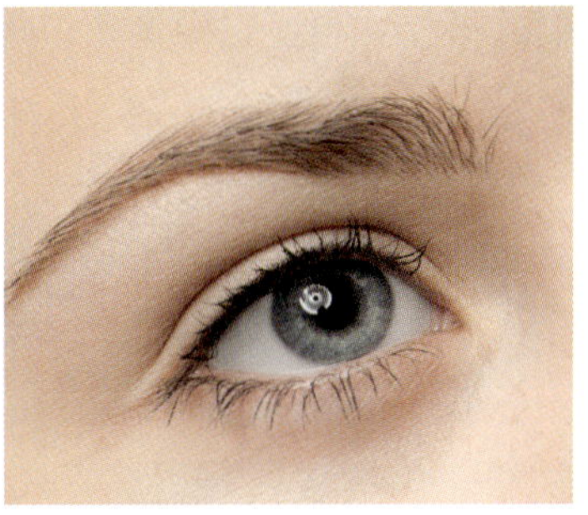

활동적이고 자연스러운 이미지를 위해서는 자신의 피부 톤과 크게 변화가 없도록 피부표현에 주의한다. 피치, 베이지 등의 화사하지만 피부색과 유사해 보기에 편안한 컬러를 선택하여 자연스럽고 가벼운 느낌으로 표현하고 진한 립 컬러는 바르지 않는다. 맞선이나 데이트를 위한 스타일링에 어울리는 메이크업의 핵심은 안한 것 같지만 결점은 커버하고 과한 컬러와 패턴을 사용하지 않는 것이다.

남성의 경우에는 필요하다면 피부 커버를 위한 가벼운 제형의 파운데이션에 로션이나 크림을 섞어 얇게 발라주고 자신의 피부 톤과 다르지 않도록 특히 주의해야 한다.

여성은 눈썹, 눈, 입술, 피부 표현이 모두 조화를 이루도록 하고 옅은 메이크업에서는 특히 눈썹의 모양이나 컬러가 이미지에 많은 영향을 주기 때문에 눈썹의 모양이 다르거나 너무 진하지 않도록 해야 한다.

귀여운 이미지는 블러셔로 생기 있고 발랄하게 보일 수 있도록 볼 중앙에 표현하는 것이 포인트이다.

ⓒ V존 & W 존 & F 존

특별한 만남이 있는 날, 플라워 프린트 셔츠에 귀여운 손가방을 들고 나가 사랑스럽고 달콤한 분위기를 한 번쯤 연출해 볼 수 있다. 꼭 이성과의 만남이 아니더라도 어느 날은 귀엽고 여성스러운 스타일을 연출하고 싶을 경우가 있다. 때로는 자신의 감성을 따라 비주얼이미지를 만들어 가는 것도 필요하다. 지루한 일상의 기분 전환이 되고 그것은 결국 긍정적인 나를 만들어가는 것이기 때문이다.

여행이나 스포츠를 즐기는 시간은 옷의 기능과 용도에 적합한 것을 선정하고 날씨와 활용도도 고려해야 한다.

ⓔ 그 외 이미지

사적인 공간은 자신의 직업이나 사회적인 직분과 떨어져서 생활하는 곳으로 공공장소에서의 에티켓과 타인의 공간에 대해 배려하는 여러 행동들은 개인이 어떤 사람인지를 직간접적으로 나타내는 비주얼이미지에 속한다.

자신의 행동이 타인에게 불편함이나, 피해를 주지는 않는지 유의하고 큰소리로 떠들거나 언쟁을 하지 않는 에티켓을 지키는 것은 개인적인 관계에서도 자신을 더욱 빛나게 하는 요인이 될 수 있다.

생활 에티켓에는 지정된 흡연 구역을 이용하고 공공수칙 등을 유의하여 행동하는 매우 기본적인 것에서부터 남성이 여성을 존중하고 우선으로 배려하는 서양의 기사도 정신도 포함되며 간단한 레스토랑 이용 매너에 대해서도 알아두면 갑작스런 상황에도 당황하지 않고 자신감 있는 모습으로 성공적인 비주얼 이미지를 완성할 수 있다.

ⓐ 타인의 공간에 대한 배려

개인의 공간은 개인이 자신에게 주어진 환경에서 다른 사람으로부터 일정거리가 유지되기를 바라는 최소한의 공간으로 인류학자 홀(Edward Hall)의 사회적 공간의 구분을 살펴보면,

- 45cm 이내는 친밀한 거리로 가족, 친구, 사랑하는 사람들의 특별히 가까운 관계에서 있어서만 접근이 허용되는 거리이다.
- 45~120cm 정도의 거리는 개인적 거리로 대화가 가능하고 상대방의 섬세한 부분까지 잘 볼 수 있으며 정상적인 사회적 접촉을 유지하는 거리이다.
- 120~360cm 정도의 거리는 사회적인 거리로 다양한 교제가 기능한 범위로 접촉은 없으나 신체

운동이나 자세를 관찰할 수 있는 거리이며 그 이상은 공적인 거리로 극장이나 강의실 등 형식적이고 공적인 관계가 형성되는 거리에 속한다.

ⓑ **레스토랑 매너**

- 사전에 반드시 시간적 여유를 두고 예약한다.(좋은 자리와 양질의 서비스가 가능하다)
- 예약 시에는 식사의 목적과 개인 정보에 대해 미리 남겨두고 시간을 지키도록 한다.
- 고급레스토랑은 정장을 입는다.
- 식사 전에 손을 씻고 될 수 있다면 식사 도중 화장실은 가지 않는다.
- 외투와 소지품은 입구의 보관실에 맡기고 여성의 가방은 의자 사이에 둔다.
- 출입문에서는 남성이 먼저 문을 열어 여성이 실내로 입장하도록 하고 종업원의 안내를 받는다.
- 상석은 벽을 등진 곳, 바깥 전망이 보이는 위치, 종업원이 가장 먼저 의자를 빼서 권하는 곳으로 직위가 높은 사람, 연장자, 여성 순으로 앉는다.
- 테이블 위에 팔을 올려 세우거나 턱을 괴지 않는다.
- 주위 사람들과 식사 속도를 맞추고 입안에 음식을 넣은 채 말을 하거나 씹는 소리를 내지 않는다.
- 직원은 오른 손을 가볍게 들거나 눈짓으로 신호하며 큰소리로 부르지 않는다.

자신의 체형, 취향, 라이프스타일, 퍼스널 컬러를 고려하여 공식적인 자리에 적합한 비주얼 이미지(official), 사회적인 행사에 적합한 비주얼 이미지(Social), 개인적인 시간을 위한 비주얼 이미지(private)를 만들어 본다. 적합한 이미지를 찾아 스크랩 한다.

실기 1 공식적인 자리에 적합한 비주얼 이미지(official)

H존&F존

V존 & W 존 & F 존

메이크업 일러스트(기본 눈, 코, 입)

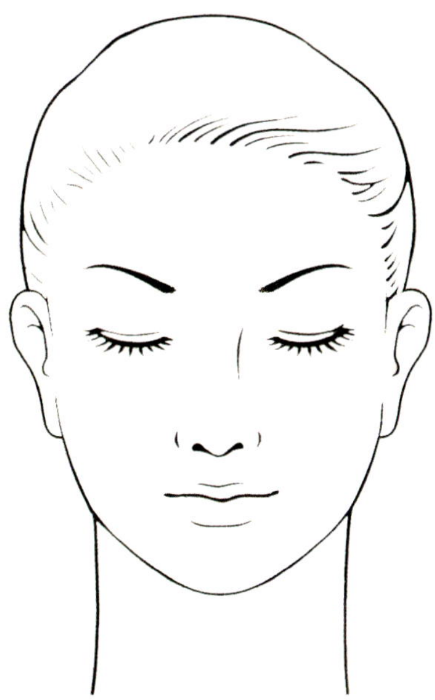

실기 2 사회적인 행사에 적합한 비주얼 이미지(Social)

H존&F존

V존 & W 존 & F 존

메이크업 일러스트(기본 눈, 코, 입)

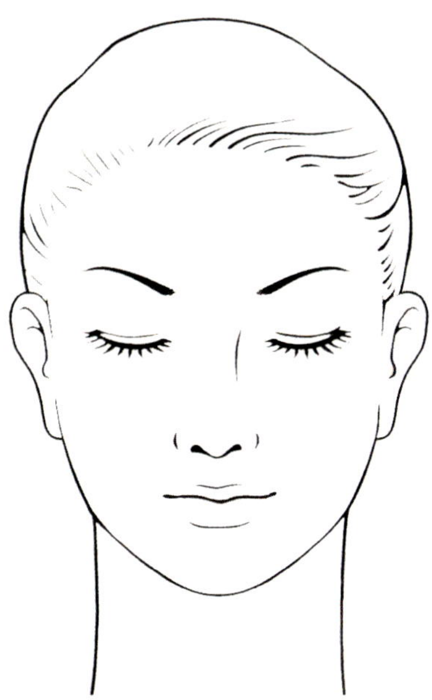

실기 3 개인적인 시간을 위한 비주얼 이미지(private)

H존&F존

V존 & W 존 & F 존

메이크업 일러스트(기본 눈, 코, 입)

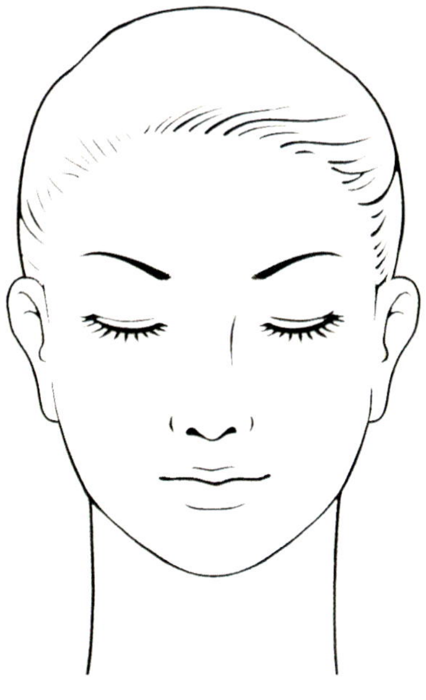

참고문헌

단행본

김유순 외 3인(2004), 스타일리스트를 위한 이미지 메이킹, 예림
한명숙 · 하희정(2005), 자기 이미지 커뮤니케이션, 교문사
조미영 외 8인(2006), 블로우 드라이, 헤어세팅, 아이론, 훈민사
김혜경 외 10인(2007), 블로드라이, 업스타일, 광문각
박연선(2007), 색채용어사전, 예림
장수만(2007), 가발관리학, 현문사
조용진(2007), 미인, 해냄
허순득(2007), 인상학과 메이크업, 훈민사
김광옥 외 9인(2008), 피부미용학, 청구문화사
장성은 · 이종숙(2008), 이미지 메이킹을 위한 토탈 패션 · 뷰티 코디네이션, 경춘사
함선희인(2008), 남자는 스타일을 입는다, 중앙북스
오인영외 3인(2009), Make Up Design 메이크업디자인(basic), 훈민사
이윤정외 2인(2009), Make Up Idea. 청구문화사. p.23
배주형(2009), 패션과 색채, 일진사
바비브라운(2009), 메이크업 메뉴얼, 중앙m&b
브렌다킨셀 · 모니카 린드(2009), 패션 메이크업오버, 베이직 북스
김민경(2010), 실용색채활용, 예림
이윤경(2010), 우리가 스킨케어 할 때 이야기하는 모든 것, 성안당
Donald A. Neumann(2010), 근골격계의 기능해부 및 운동학, 정담미디어
김세욱 · 유현주 · 황정원(2011), 헤어케어&스타일링, 예림
문은배(2011), 색채디자인교과서, 안그라픽스
윤혜미(2011), 남자의 멋 품격, 랜덤하우스코리아
박길순 외 3인(2012), 패션이미지스타일링, 궁미디어
신우주(2012), 꼬맹 공주 우주의 셀프 헤어북, 이퍼블릭
장애란(2013), 패션이미지 메이킹의 실제, 예학사
권구정 외 5인(2014), Make Up Icon, 청구문화사
권경리(2014), 국제 매너와 이미지 메이킹, 백산출판사
김경호(2014), 이미지 메이킹의 이론과 실제, 높은오름

김세정 · 이유미 · 장순남(2014), 서비스인을 위한 고객관계관리, 구민사
김주미 · 권종애(2014), 프로교사를 위한 이미지 메이킹, 창지사
김주섭 외 3인(2014), 블로우드라이, 구민사
김주섭 · 유세은(2014), 헤어미용 직무능력 표준모듈교재, 구민사
박은준 외 9인(2014), 이 · 미용 남성 헤어스타일, 청구문화사
이강미 외 4인(2014), 메이크업 베이직, 구민사
이선배(2014), 맨즈 잇 스타일, (주)넥서스
임창희 · 홍창희(2014), 비즈니스 커뮤니케이션, 비엠북스
정은영 · 김춘일 · 이진용(2014), 관광종사자를 위한 뷰티코디네이션, 제주한라대학
최인희(2014), 소통 리더십 개발을 위한 비즈니스 커뮤니케이션, 한올
안규성 외 5인(2015), 최신두피모발관리학, 정문각
우설리 · 김미라(2015), 스피치 앤 커뮤니케이션, 구민사
김선영 · 이선경(2015), NCS 기반 교수학습 지침서 [메이크업 기초], 연성대학교 출판부
이현주 외 4인(2015), The make up, 예림
래리킹(2015), 대화의 신, 위즈덤하우스
타이콘 패션연구소(2006), 남자의 옷 이야기 1, 시공사
이미지 메이킹 & 코디네이션 편찬위원회(2009), 이미지 메이킹 & 코디네이션, 경북대학교 출판부
국제서비스경영교육원(2015), SMAT서비스경영능력시험, (주)시대고시기획

연구자료 및 논문

유혜영(1999), 선거후보자 이미지 메이킹과 정치광고 디자인에 관한 연구-제15대 대통령 선거를 중심으로, 명지대학교 산업대학원 석사학위논문
이언(2003), 토탈 패션이미지 연출에 한 연구, 이화여자학교 학원 석사학위논문
김경호(2004), 이미지 메이킹의 개념정립과 프로그램의 효과성 분석 연구, 명지대학교 대학원 박사학위 논문
홍미나(2007), 커뮤니케이션 유형과 비언어적 커뮤니케이션 요소가 서비스제공자 평가에 미치는 영향, 경기대학교 대학원 박사학위 논문

정영희(2009), 이미지 메이킹을 위한 메이크업의 효과에 관한 연구, 숙명여자대학교 원격대학원 석사학위논문
손지연(2011), 얼굴형과 헤어스타일에 따른 이미지 지각 연구, 건국대학교 대학원 박사학위논문
방해주(2012), 효과적인 취업 이미지 메이킹 적용 연구(대구광역시 20대 남학생을 중심으로), 중부대학교 대학원 석사학위논문
이윤서(2012), 남성 패션에 나타난 gray 기반의 컬러 코디네이션에 관한 연구, 국민대학교 디자인대학원 석사학위논문
김민경(2014), 뷰티 스타일링이 퍼스널 이미지 메이킹에 미치는 영향에 관한 연구. 숙명여자대학교 원격대학원
김현정(2014), 여대생의 취업을 위한 이미지 컨설팅에 관한 연구 서비스업 중심으로, 중앙대학교 예술대학원 석사학위논문

인터넷자료

http://www.shutterstock.com
http://www.mamashealth.com/nquotes/smile.asp
http://www.telegraph.co.uk/education/educationadvice/10055769/International-body-language-a-language-with-no-words.html
http://wearehoteliers.com/reading-guests-body-language-important/
http://playbook.amanet.org/10-powerful-body-language-tips/

비주얼 이미지 메이킹

초판 인쇄 | 2016년 6월 5일
초판 발행 | 2016년 6월 10일
개정판 발행 | 2023년 2월 28일

저자 | 이선경 · 이홍림
발행인 | 조규백
발행처 | 도서출판 구민사
주소 | (07293) 서울특별시 영등포구 문래북로 116, 604호(문래동3가 46, 트리플렉스)
전화 | 02.701.7421~2
팩스 | 02.3273.9642
홈페이지 | www.kuhminsa.co.kr
신고번호 | 제 2012-000055호(1980년 2월 4일)
I S B N | 979-11-6875-194-1(13590)
값 | 28,000원